Gary Chapman

Die andere Seite der Liebe

Ärger, Wut und Zorn:
Wie „negative" Gefühle
zur positiven Kraft werden

BRUNNEN
Verlag Giessen · Basel

MIX
Papier aus verantwortungsvollen Quellen
FSC® C006701
FSC www.fsc.org

Titel der amerikanischen Originalausgabe:
The Other Side of Love

Aus dem Amerikanischen übersetzt von Ulrike Zellmer
Lektorat: Petra Hahn-Lütjen

4. Auflage 2012
1. Taschenbuchauflage

www.brunnen-verlag.de
Umschlagmotive: Olaf Johannson,
Miguel Angel Salinas/Shutterstock.com
Umschlaggestaltung: spoon design, Olaf Johannson
Autorenfoto: Mike Apple
Satz: DTP Brunnen
Herstellung: CPI – Ebner & Spiegel, Ulm
ISBN 978-3-7655-4149-0

Inhalt

Zum Thema 5
Ärger, Wut und Zorn verstehen
und konstruktiv damit umgehen

1 Warum werden wir ärgerlich, wütend oder zornig? 9

2 Was ist Sinn und Zweck von Ärger, Wut und Zorn? 20

3 Wie kann Ärger produktiv werden? 30

4 Was ist entstellter Ärger? 53

5 Wie man mit entstelltem Ärger gut umgehen kann 67

6 Was tun, wenn Ärger nach außen
oder nach innen explodiert? 80

7 Wie man mit angestautem Ärger gut umgehen kann 96

8 Ärger, Wut, Zorn … und die Vergebung 112

9 … und die Ehe 129

10 … und die praktische Kindererziehung 141

11 … auf Gott 160

12 … auf sich selbst 172

13 Wie man mit Menschen voller Ärger gut umgehen kann 188

Epilog: Gottes Wesen in uns 205

Zum Thema

Ärger, Wut und Zorn verstehen und konstruktiv damit umgehen

Wenn Sie in Ihre Stadtbücherei gehen, werden Sie dort sicher einige Bücher zum Thema Ärger, Wut und Zorn finden. Wenn Sie das Jahresregister von Zeitschriften anschauen, werden Sie feststellen, dass alle großen Magazine im Lauf der letzten zwölf Monate Beiträge zu diesem Thema gebracht haben. Warum also ein weiteres Buch darüber schreiben?

Zwei Gründe bringen mich dazu. Erstens: Die meisten Veröffentlichungen zum Thema lassen zwei grundlegende Fragen außer Acht:

1. Was ist der Ursprung von Ärger, Wut und Zorn? und
2. Was ist der Sinn und Zweck von Ärger, Wut und Zorn?

Warum also empfinden Männer und Frauen Gefühle von Ärger, von Wut oder Zorn?

Die beiden Fragen oben gehören zusammen: Erst, wenn wir den generellen Ursprung von Ärger verstehen, können wir den Sinn und Zweck von Ärger begreifen.

Und das ist wichtig, wenn wir lernen wollen, mit unserem Ärger konstruktiv umzugehen.

Die – wenigen – Bücher und Artikel, die die Frage nach dem *Ursprung* von Ärger, Wut und Zorn aufgreifen, sehen in diesen Gefühlen in der Regel eine Überlebenstechnik, und zwar eine Überlebenstechnik der frühesten evolutionären Entwicklung des Menschen. Die Natur habe dem Menschen das Gefühl von Ärger gegeben, heißt es, damit er in Zeiten der Gefahr reagieren könne.

Als Anthropologe halte ich diese Ansicht für äußerst unzulänglich. Und ich bedauere, dass sie die christliche Weltsicht ignoriert. Selbst, wenn man eine naturalistische Sicht der Welt akzeptiert (die das Dasein und Wirken Gottes ausschließt), hat diese Theorie keine befriedigende Erklärung für die psychologischen Aspekte von Ärger.

Es gibt einige Missverständnisse, wenn es um Ärger, Wut und Zorn geht, auch unter Christen. Das hat meiner Ansicht nach vor allem mit unserer Auffassung über den Ursprung von Ärger zu tun. Einige christliche Bücher beschäftigen sich damit, „wie man Ärger in den Griff kriegt", gehen aber nicht auf den Ursprung von Ärger ein. Ich bin davon überzeugt, dass wir unseren Ärger viel effektiver unter Kontrolle bekommen, wenn wir besser verstehen, woher Ärger eigentlich kommt.

Wo also liegt der Ursprung von Ärger? Die Antwort finden Sie im 1. Kapitel. Sie überrascht vielleicht und weist schon auf Sinn und Zweck von Ärger hin, dem Thema des 2. Kapitels.

Noch etwas anderes hat mich bewogen, *Die andere Seite der Liebe* zu schreiben. Das Buch soll Erwachsenen, besonders Paaren, helfen, ihre familiären Beziehungen positiv zu gestalten. Seit fast dreißig Jahren bin ich in der Paar- und Familienberatung tätig. Ich habe mit Hunderten von Familien gearbeitet, die die unterschiedlichsten Probleme hatten. In fast allen Fällen war dabei das fehlende Verständnis dafür, wie man mit Ärger konstruktiv umgeht, ein Schlüsselfaktor für die Störungen in der Familie.

Wenn Erwachsene aber wissen, wie sie positiv mit ihrem eigenen Ärger umgehen können, dann sind sie auch in der Lage, um sich herum eine entspanntere Atmosphäre und in der Familie eine geborgenere Umgebung zu schaffen. Und wenn sie Kinder haben, können sie ihnen besser beibringen, mit Gefühlen von Ärger gut umzugehen.

Und was genauso wichtig ist: Sie können eine positivere Atmosphäre am Arbeitsplatz schaffen und dort zu gesunden Beziehungen und gutem Umgang miteinander beitragen .

Wo Erwachsene es nicht gelernt haben, ihren Ärger konstruktiv zu verarbeiten, gibt es eigentlich immer eheliche und familiäre Schwierigkeiten, die sich manchmal auch auf den Beruf und andere Situationen ausweiten.

In der westlichen Welt sucht man in diesem Fall dann Beratung oder Therapie – ein gangbarer Weg, gute Lösungen zu finden. In

Amerika ist die Praxis des Therapeuten inzwischen zum wichtigsten Ort geworden, an dem man lernen kann, konstruktiv mit Ärger umzugehen. Leider suchen die meisten Leute erst dann Hilfe, wenn ihr falscher Umgang mit Ärger sie in ernsthafte Schwierigkeiten gebracht hat. Tausende von anderen, die bereits über beide Ohren in massiven Problemen stecken, suchen keine Beratungsstelle oder irgendeinen Ansprechpartner auf. Sie bleiben mit ihrer Situation allein. Vielleicht ist es ihnen nicht möglich, auf diese Weise Hilfe zu suchen, etwa aus Zeitmangel, finanziellen Gründen oder aus Unsicherheit. Was kann in diesem Fall helfen und weiterbringen?

Ich denke, dass vieles von dem, was man im Laufe einer Beratung oder Therapie lernen kann, auch in den eigenen vier Wänden möglich ist, wenn entsprechendes Informations-Material zur Verfügung steht. Dieses Buch soll die Einsichten und Methoden in lesbare Form bringen, die im Laufe der Jahre Hunderten von Paaren und allein lebenden Menschen geholfen haben, besser mit ihrem Ärger umzugehen. Die Namen der zitierten Männer und Frauen sind allesamt geändert worden, aber die geschilderten Situationen und die Gespräche haben wirklich stattgefunden. Vielleicht erkennen Sie darin Probleme und Reaktionsweisen wieder, die Ihren eigenen ähneln.

Ich wünsche mir, dass dieses Buch ein Beitrag dazu ist, das Gefühl von Ärger, Wut und Zorn besser zu verstehen, und dass die geschilderten Einsichten der Bibel und der Praxis dazu helfen, im ganz normalen Alltag neue, positive Reaktionen auf diese Gefühle zu entwickeln.

Ich hoffe auch, dass *Die andere Seite der Liebe* gutes Arbeitsmaterial bietet für gemeinsame Gespräche, Diskussionen und Arbeitsgruppen zum Thema Ärger, Wut und Zorn.

Am Ende jedes Kapitels finden Sie unter dem Titel „Nachgehakt" Fragen zum Weiterdenken, die dazu gedacht sind, sich die wichtigsten Einsichten noch einmal klarzumachen und sie im eigenen Leben anzuwenden.

Ich bin, wie gesagt, davon überzeugt, dass man auch in einer Gemeindegruppe, einem Hauskreis oder Seminar viel über Ärger, Wut und Zorn lernen kann, nicht nur in der Praxis eines Therapeuten. Und das muss meines Erachtens sogar geschehen, wenn wir eine grundlegende Wende im allgemeinen Umgang in unserer Gesellschaft einleiten wollen, in der verbale und körperliche Misshandlungen so auffällig zunehmen.

Ärger, Wut und Zorn sind, wie wir sehen werden, die andere Seite der Liebe, auch wenn es zunächst nicht so scheint. Während die Liebe uns zu dem anderen hinzieht, richtet sich der Zorn gegen diesen Menschen. Doch Gefühle von Ärger, Wut und Zorn haben eigentlich immer einen positiven Zweck, sie können und sollen letztendlich zu etwas Gutem führen.

Die Schlussfolgerungen, zu denen ich in diesem Buch komme, stammen hauptsächlich aus meiner eigenen Beratungstätigkeit und aus dem Studium der Bibel. Wo es angemessen erscheint, beziehe ich mich auch auf neueste psychologische Forschung. In der Bibel finden wir nicht nur theoretische Lehre zum Thema Zorn, sondern auch unzählige Beispiele, wie Menschen mit ihrem Ärger, ihrer Wut und ihrem Zorn umgegangen sind: negativ und positiv. Und was am wichtigsten ist: Die Bibel bezeugt, dass Gott selbst zornig wird und in welcher Beziehung sein Zorn zu seinem liebevollen und gleichzeitig heiligen Wesen steht. Wir werden untersuchen, auf welche Weise unser Zorn dem Zorn Gottes ähnlich ist und wie er sich von ihm unterscheidet.

Die andere Seite der Liebe bietet also eine biblisch begründete Sichtweise von Ärger, Wut und Zorn. Das Buch beleuchtet Ursprung und Sinn dieser Gefühle und zeigt ganz praktisch, wie wir mit ihnen umgehen können und sie unter die Herrschaft Christi bringen können. Wenn wir das tun – also wenn wir Ärger, Wut und Zorn (quasi „zurück") auf die Seite der Liebe bringen – dann ist das in meinen Augen ganz im Sinne Gottes.

1. Kapitel

Warum werden wir ärgerlich, wütend oder zornig?

Bill saß an einem heißen Sommertag in meinem Büro. Er war gut angezogen, an seinem rechten Fuß aber hatte er keinen Schuh, sondern eine Bandage. Bald erfuhr ich den Grund dafür.

„Dr. Chapman, ich brauche Hilfe", begann er. „Ich weiß schon lange, dass ich meinen Ärger nicht unter Kontrolle habe, aber am Samstag bin ich völlig ausgerastet. Ich habe fünfzehn geschlagene Minuten lang versucht, meinen Rasenmäher in Gang zu bringen. Dann habe ich nachgeschaut, ob das Benzin oder Öl ausgegangen war, hab' eine neue Zündkerze eingesetzt, doch es tat sich nichts. Schließlich war ich so ärgerlich, dass ich ausholte und dem dummen Gerät einen Fußtritt versetzte. Dabei habe ich mir dann zwei Fußzehen gebrochen, und in einer dritten habe ich eine Schnittwunde. Nachher saß ich auf der Treppe, hielt mir den schmerzenden Fuß und dachte: *Das war einfach blöd!*

In diesem Augenblick wusste ich noch nicht einmal, dass ich mir die Zehen gebrochen hatte. Später, in der Praxis des Arztes, musste ich das wieder denken: *Das war wirklich blöd!* Und jetzt sitze ich mit verbundenen Zehen hier bei Ihnen. Das Ganze ist mir ziemlich peinlich. Ich kann ja keinem sagen, was wirklich passiert ist. Also erzähle ich: ‚Ich hatte einen Unfall mit einem Rasenmäher'. Die meisten denken wohl, ich hätte mich irgendwie am Rasenmäher geschnitten, und sie bemitleiden mich. Ich sage lieber nicht, was wirklich passiert ist. Mir ist es lieber, dass ich ihnen Leid tue, als dass sie über mich lachen … Mir ist es auch peinlich, jetzt Ihnen die Wahrheit zu sagen. Aber ich weiß, dass ich ehrlich sein muss, wenn ich Hilfe haben will. Und das mit dem Rasenmäher war nicht das erste Mal, dass ich die Beherrschung verloren habe", sagte Bill. „Ich habe meiner Frau und den Kindern schon ziemlich hässliche Sachen an den Kopf geworfen. Ich hab sie zwar nie körperlich misshandelt, aber ich war schon öfter nahe dran ..."

Im Verlauf unseres Gesprächs erfuhr ich, dass Bill ein gebildeter Mann war. Er hatte Betriebswirtschaft studiert, war verheiratet, hatte zwei Kinder, ein hohes Einkommen und ein schönes Haus am Stadtrand. Bill arbeitete in seiner Gemeinde mit und war ein „ehrenwerter Mann". Doch er verlor immer wieder die Beherrschung.

Tausende von Männern werden sich mit Bill identifizieren können. Sie haben oft genug ähnlich wie Bill reagiert. Leider sind viele nicht so ehrlich wie Bill, und noch weniger sind bereit, das Problem anzugehen. Und natürlich ist die Beherrschung verlieren nicht nur ein Thema für Männer. Das sehen wir an Anne.

Anne, eine attraktive dreiunddreißig Jahre alte Mutter von zwei Kindergarten-Kindern liebte ihren Mann Glen, einen aufstrebenden Anwalt. Die beiden waren seit acht Jahren verheiratet. Anne war Buchhalterin, hatte aber beschlossen, mit ihrem Beruf zu pausieren, solange die Kinder noch nicht in der Schule waren.

„Ich glaube, ich habe einen Fehler gemacht", sagte sie mir. „Ich glaube nicht, dass ich eine gute Mutter abgebe. Ich habe mir immer Kinder gewünscht, aber jetzt, wo ich welche habe, gefällt es mir gar nicht, wie ich mit ihnen umgehe. Und mir gefällt es nicht, was sie mit mir machen. Ich kann mich nicht erinnern, dass ich jemals richtig wütend war oder die Beherrschung verloren habe, als ich noch keine Kinder hatte. Ich habe immer geglaubt, ich hätte meine Gefühle unter Kontrolle. Aber bei den Kindern ... ich muss zugeben, dass ich da die Beherrschung schon oft verloren habe. Ich hasse mich selbst dafür. Und ich weiß, dass es den Kindern nicht gut tut."

„Was passiert, wenn Sie bei den Kindern die Beherrschung verlieren?", fragte ich nach.

„Das ist unterschiedlich", meinte sie. „Manchmal schreie ich sie an. Oder ich versohle sie kräftig. Neulich habe ich Tina gepackt und sie durchgeschüttelt. Das hat mir richtig Angst gemacht. Gerade am Tag vorher hatte ich im Fernsehen einen Bericht über eine Mutter gesehen, deren Kind an so etwas später gestorben ist. Ich will meinen Kindern nicht weh tun. Ich liebe sie, aber ich verliere manchmal einfach die Beherrschung. Ich wollte, Glen würde sich mal um die Kinder kümmern, damit ich mich mal erholen könnte. Aber er steht beruflich derart unter Stress, dass er meint, nicht auch noch die Kinder verkraften zu können. Manchmal denke ich, dass ich wieder arbeiten sollte und eine Tagesmutter für die Kinder suchen sollte."

Im Verlauf des Gesprächs stellte sich heraus, dass Anne sich nicht nur über das Verhalten ihrer Kinder ärgerte, sondern auch über Glen, der sie so wenig unterstützte. Sie war wütend auf sich selbst, weil sie ihren Beruf aufgegeben und sich für die Mutterrolle entschieden hatte. Und sie war auch wütend auf Gott, weil er zugelassen hatte, dass sie Kinder bekam. „Er hätte doch wissen müssen, dass ich dieser Situation nicht gewachsen bin", sagte sie.

Jetzt flossen bei Anne die Tränen. Und mir war auch nach Weinen zu Mute, als ich an die Hunderte von Müttern dachte, die im Laufe der vergangenen dreißig Jahre in mein Büro gekommen sind, weil sie mit ihrer Weisheit am Ende waren.

Bill mit seinen gebrochenen Zehen und Anne mit ihrem gebrochenen Herzen lebten in ganz verschiedenen Welten. Aber sie hatten eines gemeinsam: die menschliche Erfahrung, heftigen Ärger oder Wut zu empfinden, und die Hilflosigkeit, damit umzugehen. Beiden war klar, dass ihre Gefühle sie zu unangemessenem Verhalten verleitet hatten, aber keiner wusste, was er dagegen tun konnte. Und so litten sie körperlich und seelisch an ihrer destruktiven Art, auf diese Gefühle zu reagieren. Auch ihre Familien litten unter den Folgen dieses negativen Verhaltens.

Ärger, Wut, Zorn: eine universelle Erfahrung

In späteren Kapiteln werde ich beschreiben, wie Bill und Anne lernten, besser – nämlich konstruktiv – mit ihren Gefühlen umzugehen, aber zunächst müssen wir an den Anfang zurückgehen. Wir müssen eine Antwort auf die Fragen finden: Was ist Ärger, und wo liegt der Ursprung für dieses Empfinden?

Anthropologen haben herausgefunden, dass Ärger eine allgemeine menschliche Erscheinung ist, das heißt, dass diese Empfindung in allen Kulturen auf der ganzen Welt vorkommt. Wenn ich also über die Ursachen von Ärger spreche, meine ich damit nicht die Gründe, weshalb ein bestimmter Mensch an einem bestimmten Tag ärgerlich ist. Ich gehe vielmehr der Frage nach: Warum ist Ärger eine universelle Erfahrung, also eine Erfahrung, die alle Menschen machen? Was ist der Grund dafür, dass der Mensch Ärger empfindet?

Das Gefühl von Ärger ist in keiner Kultur auf eine bestimmte Personengruppe beschränkt. Menschen aller Altersstufen und Gesellschaftsschichten empfinden Ärger. Marianne, eine unverheiratete Frau, ärgert sich über ihre Mutter, die ihr Verhalten beeinflussen will. Bert, ein Schüler, ist zornig über seinen Lehrer, der ihm im Zeugnis eine schlechte Note gegeben hat. Die fünfzehnjährige Inga ist sauer; sie hat das Gefühl, dass ihre Eltern sie wie eine Zehnjährige behandeln. Barbara, eine 85-jährige Großmutter, ärgert sich über ihren ältesten Sohn, der sie nur selten besucht. Sie reagiert aber auch eingeschnappt gegenüber ihrer Tochter, die zwar jeden Tag zu ihr kommt, aber ihrer Meinung nach nie lange genug bleibt. Martin, ein Pastor, ärgert sich über die Ältesten seiner Gemeinde, die seine besten Ideen abschmettern. Beatrice ist gerade drei Jahre alt und sie hat einen Wutausbruch, weil die Mutter ihr das Lieblingsspielzeug weggenommen hat.

Was ist Ärger?

Zunächst einmal gilt es zu klären, was wir unter Ärger verstehen. *Merriam-Webster's New Collegiate Dictionary* beschreibt „Anger" (im Amerikanischen der gemeinsame Begriff für Ärger, Wut und Zorn / Anm. d. Ü.) als „eine starke Leidenschaft oder Empfindung des Unbehagens und in der Regel der Feindseligkeit, die durch ein Gefühl der Kränkung oder Beleidigung hervorgerufen wurde." Bei dem Begriff Ärger denken wir normalerweise an ein Gefühl; es handelt sich dabei jedoch um mehr als ein Gefühl. Ärger betrifft die Gefühle, den Körper, den Geist und den Willen, die allesamt durch ein Erlebnis im Leben des Betreffenden in Bewegung geraten sind.

Ärger wird immer durch irgendein Erlebnis hervorgerufen. Wir setzen uns nicht hin und sagen: „Ich glaube, jetzt empfinde ich mal richtig Ärger."

Ärger ist eine Reaktion, die wir als Gereiztheit, Enttäuschung, Schmerz oder ein anderes Gefühl des Unbehagens spüren können.

Auslöser dieser Reaktion können ganz unterschiedliche Erlebnisse in unserem Alltag sein: Er kommt spät nach Hause; sie hat versäumt, eine Scheckzahlung aufzuschreiben; er hat den Mülleimer nicht rausgetragen. Sie hatten ausgemacht, sich um halb sieben zu treffen. Es ist jetzt halb acht, und sie ist immer noch nicht da. – Tausende von Vorkommnissen können unseren Ärger heraufbeschwören. Ist das Ereignis eingetreten, reagieren unsere Gefühle.

Im Ärger spielen meistens mehrere Empfindungen zusammen, z. B. Enttäuschung, Verletzung, Ablehnung, Verlegenheit; alles zusammen nennen wir dann Ärger, Wut oder Zorn. Ärger ist ein Gefühl, das uns gegen die Person, den Ort oder die Sache aufbringt, die dieses Gefühl hervorgerufen hat. Es ist das Gegenstück zum Gefühl der Liebe. Liebe zieht uns zu einem Menschen hin; Ärger, Wut oder Zorn bringt uns gegen diesen Menschen auf.

Aber auch unser Geist ist von Anfang an auf dem Plan. Wenn er zum Beispiel spät nach Hause kommt und nicht anruft, überlegt sie: *Wenn ich ihm nicht egal wäre, würde er anrufen. Er weiß, wie sehr ich mich abmühe, um das Essen rechtzeitig auf den Tisch zu bringen. Ich kümmere ihn gar nicht. Er denkt einzig und allein an seine Arbeit. Offenbar bedeute ich ihm nicht viel. Warum habe ich nur einen so selbstsüchtigen Mann geheiratet?*

Der Mann mag denken: *Ich mähe den Rasen, wasche das Auto und passe auf das Baby auf, während sie mit ihrer Mutter einen Einkaufsbummel macht, und ich bekomme noch nicht mal ein Dankeschön dafür!* Er ist wütend.

Mary sitzt still in ihrem Büro, während der Chef ihr mitteilt, dass sie ihre Arbeit nicht zufrieden stellend erledigt hat. Wenn sie ihre Leistung nicht verbessern kann, wird er gezwungen sein, ihr Beschäftigungsverhältnis zu beenden, sagt er. Ihre Gedanken arbeiten fieberhaft, auch wenn sie zunächst nichts sagt. *Das tut er, weil ich eine allein stehende Frau bin,* überlegt sie. *Ich weiß, dass ich härter arbeite als die Männer hier, aber er hackt immer auf mir herum. Er hat mich von Anfang an nicht leiden können. Das ist nicht fair.* Bei diesen Gedanken erlebt Mary auch starke negative Gefühle.

Auch unser Körper spürt unseren Ärger. Das autonome Nervensystem löst einen Adrenalinstoß aus. Es können, abhängig vom Grad des Ärgers, einige oder alle der folgenden Symptome auftreten: Die Nebennieren stoßen zwei Hormone aus, Epinephrin (Adrenalin) und

Norepinephrin (Noradrenalin). Diese beiden Substanzen rufen die Erregung, Angespanntheit, Aufregung und die Hitze des starken Ärgers hervor. Diese Hormone wiederum stimulieren Veränderungen in der Herzfrequenz, im Blutdruck, in der Lungenfunktion und der Tätigkeit des Verdauungstrakts. Das wiederum führt zu den allgemeinen Erregungszuständen, die Menschen empfinden, wenn sie ärgerlich sind. Es sind diese körperlichen Veränderungen, die uns das Gefühl geben, dass wir z. B. von Wut überwältigt werden und unfähig sind, sie zu kontrollieren.

Diese Gefühle, Gedanken und körperlichen Veränderungen hängen also eng zusammen. Gemeinsam bewirken sie das, was wir wahrnehmen und als Ärger bezeichnen. Dieser Ärger drückt sich dann in unserem Verhalten aus: in Worten oder in Taten. So tritt Bill mit dem Fuß gegen den Rasenmäher, Anne schüttelt ihr Vorschulkind durch, die Mutter schimpft den Teenager, der spät nach Hause kommt; die Frau zieht sich schweigend von ihrem Mann zurück, der sie verärgert hat usw.

Ich möchte hier schon etwas erwähnen, was ich in späteren Kapiteln näher ausführen werde. Obwohl wir über unsere seelischen und körperlichen Reaktionen auf ein beunruhigendes Ereignis wenig Kontrolle haben, können wir lernen, unsere Gedanken zu kontrollieren, also die Art, wie wir diese Ereignisse deuten – und daraufhin unser Verhalten, also unsere Worte und Taten.

Später werden wir sehen, wie das geschehen kann. Im Augenblick geht es darum, klarzustellen, was Ärger eigentlich ist. Zusammenfassend kann man sagen: Ärger sind die Gefühle, Gedanken und körperliche Anspannung, die wir erleben, wenn wir glauben, dass wir (oder jemand anderes) unfair behandelt werden.

Was ist der Ursprung von Ärger?

Wenden wir uns nun der Frage zu, woher unser Ärger kommt. Warum spüren wir Ärger, Wut oder Zorn? Ärger ist eine Grunderfahrung des Menschseins, und wenn wir seinen Ursprung kennen, können wir lernen, angemessen damit umzugehen.

Ich glaube, dass die menschliche Fähigkeit, Ärger zu empfinden, im Wesen Gottes ihren Ursprung hat. Denken Sie nicht, ich sei Gott gegenüber respektlos. Im Gegenteil. Ich empfinde große Ehrfurcht vor Gott, wenn ich behaupte, dass der menschliche Ärger im Wesen Gottes seine Wurzel hat. Ich meine nicht, dass Zorn ein Wesenszug Gottes ist. Ich meine aber, dass Zorn von den beiden Grundzügen seines Wesens herrührt: von Gottes Heiligkeit und von seiner Liebe.

In der Bibel lesen wir, dass Gott heilig ist (siehe zum Beispiel 1. Petrus 1, 16; 3. Mose 11, 44.45). Das Wort *heilig* bedeutet *frei von Sünde*. Ob wir von Gott, dem Vater, Gott, dem Sohn, oder Gott, dem Geist, reden, das Wesen Gottes ist frei von Sünde. Im Neuen Testament heißt es von Jesus, dass er „versucht worden ist in allem wie wir, doch ohne Sünde" (Hebräer 4, 15).

Ein zweiter Wesenszug Gottes ist die Liebe. Der Apostel Johannes fasst die gesamte Lehre der Bibel zusammen in dem einfachen Satz „Gott *ist* die Liebe" (1. Johannes 4, 8, die Hervorhebung stammt von mir). Dieser Satz bedeutet nicht, dass Liebe generell mit Gott gleichzusetzen ist, sondern er bedeutet, dass Gott im Grunde seines Wesens ein Liebender ist.

Das ist nicht nur die Gottesvorstellung des Neuen Testamentes. Von Anfang bis Ende zeigt die gesamte Bibel Gott als den, dem es um das Wohl seiner Geschöpfe geht. Es liegt im Wesen Gottes zu lieben.

Heiligkeit und Liebe. Aus diesen beiden Wesenszügen Gottes leitet sich der Zorn Gottes ab. Es heißt nirgendwo in der Bibel: „Gott ist der Zorn". Diese Aussage wäre also nicht richtig. Zorn gehört nicht zu den Wesenszügen Gottes. Doch es heißt oft, dass Gott zornig sein kann. Das Wort *Zorn* finden wir 455 Mal im Alten Testament; 375 Mal davon wird damit der Zorn Gottes bezeichnet. So schreibt der Psalmist: „Gott ist … ein Gott, der täglich zürnt" (Psalm 7, 12, Menge-Übersetzung).

Gottes Zorn ist nicht auf alttestamentliche Zeiten beschränkt. In den Evangelien lesen wir von Situationen, in denen Jesus zornig wurde (so zum Beispiel Markus 3, 1-5; Johannes 2, 13-17). Weil Gott heilig ist, und weil er die Liebe ist, muss er auch Zorn empfinden. Seiner Liebe geht es um das Wohl seiner Geschöpfe. Seine Heiligkeit ist mit der Sünde nicht in Einklang zu bringen. Alle Gesetze Gottes gründen auf seiner Heiligkeit und seiner Liebe; das heißt, sie sind immer auf das Richtige und Gute ausgerichtet und dienen immer dem Wohl seiner Geschöpfe. Gott möchte, dass der Mensch tut, was recht ist, und einen Nutzen davon hat.

So sagte er zum Volk Israel: „Siehe, ich habe dir heute vorgelegt das Leben und das Gute, den Tod und das Böse. Wenn du gehorchst den Geboten des Herrn, deines Gottes, die ich dir heute gebiete, dass du den Herrn, deinen Gott, liebst und wandelst in seinen Wegen und seine Gebote, Gesetze und Rechte hältst, so wirst du leben und dich mehren, und der Herr, dein Gott, wird dich segnen in dem Lande, in das du ziehst, es einzunehmen" (5. Mose 30, 15.16).

Weil er die zerstörenden Folgen der menschlichen Sünde kennt, wird Gott zornig. Weil es Gott um Recht und Gerechtigkeit geht (die beide seiner Heiligkeit und seiner Liebe entspringen), wird sein Zorn hervorgerufen. Wenn Gott also Böses sieht, wird er zornig. Mit Zorn reagiert er auf Ungerechtigkeit oder Sünde.

Was hat all das nun mit dem menschlichen Ärger zu tun? In der Bibel lesen wir, dass wir „zum Bilde Gottes" geschaffen sind (1. Mose 1, 27). Obwohl dieses Bild – theologisch gesprochen – durch den Sündenfall des Menschen getrübt worden ist, ist es doch nicht ausgelöscht. Wir Menschen tragen die Spuren der Gottesebenbildlichkeit tief in unserem Inneren. So bemühen wir uns auch als gefallene Menschen noch um Recht und Gerechtigkeit. Das heißt, wir Menschen sind moralische Geschöpfe. Ganz gleich, wie tief ein Mensch fällt, er weiß doch noch immer bis zu einem gewissen Grad um Recht und Unrecht. Wenn Sie den gottlosesten Menschen, den Sie kennen, eine Woche lang begleiten, werden Sie aus seinem Mund solche Sätze hören wie: „Das ist nicht in Ordnung" – „So darf er nicht mit ihr umgehen" – „Sie hat ihm Unrecht zugefügt". Stehlen Sie ihm das Auto und schauen Sie, ob er zornig wird. Ermorden Sie seine Tochter, seine Frau oder Freundin, und Sie werden merken, dass er plötzlich zu einem äußerst moralischen Wesen wird, das Ihre Handlungsweise durch und durch verurteilt.

Hören Sie einem kleinen Kind zu, das gerade beginnt, in ganzen Sätzen zu sprechen, und Sie werden es bald sagen hören: „Das ist ungerecht, Mama". Wie kommt ein Kind zu einem solchen moralischen Urteil? Ich glaube, dass es tief in seinem Wesen verankert ist; das Kind weiß, wenn ihm Unrecht geschehen ist und wird das freimütig zum Ausdruck bringen.

Ärger ist also das Gefühl, das aufkommt, wenn uns etwas begegnet, das wir für Unrecht halten. Die seelischen, physiologischen und kognitiven Dimensionen von Ärger treten sofort auf den Plan, wenn wir mit einer Ungerechtigkeit konfrontiert werden.

Warum empfindet eine Frau Ärger oder Zorn auf ihren Mann? Weil er sie ihrem Empfinden nach enttäuscht, beschämt, gedemütigt oder zurückgewiesen hat – und ihr damit ihrem Empfinden nach Unrecht zugefügt hat. Warum sind Teenager wütend auf ihre Eltern? Weil sie meinen, dass sich die Eltern unfair, lieblos oder zu streng verhalten hätten, und dass sie sie damit ungerecht behandelt hätten. Warum wird ein Mann wütend auf einen Rasenmäher? Weil er nicht „richtig funktioniert". Das Gerät oder dessen Hersteller hält nicht das, was es an Leistung versprochen hat. Warum hupen die Leute, wenn die Ampel auf Grün umschaltet? Weil sie glauben, dass der Fahrer vor ihnen „auf die Ampel achten und zwei Sekunden früher auf das Gaspedal hätte treten sollen." Kurz: Er fährt nicht „richtig".

Versuchen Sie sich an das letzte Mal zu erinnern, als Sie ärgerlich oder zornig waren und stellen Sie sich die Frage: Warum war ich ärgerlich/zornig/wütend?

Höchstwahrscheinlich werden Sie sich über eine Ungerechtigkeit aufgeregt haben. Sie fühlten sich unfair behandelt. Irgendetwas war nicht in Ordnung.

Ihr Ärger hat sich gegen einen anderen Menschen, ein Objekt, eine Situation oder gegen Sie selbst oder Gott gerichtet, doch in jedem Fall ist in Ihren Augen etwas falsch gelaufen.

Dabei geht es erst einmal nicht darum, ob Ihre Wahrnehmung von Unrecht berechtigt ist oder nicht. Damit werden wir uns in einem späteren Kapitel befassen. An dieser Stelle wollen wir lediglich festhalten, dass Ärger mit der Wahrnehmung zu tun hat, dass etwas nicht in Ordnung ist, dass es nicht „richtig" ist. Und dieses Moralempfinden (nach dem manche Dinge richtig sind und andere falsch) hat seinen Ursprung in der Tatsache, dass wir nach dem Bild eines Gottes geschaffen sind, der heilig ist und Gesetze (die sagen, was richtig und gut und was falsch und zerstörerisch ist) zum Wohl seiner Geschöpfe aufgestellt hat.

Ärger oder Zorn an sich ist nichts Böses; Zorn ist keine Sünde; Zorn hat nichts mit unserem Gefallensein zu tun; Zorn ist nicht das Werk Satans in unserem Leben. Ganz im Gegenteil. Zorn ist der Beweis dafür, dass wir nach dem Bild Gottes geschaffen sind; er zeigt, dass wir trotz unseres Gefallenseins noch immer ein Empfinden für Recht und Gerechtigkeit haben. Die Fähigkeit zum Ärger ist ein untrügliches Zeichen dafür, dass wir mehr als bloße Tiere sind. Die

Fähigkeit zum Ärger zeigt unser Bemühen um Recht, Gerechtigkeit und Fairness. Dass wir Ärger empfinden, beweist unseren Adel, nicht unsere Schlechtigkeit.

Wir können Gott dankbar sein für unsere Fähigkeit, Ärger zu spüren. Wenn ein Mensch keinen Ärger oder keinen Zorn mehr wahrnimmt, hat er sein Moralempfinden verloren. Und ohne das wäre unsere Welt eine schreckliche Welt.

Damit sind wir bei der Frage: Was ist der Sinn und Zweck von Ärger und Zorn?

Nachgehakt

1. Unser ganzes Leben lang werden wir immer wieder Ärger oder Zorn spüren. Versuchen Sie, sich zu erinnern, bei welchen Gelegenheiten Sie als kleines Kind ärgerlich oder zornig wurden, und wann als Teenager und als Erwachsener. Erzählen Sie einem Freund/ einer Freundin, Ihrer Frau, Ihrem Mann oder in der Gruppe, mit der Sie über das Thema Ärger, Wut und Zorn sprechen, von einer solchen Situation.
   Vergleichen Sie die Reaktionen auf Ärger oder Zorn in den jeweiligen Altersstufen miteinander. Was meinen Sie, können wir mit fortgeschrittenem Alter und Reife besser mit Ärger und Zorn umgehen? Was ist an der Art zu reagieren immer wieder gleich?

2. Wir stellen uns Ärger meistens als Gefühlsregung vor, doch Ärger hat körperliche, geistige und seelische Aspekte. Welche körperlichen Reaktionen haben Sie bei anderen beobachtet, die ärgerlich waren? Sprechen Sie über die körperlichen Reaktionen auf Ärger und auf welche Weise sie unseren Umgang damit beeinflussen.

3. Gott kann zornig werden, doch Zorn ist kein grundlegendes Merkmal seines Wesens. Sein Zorn entspringt seiner Heiligkeit und seiner Liebe. Auf den ersten Blick kann vielleicht der Eindruck entstehen, dass solcher Zorn im Widerspruch zu seinem liebenden Wesen stünde. Lesen Sie dazu den Bericht der Belagerung von Ai durch die Israeliten (Josua 7). Erscheint Gottes Zorn auf das Volk vernünftig? Drückt er seinen Zorn entsprechend seiner Liebe und seiner Heiligkeit aus?

4. Richtiger Umgang mit Ärger. Sie wohnen in einem Mietshaus. Dort herrscht die ungeschriebene Regel, dass die Hausbewohner Waschmaschine und Trockner nicht nach 22 Uhr benutzen dürfen, um die Nachtruhe nicht zu stören. Obwohl Sie rechtzeitig mit dem Wäschewaschen begonnen haben, werden Sie aus verschiedenen Gründen erst gegen 22.30 Uhr fertig sein. Als Sie um 22.15 in den Waschraum gehen, sehen Sie, dass jemand den Trockner ausgeschaltet hat, und Ihre nasse Wäsche auf dem Boden liegt. Sprechen Sie darüber, wie Sie mit Ihrem Ärger darüber umgehen könnten. Sammeln Sie Ideen und überlegen Sie, welche Reaktion am besten geeignet ist, um Ihren Ärger zu verarbeiten. Falls Sie sich Notizen dazu machen, heben Sie sie ruhig für die nächsten Kapitel auf.

2. Kapitel

Was ist Sinn und Zweck von Ärger, Wut und Zorn?

Ärger ist eine allgemeine menschliche Erfahrung, und Gott selbst kann zornig werden. Diese beiden Tatsachen, die wir im ersten Kapitel beleuchtet haben, legen nahe, dass der menschliche Ärger einen Sinn hat. Und weil die Fähigkeit zum Ärger in unserer Gottesebenbildlichkeit begründet liegt, stellt sich mir die Frage: Was ist in Gottes Augen Sinn und Zweck von menschlichem Ärger?

Ich denke, die Antwort liegt auf der Hand: *Ärger soll uns nach Gottes Willen dazu bewegen, angesichts von Unrecht oder Ungerechtigkeit konstruktiv zu handeln.* Dass Ärger insofern eine positive Kraft sein kann, war für Christen nicht immer klar. Der Grund ist vielleicht, dass in unserer gefallenen Welt nicht immer klar ist, was gerecht oder ungerecht ist. Das heißt, nicht immer richtet sich unser Ärger oder Zorn gegen wirkliches Unrecht. Die Tatsache, dass unsere gefallene Natur egozentrisch ist (auf sich selbst gerichtet) statt theozentrisch (auf Gott gerichtet), führt oft dazu, dass wir Ärger spüren, wann immer uns etwas nicht passt – und das ist ja nicht unbedingt immer positiv. Wir werden uns in einem anderen Kapitel mit berechtigtem und unberechtigtem Zorn befassen; hier wollen wir noch bei der Frage bleiben: Was ist in Gottes Augen Sinn und Zweck von menschlichem Ärger?

Die Antwort ist: Ärger soll uns dazu bewegen, angesichts von Ungerechtigkeit positiv und liebevoll zu handeln. Und genau das wird uns meiner Meinung nach von Gott selbst vorgelebt.

Gottes Reaktion auf Zorn

Im Alten und Neuen Testament können wir von Situationen lesen, in denen Gott zornig war, und wir können erkennen, was seinem Zorn folgte: Er handelte aus Liebe heraus.

Im Alten Testament sandte er meistens einen Propheten, der dem Volk verkündete, dass seine bösen Taten Gott missfielen, und es dann zur Buße rief. Wenn das Volk Buße tat, legte sich Gottes Zorn, und alles war wieder in Ordnung. Wenn die Menschen jedoch keine Reue zeigten, ergriff Gott weitere Maßnahmen. Ein Beispiel ist Gottes Botschaft an Jeremia: „Geh hin und rufe diese Worte nach Norden und sprich: Kehre zurück, du abtrünniges Israel, spricht der Herr, so will ich nicht zornig auf euch blicken. Denn ich bin gnädig, spricht der Herr, und ich will nicht ewiglich zürnen. Allein erkenne deine Schuld … Kehrt um, ihr abtrünnigen Kinder, spricht der Herr, denn ich bin euer Herr“ (Jeremia 3, 12-14).

Israel hatte sich von der Wahrheit abgekehrt und war Lügen gefolgt. Gottes Zorn trieb ihn dazu, Jeremia zu dem Volk zu schicken, um es zur Buße zu rufen.

Ähnlich verhielt es sich, als Gott Jona nach Ninive schickte. Den Leuten von Ninive war Gott bekannt. Jona verkündete, dass die Stadt in vierzig Tagen zerstört werden würde. Daraufhin kam etwas in Bewegung: „Da glaubten die Leute von Ninive an Gott und ließen ein Fasten ausrufen und zogen alle, groß und klein, den Sack zur Buße an.“ Bald ließ der König ausrufen: „Sie sollen … zu Gott rufen mit Macht. Und ein jeder bekehre sich von seinem bösen Wege und vom Frevel seiner Hände. Wer weiß? Vielleicht lässt Gott es sich gereuen und wendet sich ab von seinem grimmigen Zorn, dass wir nicht verderben.“ Die Leute von Ninive wussten offenbar, dass Gottes Liebe die Triebkraft für seinen Zorn war. So berichtet die Schrift: „Als aber Gott ihr Tun sah, wie sie sich bekehrten von ihrem bösen Wege, reute ihn das Übel, das er ihnen angekündigt hatte, und tat's nicht“ (Jona 3, 5, 8-10).

Gottes Zorn trieb ihn zu positivem Handeln – er erklärte den Übeltätern, dass alles Böse bestraft werden würde. Weil Gott sie liebte, konnte er nicht zulassen, dass ihr ungerechtes Tun ungesühnt blieb. Doch als die Leute von Ninive Buße taten und sich von ihren bösen Wegen abkehrten, vergab ihnen Gott in seinem Erbarmen. Das Böse war wieder gutgemacht worden; Gottes Zorn hatte seinen positiven Zweck erfüllt.

Dieses Muster des positiven, liebenden Handelns als Gottes Reaktion auf seinen Zorn zieht sich durch das gesamte Alte Testament. Wenn Menschen auf die Warnrufe Gottes durch die Propheten mit Reue reagierten, vergab ihnen Gott freimütig ihre Schuld. Doch wenn sie weiterhin Böses taten, ergriff Gott weitere Maßnahmen – so schickte er einen Heuschreckenschwarm, der die ganze Ernte vernichtete, er sandte Hungersnot und Feuer; manchmal auch feindliche Mächte, die sein Volk gefangen nahmen und in die Sklaverei verschleppten. Doch die Botschaft war immer klar: Das tut Gott wegen eurer Sünde (siehe zum Beispiel Amos 1-2).

Manche Bibelleser haben schon Gottes harte Maßnahmen gegen sein Volk Israel und dessen Nachbarn in Frage gestellt. Sie sehen darin das Bild eines strengen Gottes, der keine Liebe, sondern nur Gerechtigkeit kennt. Doch bei näherem Hinsehen lässt sich erkennen, dass es letztendlich immer zum Guten seiner Geschöpfe war, wenn Gott solche drastischen Maßnahmen ergriff. Es geht gegen Gottes Heiligkeit, wenn seine Menschen Böses tun, und seine Liebe ist immer darauf bedacht, seinem Zorn so Ausdruck zu verleihen, dass es zum Besten der Menschen geschieht. Wenn zu Zeiten des Alten Testamentes sich das Böse in einer bestimmten Kultur richtig eingenistet hatte und die Herzen der Menschen sich gegen den Ruf Gottes verschlossen hatten, fiel Gottes Urteil hart aus, um den Nachbarländern zu zeigen, dass solche Bosheit nicht für immer geduldet werden würde. Indem er schlimmer Sünde immer wieder Einhalt gebot, wollte Gott andere Nationen daran hindern, denselben destruktiven Weg einzuschlagen. Alle seine Handlungen waren in diesem Sinn gerecht und geschahen aus Liebe.

Jesus und der Zorn

Wenn wir im Neuen Testament das Leben Jesu betrachten, sehen wir, dass er genauso handelte, wenn er mit seinem Zorn konfrontiert war: Er setzte dem Bösen, das seinen Zorn erregt hatte, positives, liebevolles Handeln entgegen. Die Geschichte, die uns in diesem Zusammenhang wohl am besten bekannt ist, spielt im Tempel von Jerusalem. Jesus sah, wie die Händler dort, im Tempel, Ochsen, Schafe und Tauben verkauften. Er sagte zu ihnen: „Es steht geschrieben: ‚Mein Haus soll ein Bethaus heißen'; ihr aber macht eine Räuberhöhle daraus" (Matthäus 21, 13). Ihr unrechtes Tun hatte seinen Zorn heraufbeschworen. Im Johannesevangelium heißt es: „Tragt das weg und macht nicht meines Vaters Haus zum Kaufhaus!" (Johannes 2, 16). Johannes berichtet, dass Jesus eine Geißel aus Stricken machte und die Händler aus dem Tempelbezirk jagte; er „schüttete den Wechslern das Geld aus und stieß die Tische um" (Vers 15).

Manche fragen vielleicht: Wo bleibt hier Jesu Geist der Vergebung? Wir können sicher annehmen, dass er den Händlern vergeben hätte, wenn sie ihr Tun bereut hätten; schließlich geschieht Gottes Vergebung immer als Antwort auf die Reue des Menschen. Sein Handeln zeigte nicht nur den Händlern, sondern auch den religiösen Führern, dass das, was hier vorging, im Tempel Gottes unangebracht war. Johannes schreibt: „Seine Jünger aber dachten daran, dass geschrieben steht (Psalm 69, 9): ‚Der Eifer um dein Haus wird mich fressen'" (2, 17). Die Jünger sahen, wie Jesus seinem Zorn Ausdruck verlieh. Sie erkannten darin jedoch seine tiefe Sorge darum, seines Vaters Haus das sein zu lassen, was es sein sollte: ein Bethaus und nicht ein Umschlagplatz für Waren.

Bei anderer Gelegenheit war Jesus am Sabbat in der Synagoge, als ein Mann mit einer gelähmten Hand zu ihm kam – für die Pharisäer eine willkommene Gelegenheit, um Jesus zu beschuldigen, das Sabbatgesetz zu brechen. In dieser Situation stellte ihnen Jesus die Frage: „Soll man am Sabbat Gutes tun oder Böses tun, Leben erhalten oder töten?" Darauf wussten die Pharisäer nichts zu sagen, und Markus berichtet: „Er sah sie ringsum an mit Zorn und war betrübt über ihr verstocktes Herz und sprach zu dem Menschen: Strecke deine Hand aus! Und er streckte sie aus; und seine Hand wurde gesund" (Markus 3, 4.5). Jesu Zorn wurde hervorgerufen durch das gesetzliche Denken der Pharisäer, das das Halten der Sabbatgesetze über den Dienst am Menschen stellte. Sein Handeln bestand darin, den kranken Mann vor ihren Augen zu heilen, ihr böses Denken zurückzuweisen, und vor allen Umstehenden zu demonstrieren, dass Dienst am Menschen wichtiger ist als das Einhalten religiöser Gesetze. Das göttliche Modell ist also klar: Gottes Reaktion auf Zorn ist immer liebendes Handeln, dem Bösen Einhalt zu gebieten und den, der Böses getan hat, zu erlösen.

Unsere Reaktion auf Ärger: nach Recht und Verbesserung der Zustände streben

Reden wir wieder über unseren menschlichen Zorn und Ärger. Wir sind Geschöpfe, die nach dem Bild Gottes geschaffen wurden, und deswegen geht es uns – zumindest in gewissem Maß – immer auch um Recht, Gerechtigkeit und Fairness. Wann immer wir uns mit einer Situation konfrontiert sehen, die wir als unrecht, lieblos oder ungerecht empfinden, spüren wir Ärger oder Zorn. Ich glaube, dass *dieser Zorn* nach Gottes Willen *uns dazu bewegen soll, positiv und liebevoll zu handeln, um Unrecht gutzumachen;* und wo es sich um eine Beziehung handelt, die Beziehung mit dem, der etwas Falsches oder Böses getan hat, wiederherzustellen.

Ärger soll uns nicht dazu verleiten, den Menschen, die uns womöglich unrecht getan haben, Böses mit Bösem zu vergelten. Er soll uns auch nicht dazu bringen, unseren Mitmenschen Böses zu wünschen, zu sagen oder anzutun. Sinn und Zweck von Ärger liegen darin, uns zu positivem, liebevollem Handeln zu bewegen und Situationen besser zu hinterlassen, als wir sie vorgefunden haben.

Ärger ist immer schon eine starke Triebkraft für gesellschaftliche Reformen gewesen. Auch für die Entstehung der amerikanischen Organisation MADD, Mothers Against Drunk Drivers – Mütter gegen betrunkene Autofahrer. Mütter haben erlebt, wie ihre Söhne und Töchter durch betrunkene Autofahrer ums Leben kamen. Wenn diese Fahrer vor Gericht erschienen, wurden sie zurechtgewiesen, mussten womöglich eine Geldstrafe zahlen und wurden am nächsten Tag wieder auf freien Fuß gesetzt.

Die Mütter sagten: „Das ist nicht recht." Die Gründerin dieser Organisation, Candy Lightner, erlitt einen Schock, als ein betrunkener Fahrer ihre dreizehnjährige Tochter überfuhr und dabei tötete. Später verwandelten sich ihr Schock und Kummer in starken Ärger, als ein kalifornischer Richter dem schon häufig wegen Trunkenheit am Steuer auffällig gewordenen Fahrer nur eine leichte Strafe auferlegte. Sie und andere aufgebrachte Mütter gründeten bald darauf den MADD, der sich später auf über vierhundert Ortsgruppen ausweitete.

Ursprünglich machten die Frauen es sich zur Aufgabe, abwechselnd in den Gerichtssälen zu sitzen, wenn eine Verhandlung gegen einen betrunkenen Autofahrer stattfand. Sie sahen dem Richter, den Anwälten und den Angeklagten in die Augen. Ihre Gegenwart veranlasste die Richter, es sich gründlicher zu überlegen, dem Fahrer, der wegen Trunkenheit am Steuer angeklagt war, den Führerschein allzu bald wieder auszuhändigen.

Die Frauen drängten den Gesetzgeber auch dazu, betrunkene Autofahrer härter zu bestrafen. Dadurch sind die Strafen für Trunkenheit am Steuer in den letzten Jahren härter geworden, und mehr Fahrern als je zuvor ist wegen dieses Deliktes der Führerschein entzogen worden. Und all das, weil einige Mütter zornig wurden. Seitdem kämpft MADD für weitere Gesetzesreformen, um mehr Sicherheit auf den Straßen zu erreichen.

Die Organisation SADD, Students Against Driving Drunk – Studenten gegen Trunkenheit am Steuer – wurde auf ähnliche Weise gegründet. Studenten waren darüber aufgebracht, dass betrunkene Mitstudenten das Auto nicht stehen ließen und dann viel Unheil anrichteten. Sie sagten: „Es ist nicht in Ordnung, dass unsere Leute sich ans Steuer setzen, wenn sie getrunken haben.“ Irgendwann begannen diese Studenten, sich zu organisieren und sich selbst zu verpflichten, dass immer genügend Studenten nüchtern bleiben, um die Betrunkenen nach Hause fahren zu können. Auch das ist positives, liebevolles Handeln als Reaktion auf Zorn.

So kam es auch zur Abschaffung der Sklaverei in England und Amerika: Eine große Zahl von Menschen war zornig über die gesellschaftlichen Zustände. 1671 rief in England die Gesellschaft der Freunde (Quäker) eine Bewegung zur Abschaffung der Sklaverei ins Leben; die amerikanischen Quäker nahmen 1696 den Kampf auf. Thomas Clarkson und William Wilberforce konnten die britische Regierung dazu bewegen, 1807 ein Gesetz gegen den Sklavenhandel zu erlassen. 1833 wurde die Sklaverei in allen britischen Kolonien abgeschafft. Im März 1807 verboten die Vereinigten Staaten nach dem 1. Januar 1808 die weitere Einfuhr von Sklaven. Dieses Gesetz beendete rechtlich den überseeischen Sklavenhandel; die Sklaverei selbst gab es noch bis zum Ende des Amerikanischen Bürgerkrieges. 1863 schließlich erklärte Lincolns Emanzipationsproklamation in den Vereinigten Staaten allen Sklaven die Freiheit.

Die unmenschliche Praxis der Sklaverei wäre sicher nicht beendet worden, wäre sie nicht für viele Menschen zum großen Ärgernis geworden. Viele Leute begriffen in ihrem Herzen, dass hier Unrecht geschah. Sie spürten ein Gefühl des Zorns und taten etwas dafür, um ihre abhängigen Mitmenschen zu befreien.

Das ist ganz im Sinne Gottes, der durch den Propheten Jesaja verkünden lässt: „Lass los, die du mit Unrecht gebunden hast, lass ledig, auf die du das Joch gelegt hast! Gib frei, die du bedrückst, reiß jedes Joch weg! Brich dem Hungrigen dein Brot, und die im Elend ohne Obdach sind, führe ins Haus! Wenn du einen nackt siehst, so kleide ihn, und entzieh dich nicht deinem Fleisch und Blut!" (Jesaja 58, 6.7).

Aller Ärger soll für etwas gut sein: Ärger ist dazu da, uns zu bewegen, den Ungerechtigkeiten des Lebens mit konstruktivem, liebendem Handeln zu begegnen und alles zu tun, was in unserer Macht steht, um der Gerechtigkeit zum Durchbruch zu verhelfen – und zwar aus Liebe.

Ärger und Zorn waren entsprechend auch die Triebkraft für religiöse Reformbewegungen. Während der protestantischen Reformation wurden Luther und andere durch ihren Ärger bewegt, sich gegen bestimmte Auffassungen der etablierten Kirche zu wenden. Ihrer Ansicht nach waren einige Praktiken der damaligen Kirche nicht mit der Bibel zu vereinbaren und daher falsch. Der Zorn war so stark, dass einige von ihnen sogar den Märtyrertod starben, weil sie sich gegen das wandten, was sie als Unrecht erkannten. Ich gehe so weit zu sagen, dass im Grunde alle großen sozialen und religiösen Reformen aus gerechtem Zorn geboren sind.

Motiviert von Ungerechtigkeit, geleitet von Liebe

Im persönlichen Leben gilt das gleiche Handlungsmuster wie im öffentlichen Leben, natürlich immer abgestimmt auf die jeweilige Situation. Machen wir's konkret und kommen noch einmal auf Anne zurück, die ich im letzten Kapitel vorgestellt habe. Sie ist wütend auf ihre Vorschulkinder, die sie dazu bringen, die Beherrschung zu verlieren, sie ärgert sich über ihren Mann, weil er ihr nicht genügend im Haushalt hilft, sie ist frustriert über sich selbst, weil sie die Entscheidung getroffen hat, zu Hause bei ihren Kindern zu bleiben, und schließlich ist sie zornig auf Gott, weil er sie in eine solche Lage hat kommen lassen.

Im Augenblick geht es noch nicht darum, welche konkreten Maßnahmen Anne ergreifen könnte. Wir stellen einfach die Frage: Was ist der Sinn von Annes Ärger?

Ich meine, er soll sie dazu bewegen, positiv und liebevoll zu handeln angesichts dessen, was sie als unfreundlich, ungerecht, unfair und unmenschlich empfindet. Sie soll ihren Ärger, ihre Wut und ihren Zorn nicht ignorieren. Ärger ist wie ein rotes Warnlicht, das am Armaturenbrett aufleuchtet. Es zeigt an, dass irgendetwas nicht in Ordnung ist. Was sie macht, wenn das Warnlicht aufleuchtet, ist natürlich außerordentlich wichtig; darum geht es dann im nächsten Kapitel.

Zorn hat also etwas Gutes. Zorn ist – genauso wie Ärger oder Wut – also *an sich* etwas Gutes. Er ist eine machtvolle und positive Triebkraft, die uns zu liebendem Handeln bewegen soll, das Unrecht gutmacht und gegen Ungerechtigkeit vorgeht.

Zorn kann aber auch zu einer rasenden, unkontrollierten Kraft werden. Erst dann, wenn er in richtige Bahnen gelenkt wird, treibt er uns wieder auf die andere Seite – auf die Seite der Liebe. Ärger, Wut und Zorn können sich produktiv auswirken und so zur positiven Kraft werden. Dafür können und dafür müssen wir sorgen.

Die Gefahr liegt darin, dass Ärger kontraproduktiv werden und sich gegen uns kehren kann. Wie bei Bill und seiner Wut auf den Rasenmäher. Seine Reaktion, ein kräftiger Tritt gegen das Gerät, handelte ihm einige Schmerzen ein. Er hatte fünfzehn Minuten lang an dem Rasenmäher herumgezerrt, Benzin eingefüllt und alles Mögliche angestellt, aber das Gerät kam nicht in Gang. Bill spürte Wut. Warum? Weil der Rasenmäher nicht das tat, was er tun sollte. Er funktionierte nicht. Motoren von Rasenmähern sollen sich in Bewegung setzen, damit Gras geschnitten werden kann, und nicht blockieren. Bill kam mit seinem berechtigten Vorhaben nicht voran, weil sein Rasenmäher nicht mitspielte. Wenn man nur zwei Stunden Zeit hat, ist es nicht in Ordnung, dass der Rasenmäher ausfällt – so ärgerte sich Bill.

Lassen wir im Moment einmal außer Acht, ob Bills Ärger berechtigt war und ob es vielleicht noch andere Gründe gab, die bei Bill zu diesem Zornesausbruch geführt hatten. Was soll ein Mann machen, wenn er wütend auf einen Rasenmäher ist?

Bills Reaktion war offensichtlich nicht positiv und liebevoll. Sie war offensichtlich nicht konstruktiv. Er war nicht auf sein eigenes Wohl bedacht, als er auf das Gerät eintrat und seine Zehen gegen das harte Metall des Rasenmähers krachten. Der Rasenmäher wurde nicht verletzt, schließlich ist der ein lebloses Objekt, aber Bill hatte noch etliche Wochen an den Folgen der unangemessenen Reaktion auf seinen Ausbruch zu leiden.

Später werden wir uns näher damit beschäftigen, wie Bills Reaktion hätte aussehen können, aber im Moment ist unsere Frage: Was ist der Sinn von Bills Ärger?

Nach dem, was in diesem Kapitel gesagt wurde, diente Bills Ärger eigentlich dazu, ihn zu einer konstruktiven Handlung zu bewegen, nämlich den Rasenmäher wieder in Gang zu setzen und den Rasen gemäht zu bekommen. Vielleicht hätte er einen Nachbarn um Hilfe bitten können, der mehr Ahnung von Motoren hat als er selbst. Er hätte das Gerät zur Reparatur bringen oder den Rasenmäher eines Nachbarn ausleihen können, um mit der Arbeit fertig zu werden, während sein eigener repariert wird.

Die Schwierigkeit liegt nur leider darin, dass all die wunderbar positiven Momente des Zorns oft in der Hitze des Gefechts untergehen. Wir vergessen, dass wir Dinge richtig stellen sollen, und machen am Ende alles nur noch schlimmer. Das bringt uns zur nächsten Frage: Wie kann unser Zorn produktiv werden und damit – ganz praktisch – zu einer positiven Kraft?

Nachgehakt

1. Das Beispiel Jonas, der den Leuten von Ninive Gottes Ruf zur Buße ausrichtete, zeigt uns, dass Gottes Zorn von seiner Liebe geleitet ist. Er will Liebe und fordert Gehorsam von seinen Kindern, damit sie Gemeinschaft mit ihm haben können. Wie reagiert Gott Ihnen gegenüber, wenn Sie nicht nach seinem Willen handeln? Sprechen Sie darüber bzw. denken Sie über ein Beispiel aus Ihrem Leben nach, wo Sie gegen den Willen Gottes gehandelt haben. Wo können oder konnten Sie dabei seine Liebe sehen?

2. Gottes Zorn erscheint in der Bibel oft hart. Vergleichen Sie Gottes Reaktionen, als die Israeliten das goldene Kalb in Auftrag gaben (2. Mose 32) und bei der Bekehrung des Saulus (Apostelgeschichte 9), und sprechen Sie darüber, wie die Reaktionen sich voneinander unterscheiden. Sind diese unterschiedlichen Reaktionen Zeichen für unterschiedliche Maßstäbe, wenn es um Gottes Forderung nach Gehorsam geht? Sprechen Sie miteinander darüber und halten Sie die Ähnlichkeiten und Unterschiede in jeder Geschichte fest. Ist Gottes grundlegende Absicht in jeder dieser Situationen dieselbe?

3. Gottes Zorn über Hass oder Ungerechtigkeit hat seinen Ursprung in seiner Liebe zu uns und in seinem Wunsch, dass wir den Gesetzen folgen, die er zu unserem Wohl geschaffen hat. Entsprechend soll unser Zorn über Ungerechtigkeit uns in Bewegung setzen, um etwas zu verändern. Erinnern Sie sich an eine Begebenheit, bei der Sie wütend geworden sind und dann aber die Situation liebevoll und entschlossen zum Guten wenden konnten – z. B. in der Kindererziehung, bei einer Uneinigkeit mit einem Arbeitskollegen oder in einer Diskussion über ein politisches Thema. Welche Schritte haben Sie unternommen, um das Problem zu erkennen, den Grund Ihres Ärgers auszumachen und zu überlegen, wie Sie das Problem lösen können? Wurde der Ärger beseitigt, oder empfinden Sie immer noch Ärger darüber?

4. Sie sind Christ, und Ihr Kind besucht eine staatliche Grundschule. Sie nehmen gerade am Elternabend teil. Bei der Planung für ein Musikprogramm zu Ostern protestiert eine kleine Gruppe Eltern gegen „religiöse Intoleranz an einer staatlichen Schule". Sie spricht sich gegen das „einseitig christliche Gedankengut der Veranstaltung" aus. Obwohl zu Ostern traditionell ein Ostermusical auf dem Schulprogramm steht, spricht sich die Verwaltung aus Furcht vor einem größeren Streit für ein „Fest der Frühlingsriten" anstelle des Ostermusicals aus. Sind Sie wütend? Auf wen? Wie würden Sie in dieser Situation reagieren? Wie könnten Sie reagieren?

3. Kapitel

Wie kann Ärger produktiv werden?

Die folgenden Menschen ärgern sich, und zwar aus unterschiedlichen Gründen. Frage: Gegen wen richtet sich ihr Ärger? Das Objekt ihres Ärgers ist immer dasselbe. Erkennen Sie es?

- Bert ist seit vierzehn Jahren in derselben Firma beschäftigt. Er hat immer hart gearbeitet und sich seiner Meinung nach mehr als üblich für die Firma engagiert. Letzte Woche hat er erfahren, dass er bereits zum zweiten Mal bei der erwarteten Beförderung übergangen worden ist. Er hält den entscheidenden Vorgesetzten für unfair und ist äußerst verärgert.
- Robert hat Patricia versprochen, sich mit ihr im Einkaufszentrum zu treffen, um für ihre bevorstehende Reise Koffer zu kaufen. Um 17.30 Uhr, der vereinbarten Zeit, ist Robert nicht am Treffpunkt. Patricia wartet zwanzig Minuten und entschließt sich dann, selbst nach Koffern zu sehen. Das tut sie halbherzig, und sie ist ziemlich sauer auf Robert, der auch später nicht mehr kommt.
- Sandra ist wütend auf ihren sechzehnjährigen Sohn Kevin. Erstens, weil sein Zimmer aussieht, als hätte dort eine Bombe eingeschlagen, und seine Großmutter in drei Stunden eintreffen soll. Zweitens, weil er weggegangen ist, ohne zu sagen wohin. Sie hat keine Ahnung, ob er rechtzeitig vor der Ankunft seiner Großmutter zurück sein wird, und sie hat auf keinen Fall Zeit, sein Zimmer selbst aufzuräumen und zu putzen. Bei jedem Gedanken an sein unverantwortliches Handeln steigert sich ihre Wut.
- Andy ist sehr unglücklich über den Ehealltag mit Carol, weil sie, wie er sagt, nie Zeit für ihn hat: „Sie hat Zeit, mit ihren Freun-

dinnen essen zu gehen. Sie hat mit ihnen mehr Filme gesehen als mit mir. Ich bin es leid, jeden Abend in ein leeres Haus heimzukommen. Es müsste ihr mal jemand sagen, dass sie verheiratet ist."

- Albert hat einen Nachbarn, der seit acht Jahren nebenan wohnt. Der hat beschlossen, seinen Vorgarten neu anzulegen. Dazu hat er jetzt alle möglichen Büsche ausgerissen, davon auch zwei, die eigentlich auf Alberts Seite der Grundstücksgrenze standen. Als Albert am Abend die Löcher sieht und merkt, dass seine Büsche fehlten, ist er zunächst schockiert und dann wütend. *Meint er denn, dass sie zu seinem Grundstück gehören?*, überlegt er. *Warum reißt er meine Büsche raus? Mit seinem Garten kann er ja machen, was er will, aber er hat kein Recht, meine Büsche kaputtzumachen.* Alberts Frau Ellen muss sich einiges anhören, als sie von der Arbeit nach Hause kommt.
- Will und Angie sind Basketballfans und haben Karten für das Spiel am Samstag. Sie wollten schon die ganze Saison zu einem Spiel gehen, aber erst jetzt kommen sie dazu. Am Donnerstagabend ruft Angies Mutter an und fragt, ob sie am Samstagnachmittag auf Angies zehnjährigen Bruder aufpassen würden, damit die Eltern zum Betriebsausflug mitgehen könnten. Angie sagt ihrer Mutter, dass sie zum Basketballspiel gehen wollen und dass sie nicht wüsste, ob sie noch eine weitere Karte bekäme. Ihre Mutter meint: „Ach, man kriegt immer Eintrittskarten. Und über das Geld mach dir mal keine Sorgen." Angie widerspricht nicht, und ehe sie sich versieht, hat sie zugesagt. Als sie Will davon berichtet, wird er wütend. „Es gibt keine Karten mehr", sagt er. „Ich weiß das, weil ein Freund im Büro noch eine haben wollte. Jetzt müssen wir auf das Spiel verzichten, weil deine blöde Mutter nicht auf ihr eigenes Kind aufpassen will." Will ist wütend auf seine Schwiegermutter, weil sie seine Frau um Hilfe gebeten hat, und auf seine Frau, weil sie der Bitte nachgekommen ist.
- Christina sitzt in meinem Büro. Sie ist seit vierzehn Jahren mit Brad verheiratet. „Ich verstehe das nicht", sagt sie. „Wir sind vierzehn Jahre lang verheiratet und haben eine gute Ehe geführt. Jetzt erzählt er mir, dass er mich nicht mehr liebt und sich in eine andere Frau verliebt hat. Wie kann er eine andere lieben? Letzte Woche hat er noch mit mir geschlafen. Wie konnte er das tun, wenn er eine andere liebt?" Keine Frage, Christina ist außer sich.

Eines haben all diese Menschen gemeinsam: Ihr Ärger – oder ihre Wut oder ihr Zorn – ist auf eine andere Person gerichtet. Diese Art Ärger soll uns in diesem Kapitel beschäftigen: Ärger auf einen Menschen, zu dem wir eine Beziehung haben. Das kann ein Familienmitglied sein, ein Zimmergenosse, Freund, Arbeitskollege, Nachbar oder ein anderer Mensch, mit dem wir uns verbunden fühlen. Hier geht es nicht um den Ärger, den Sie spüren, weil Sie etwas gehört oder im Fernsehen gesehen haben, nicht um Ärger, der sich gegen einen fremden Autofahrer richtet oder auf leblose Objekte wie Rasenmäher, platte Reifen, Fahrradketten, Schraubenschlüssel oder Computer. Auch nicht um Ärger, der sich gegen Tiere richtet – Marder, die Autoschläuche durchbeißen, Fliegen, die Sie nicht einschlafen lassen, oder Maulwürfe, die Ihren Rasen ruinieren. Um diese Dinge wird es später gehen.

Zwei wichtige Fragen

Wenn wir konstruktiv mit dem Ärger oder Zorn gegen einen Menschen umgehen wollen, zu dem wir eine Beziehung haben, sind zwei Fragen von großer Bedeutung:

1. Ist meine geplante Reaktion positiv, d.h. geht sie das Unrecht konstruktiv an und kann sie helfen, die Beziehung wiederherzustellen?
2. Ist meine Reaktion liebevoll, d.h. dient sie zum Besten der Person, über die ich mich ärgere?

Da diese beiden Punkte überhaupt Sinn und Zweck unseres Zorns ausmachen, sollte sich Ihr Verhalten genau danach richten: Ist es positiv, und ist es liebevoll?

Berechtiger Ärger, das heißt Ärger, der durch tatsächliches Unrecht hervorgerufen wurde, muss positiv angegangen werden. Was passiert, wenn wir destruktiv reagieren, wird in einem späteren Kapitel geklärt. In diesem Kapitel möchte ich Ihnen eine Strategie vorlegen, wie Sie konstruktiv mit Ihrem Ärger, Ihrer Wut oder Ihrem Zorn umgehen können.

Eine Strategie, um Ihren Ärger produktiv werden zu lassen

Der Umgang mit berechtigtem Ärger geschieht in fünf Schritten: 1. Gestehen Sie sich selbst bewusst ein, dass Sie ärgerlich sind; 2. Halten Sie sich mit einer spontanen Reaktion zurück; 3. Stellen Sie fest, gegen wen oder was sich Ihr Zorn richtet; 4. Analysieren Sie Ihre Möglichkeiten; und 5. Tun Sie etwas Konstruktives. Wenn wir jeden dieser Schritte bewusst vollziehen, lassen wir unseren Ärger produktiv werden.

Die Fünf-Punkte-Strategie für den Umgang mit berechtigtem Ärger

1. **Gestehen Sie sich selbst bewusst ein, dass Sie ärgerlich sind.**
2. Halten Sie sich mit einer spontanen Reaktion zurück.
3. Stellen Sie fest, gegen wen oder was sich Ihr Ärger richtet.
4. Analysieren Sie Ihre Möglichkeiten.
5. Tun Sie etwas Konstruktives.

Erstens: Gestehen Sie sich selbst bewusst ein, dass Sie ärgerlich sind. „Das ist doch klar", wenden Sie vielleicht ein. „Jeder merkt doch, wenn er ärgerlich ist." – Wirklich? Ist das so? Die Frage ist: Sind Sie sich Ihres Ärgers tatsächlich bewusst? Weil das Gefühl uns so plötzlich überfällt, reagieren wir oft verbal oder körperlich auf den Ärger, bevor wir uns überhaupt bewusst machen, was in unserem Innern vorgeht. Es wird uns viel eher gelingen, positiv auf unseren Ärger zu reagieren, wenn wir erst einmal vor uns selbst zugeben, dass wir uns gerade ärgern.

Ich schlage vor, dass Sie laut sagen: *Darüber ärgere ich mich! Was mache ich jetzt?* Eine solche Aussage bringt die ganze Sache auf den Tisch.

Sie sind sich jetzt nicht nur Ihres Ärgers bewusst, sondern Sie haben für sich selbst einen Unterschied gemacht zwischen Ihrem Ärger und Ihrer Reaktion darauf. Sie haben den Boden bereitet, um Ihren

Ärger mit Vernunft anzugehen, statt sich einfach von Ihren Gefühlen überwältigen zu lassen. Das ist ein wichtiger erster Schritt zum positiven Umgang mit Ihrem Ärger.

So einfach das klingen mag, manche Christen (und nicht nur Christen!) haben doch Schwierigkeiten damit. Ihr ganzes Leben lang hat man ihnen gesagt, dass Ärger oder Zorn etwas Schlechtes sei, dass es Sünde sei. Zugeben, dass sie Ärger oder Zorn empfinden, hieße dann ja zugeben, dass sie sündigen.

Aber das entspricht nicht der biblischen Sicht! Ich hoffe, dass ich in den ersten beiden Kapiteln klarstellen konnte, dass es keine Sünde ist, wenn wir Ärger oder Zorn spüren. Das gehört zu unserem Menschsein und spiegelt den Zorn wider, den Gott selbst empfindet. Paulus stellt das klar, wenn er schreibt: „Zürnt ihr, so sündigt nicht" (Epheser 4, 26). Es heißt nicht etwa: „Zürnt nicht", sondern: „Sündigt nicht, werdet nicht schuldig – wenn ihr zürnt."

Das ist genau unser Thema in diesem Kapitel: Wie kann ich mich ärgern, ohne schuldig zu werden, ohne jemanden zu verletzen? Oder, um es positiv auszudrücken: Wie reagiere ich auf meinen Ärger so, dass mein Handeln konstruktiv wird?

Ich denke, es ist ein erster Schritt auf diesem Weg, uns bewusst und verbal einzugestehen, dass wir uns ärgern.

Die Fünf-Punkte-Strategie für den Umgang mit berechtigtem Ärger

1. Gestehen Sie sich selbst bewusst ein, dass Sie ärgerlich sind.
2. **Halten Sie sich mit einer spontanen Reaktion zurück.**
3. Stellen Sie fest, gegen wen oder was sich Ihr Ärger richtet.
4. Analysieren Sie Ihre Möglichkeiten.
5. Tun Sie etwas Konstruktives.

Zweitens: Halten Sie sich mit einer spontanen Reaktion zurück.

Wenn wir unserem Ärger einfach freien Lauf lassen, wird mit ziemlicher Sicherheit eine negative und destruktive Reaktion dabei herauskommen. Sehr wenige Erwachsene haben gelernt, ihren Ärger zu kontrollieren und in die richtige Richtung zu lenken. Die meisten von uns folgen den Verhaltensmustern, die sie in der Kindheit gelernt haben, als sie ihre Eltern oder andere erwachsene Bezugspersonen beobachteten. Diese alten Verhaltensmuster haben zwei „Extrem-Varianten“: seinem Ärger in Worten oder Taten „Luft machen“ oder Rückzug und Schweigen. Beide sind zerstörerisch, destruktiv. Diese und andere Verhaltensmuster werden wir in einem späteren Kapitel untersuchen. Was ist dagegen konstruktiv?, das ist unsere Frage hier.

Die meisten von uns müssen als Erwachsene lernen, ihren Zorn zu beherrschen – und das ist dann möglich, wenn sie sich die alten Muster nach und nach abgewöhnen. Und darum ist es für das Erlernen neuer Verhaltensmuster ein guter erster Schritt, sich einer spontanen (sprich: seiner „alten“) Reaktion zu enthalten. Das ist aber nicht dasselbe wie den Zorn in sich anzustauen! Wir weigern uns nur, so zu handeln, wie wir bisher immer gehandelt haben, wenn wir wütend waren.

Salomo schreibt sehr weise: „Ein Tor schüttet all seinen Unmut aus, aber ein Weiser beschwichtigt ihn zuletzt“ (Sprüche 29, 11). Und an anderer Stelle: „Klugheit macht den Mann langsam zum Zorn“ (Sprüche 19, 11). Auch dieser Satz enthält viel Lebensweisheit: „Ein Jähzorniger handelt töricht“ (14, 17). Jemand hat einmal gesagt: „Rede, wenn du zornig bist, und du wirst die beste Rede halten, die du je bereuen wirst.“

Die meisten von uns haben schon einmal die Erfahrung gemacht, in der Hitze heftigen Ärgers Dinge getan und gesagt zu haben, die sie später bereuten, aber nicht mehr ungeschehen machen konnten. Weitaus besser ist es, zu lernen, sich mit einer spontanen Reaktion zurückzuhalten.

Von Zeit zu Zeit kommen Leute in meine Partnerschaftsseminare, die zu mir sagen: „Dr. Chapman, ich kann mich in meinem Ärger einfach nicht beherrschen. Wenn ich mich richtig ärgere, werde ich schier überwältigt. Ich kann meine Reaktion nicht zurückhalten. Ich raste einfach aus.“

Ich kann das gut verstehen und kenne die überwältigende Kraft von Ärger, wenn wir ihm erst einmal freien Lauf lassen. Aber ich weiß auch, dass diese Aussage auf schwachen Füßen steht. Es ist richtig: Wenn wir erst einmal begonnen haben, unserem Ärger verbal oder körperlich auf eine destruktive Weise Luft zu machen, ist es schwierig, diesen Lavafluss wieder zu stoppen. Aber es gibt den entscheidenden

Moment, bevor die glühendheißen Worte herauszuströmen beginnen, und wir können uns dazu erziehen, uns genau an dieser Stelle mit einer spontanen Reaktion zurückzuhalten.

Vielleicht haben Sie einmal diesen Rat gehört: „Wenn du wütend bist, zähle bis zehn, bevor du irgendetwas tust oder sagst." Das ist ein guter Rat, aber manche sollten besser bis 100 oder bis 1000 zählen. Das Aufschieben unserer Reaktion kann tatsächlich das innere Feuer wieder abkühlen lassen! Viele, die es ausprobiert haben und dieses innere Stopp-Schild respektieren, haben das als praktikable Technik erkannt, die ihnen hilft, ihre unmittelbare Reaktion zurückzuhalten.

Ich schlage vor, dass Sie laut zählen. Wenn der Mensch, auf den Sie wütend sind, in Ihrer Nähe ist, sollten Sie vielleicht weggehen. Gehen Sie spazieren, während Sie zählen. Wenn Sie bei 597 zur Hälfte um den Häuserblock gekommen sind, sind Sie vermutlich in einem geistigen und emotionalen Zustand, in dem Sie innehalten und sagen können: „Darüber ärgere ich mich. Was mache ich jetzt?"

Für einen Christen ist es jetzt an der Zeit zu beten: „Herr, du weißt, dass ich wütend bin. Ich glaube, dass hier Unrecht geschehen ist. Bitte hilf mir, eine kluge Entscheidung zu treffen, wie ich mich angesichts dieser Situation verhalten soll." Und dann beginnen Sie, in der Gegenwart Gottes Ihre Möglichkeiten ins Auge zu fassen.

Eine andere Technik, die ich oft in meinen Seminaren vorschlage, besteht darin, sich eine „Auszeit" zu nehmen, wenn Sie merken, dass Sie wütend sind. Das kann mit Worten ausgedrückt werden, indem Sie einfach „Auszeit" sagen oder visuell durch das Auszeit-Zeichen, das man oft bei Sportsendungen im Fernsehen sieht: Die ausgestreckten Finger beider Hände werden zusammengebracht und bilden ein *T* (time out). Das ist dann Ihr Symbol, um auszudrücken: „Ich bin jetzt gerade wütend, möchte aber nicht unmittelbar reagieren, also ‚Auszeit'". Wenn beide Partner dies als eine positive Technik begreifen, nicht als ein Sich-Drücken vor der Situation, dann ist es auch ein positiver Schritt, um den Ärger zu beherrschen. – Aber bitte achten Sie darauf, dass die Auszeit dann nicht drei Monate dauert! Es soll nur eine kurze Zeit sein, um Ihnen Gelegenheit zu geben, Ihre Gefühle unter Kontrolle zu bringen, damit Sie dann die Situation konstruktiv angehen können.

Die Fünf-Punkte-Strategie für den Umgang mit berechtigtem Ärger

1. Gestehen Sie sich selbst bewusst ein, dass Sie ärgerlich sind.
2. Halten Sie sich mit einer spontanen Reaktion zurück.
3. **Stellen Sie fest, gegen wen oder was sich Ihr Ärger richtet.**
4. Analysieren Sie Ihre Möglichkeiten.
5. Tun Sie etwas Konstruktives.

Den **dritten Schritt** gehen Sie, wenn Sie Ihre unmittelbare Reaktion zurückhalten. Wenn Sie sich in der „Auszeit" befinden, und nachdem Sie bis 100 – oder 1000 – gezählt haben, **stellen Sie fest, gegen wen oder was sich Ihr Ärger richtet.** Wenn Sie auf Ihren Ehepartner ärgerlich sind, stellen Sie sich folgende Fragen: Warum bin ich so aufgebracht? Ärgert mich etwas, das mein Partner gesagt oder getan hat? Ist es seine Art zu reden? Mich anzusehen? Erinnert mich das Verhalten meines Partners an meine Mutter oder meinen Vater? Ist mein Ärger durch etwas beeinflusst, was heute während des Tages passiert ist, oder durch etwas, was Jahre zurückliegt und woran ich irgendwie erinnert worden bin?

Sandra merkte, dass ihre Wut auf ihren Sohn Kevin (der sein Zimmer nicht aufgeräumt hatte, bevor er wegging) mit der Ankunft ihrer Mutter drei Stunden später zusammenhing. Ihre Gedanken wanderten ein paar Jahre zurück zu einem Augenblick, als ihre Mutter sie angestarrt und gesagt hatte: „Du wirst es nie zu etwas bringen. Du kannst ja nicht mal dein Zimmer in Ordnung halten." Dieselbe Mutter würde bald zur Tür hereinkommen und Kevins Zimmer sehen – etwa der letzte Beweis, dass Sandra tatsächlich eine Versagerin war?! … Sie gestand sich selbst ein, dass Kevins Zimmer gar kein Problem für sie wäre, wenn nicht der Besuch ihrer Mutter bevorstehen würde. Sein Zimmer sah oft chaotisch aus. Diese Einsicht half Sandra, Ihrem Ärger positiver zu begegnen.

Wenn wir feststellen wollen, gegen wen oder was sich unser Ärger richtet, müssen wir das Unrecht oder die Verletzung feststellen, das wir durch die Person, über die wir uns ärgern, erlebt haben. Inwiefern ist dieser Mensch womöglich an Ihnen schuldig geworden? In welcher

Weise hat er Sie nicht gut behandelt und Ihnen ein kleineres oder größeres Unrecht zugefügt?

Andy, der von seiner Frau Carol behauptete, sie habe nie Zeit für ihn, war wütend, aber seine Wut richtete sich noch nicht auf ein klares Ziel. Als er anfing, über seinen Ärger nachzudenken, merkte er, dass es nicht darum ging, ob Carol mit ihren Freundinnen zum Essen oder ins Kino geht. Sein Ärger kam von seinem unbefriedigten Bedürfnis nach Liebe, das war seiner Meinung nach das wahre Problem. Eine Frau sollte ihrem Mann ihre Liebe zeigen, sagte er sich. Und er fühlte sich nicht geliebt, er fühlte sich vernachlässigt. Sein Ärger richtete sich in Wirklichkeit auf Carols Versagen, sein emotionales Bedürfnis nach Liebe zu befriedigen. Diese Einsicht führte ihn dazu, seine Wut auf konstruktivere Art zu verarbeiten.

Dann müssen wir überlegen, wie schlimm das erlebte Unrecht ist. Roberts Zuspätkommen zum Einkaufsbummel liegt sicher nicht auf der gleichen Ebene wie wenn Robert eine Affäre hätte. Manche Dinge sind unbedeutend, und manche haben großes Gewicht. Jedem Ereignis ist eine andere Reaktion angemessen. Wenn ich auf unbedeutende Ereignisse genauso reagiere wie auf entscheidende, ist das kein konstruktiver Umgang mit Ärger.

Vielleicht ist es hilfreich, die Ernsthaftigkeit des Problems auf einer Skala von 1 bis 10 zu bewerten, wobei 10 ein schweres Unrecht und 1 eine leichte Irritation ist. Wenn Sie auf diese Weise den Grad des Unrechts nummerieren, hilft das nicht nur Ihnen, die Sache nüchterner und sachlicher zu sehen. Wenn Sie im Gespräch diese „Grad-Zahl" der Person, über die Sie sich ärgern, ebenfalls sagen, dann kann das den Betreffenden geistig und seelisch darauf vorbereiten, den Ärger mit Ihnen zu verarbeiten: Wenn Sie mir also zum Beispiel sagen, dass Sie sich über mich geärgert haben und die Sache mit einer „2" bewerten, weiß ich, dass unser Gespräch nicht die ganze Nacht dauert. Wenn ich Ihnen meine volle Aufmerksamkeit widme und versuche, Sie zu verstehen, können wir dieses Problem relativ leicht lösen. Wenn Sie mir aber mitteilen, dass es sich um eine „10" handelt, weiß ich, dass ich mich auf einen langen Abend gefasst machen und alles andere besser auf einen anderen Abend verschieben muss.

Die Fünf-Punkte-Strategie für den Umgang mit berechtigtem Ärger

1. Gestehen Sie sich selbst bewusst ein, dass Sie ärgerlich sind.
2. Halten Sie sich mit einer spontanen Reaktion zurück.
3. Stellen Sie fest, gegen wen oder was sich Ihr Ärger richtet.
4. **Analysieren Sie Ihre Möglichkeiten.**
5. Tun Sie etwas Konstruktives.

Wenn Sie feststellen, gegen wen oder was sich Ihr Ärger richtet und wenn Sie den Grad des Unrechts ausgemacht haben, sind Sie auf den **vierten Schritt** vorbereitet: **Analysieren Sie Ihre Möglichkeiten.** Jetzt ist es Zeit, sich die Frage zu stellen: Welche Maßnahmen könnte ich ergreifen? Vielleicht notieren Sie sich die Gedanken, die Ihnen in den Sinn kommen, oder Sie sprechen sie laut aus.

Es gibt immer verschiedene Möglichkeiten. Sie könnten hingehen und die Person, auf die Sie wütend sind, verbal fertig machen, weil sie sich ungerecht, unfreundlich, lieblos, gedankenlos und gleichgültig verhalten hat. Sie könnten auch alle Verfehlungen aus der Vergangenheit auf den Tisch bringen, die Ihnen in den Sinn kommen. Sie könnten sogar Flüche ausstoßen, um zu zeigen, wie stark Ihre Gefühle in dieser Sache sind. Sie könnten diesem Menschen mit einem Tennisschläger auf den Kopf hauen, ihn ins Gesicht schlagen, ihn kräftig schütteln, eine Flasche nach ihm werfen. Sie könnten ihn demütigen und niedermachen: „Du bist dumm, blöd, ignorant. Ich verschwende doch nicht meine kostbare Zeit, um über eine solche Sache zu reden. Mit einem Idioten kann man gar nicht reden. Ich gehe an meinen Computer und werde das Ganze nie mehr erwähnen."

Oder Sie versuchen, sich durch Isolation zu rächen: *Ich gehe aus seinem Leben und sehe ihn nie mehr wieder und gebe ihm auch keine weiteren Erklärungen. Er soll sich ruhig eine Weile abgelehnt fühlen.*

Solche und viele andere Möglichkeiten können Ihnen durch den Kopf gehen.

Welche davon sind wirklich kluge Maßnahmen? Erinnern wir uns an unsere zwei Grundfragen: Ist die Reaktion positiv, und ist sie liebevoll?

Also: 1. Ist die Handlung, die ich in Betracht ziehe, positiv: Ist sie dazu angetan, mit dem geschehenen Unrecht konstruktiv umzugehen und die Beziehung zu fördern?

2. Ist sie liebevoll: Dient sie zum Besten der Person, über die ich mich ärgere?

Sie werden sicher mit mir einer Meinung sein, dass die meisten der oben erwähnten Möglichkeiten diesem Test nicht standhalten. Es sind theoretische Möglichkeiten, aber keine konstruktiven. So hätte ich vielleicht in der Vergangenheit reagiert, aber jetzt und in Zukunft will ich mich anders verhalten.

Welche Möglichkeiten stehen denn einem Christen zur Verfügung? Soweit ich es sehe, sind es nur zwei. Die eine ist, den anderen liebevoll mit dem Problem zu konfrontieren. Die andere ist, sich bewusst dazu zu entschließen, die Sache auf sich beruhen zu lassen.

Schauen wir uns gleich einmal die zweite Möglichkeit an. Es gibt Situationen, in denen es das Beste ist, festzustellen, dass mir Unrecht geschehen ist, und dann zu dem Schluss zu kommen, dass eine Konfrontation mit dem Menschen, der mir das Unrecht angetan hat, die Situation nicht löst. Daher entscheide ich mich dafür, das Unrecht anzunehmen und die Person Gott zu überlassen. Das ist nicht dasselbe wie den Groll wegzustecken und in mir anzustauen. Ganz im Gegenteil. Es bedeutet, den Groll loszulassen und an Gott abzugeben. Ich verzichte damit auch darauf, Rache zu nehmen, übrigens ein Recht, das nach der Bibel allein Gott zukommt (siehe Römer 12, 19). Zudem weigere ich mich, durch das, was geschehen ist, mein eigenes Wohlbefinden beeinträchtigen zu lassen, eben indem ich den Groll loslasse. Ich treffe eine bewusste Entscheidung, die Sache auf sich beruhen zu lassen.

Das hat mit dem zu tun, was die Bibel Vergeben nennt, und hier bedeutet es, es Gott zu überlassen, Gerechtigkeit zu schaffen, in dem Bewusstsein, dass er die Situation kennt. Gott kann an diesem Menschen handeln, wie er es für richtig hält. Und ich treffe die Entscheidung, mich (und damit mein Denken, Fühlen und Handeln) nicht von dem Unrecht gefangen nehmen zu lassen, das mir angetan wurde.

Diese Möglichkeit ist manchmal der beste Weg. Vielleicht haben Ihre Eltern Ihnen viele Jahre lang Unrecht zugefügt oder Sie in wichtigen Phasen Ihres Lebens tief verletzt. Sie hatten nur eine oberflächliche Beziehung zu ihnen, aber der Zorn und die Bitterkeit haben all diese Jahre in Ihrem Herzen überdauert. Sie sind inzwischen Christ geworden oder im Glauben gewachsen und möchten mit dieser Last konstruktiv umgehen. Ihre Eltern sind vielleicht schon über achtzig. Sie wissen in Ihrem Innern, dass die beiden nicht in der Lage sind, Ihre Verletzungen zu verstehen oder angemessen darauf zu reagieren. Sie entsinnen sich, dass Sie vor einigen Jahren versucht hatten, mit ihnen darüber zu reden, und dass nichts dabei herausgekommen ist. Also fassen Sie den Entschluss, die Sache auf sich beruhen zu lassen.

Wenn Sie wollten, könnten Sie z. B. sagen: *Ich werde nie die tiefe Beziehung zu meinen Eltern haben, die ich mir wünsche, doch sie jetzt mit der Sache zu konfrontieren, wäre eher destruktiv. Deshalb gebe ich meinen Zorn und meine Verletzungen an Gott ab – in dem Bewusstsein, dass er mich bedingungslos liebt, in dem Wissen, dass er sowohl ein gerechter als auch ein gnädiger Gott ist und das tun wird, was für meine Eltern richtig ist.* Und dann könnten Sie sagen: *Ich gebe meine Eltern in seine Obhut, und ich lasse meinen Zorn los und lasse zu, dass Gottes Heiliger Geist mein Wesen erfüllt und mich von allem Groll und Zorn befreit.* Damit haben Sie bewusst den Weg der Vergebung gewählt.

Im Folgenden eine weitere Situation, in der es womöglich die beste Lösung ist, zu vergeben und die ganze Sache Gott zu überlassen: Ihr Vorgesetzter hat Sie Ihrer Meinung nach unprofessionell, sogar unfair behandelt. Während Sie Ihren Ärger analysieren und Ihre Möglichkeiten bedenken, fällt Ihnen ein, dass fünf Ihrer Kollegen im Lauf der letzten drei Jahre denselben Vorgesetzten ebenfalls mit seinem – ihrer Meinung nach – unfairen Verhalten konfrontiert haben. Auf jeden von ihnen wurde Druck ausgeübt und sie arbeiteten kurz darauf nicht mehr in der Firma. Sie kommen also zu dem Schluss, dass dieser Vorgesetzter ein gleichgültiger und uneinsichtiger Mensch ist und dass ein Gespräch mit ihm die Sache wahrscheinlich nur noch schlimmer machen würde. Da Sie eine Familie ernähren müssen und wissen, dass Sie im Moment so leicht keinen anderen Arbeitsplatz finden, beschließen Sie, die Sache auf sich beruhen zu lassen. Sie wissen, dass sich dadurch Ihre Gefühle oder Ihre Meinung über Ihren Vorgesetzten nicht ändern. Sie fühlen sich immer noch verletzt, und Sie sehen immer noch, dass Sie unfair behandelt worden sind. Sie treffen jedoch die Entscheidung, die Sache bewusst fallen zu lassen. Vielleicht sehen Sie sich nach einer anderen Arbeitsstelle um. Oder Sie erkennen, dass Sie, wenn Sie in dieser Firma bleiben, vermutlich keine Aufstiegschancen haben, solange Ihr Vorgesetzter bei der Firma ist. Doch in jedem Fall stellen Sie fest, dass es unproduktiv ist, den Vorgesetzten mit Ihrem Zorn zu konfrontieren. Sie wenden sich an Gott und lassen das Ganze bewusst los.

Wenn Sie so handeln, geben Sie sowohl den Vorgesetzten als auch Ihren Zorn an Gott ab. Das halten Sie für das Beste, um weiterleben zu können. Dadurch wird Ihre Beziehung zu dem Vorgesetzten nicht unmittelbar verbessert, doch es verschafft Ihnen wieder eine gewisse innere Freiheit, und Sie haben wieder größere seelische und körperliche Energien für anderes.

Es gibt viele Situationen, in denen es vielleicht das Beste ist, Unrecht zu übergehen, anstatt sich von ihm gefangen nehmen zu lassen. In der Bibel wird berichtet, dass das oft ein gangbarer Weg ist, um mit Zorn fertig zu werden. So Sprüche 19, 11: „Klugheit macht den Mann langsam zum Zorn, und es ist seine Ehre, dass er Verfehlungen übersehen kann." Unseren Zorn geben wir an Gott ab. Wir legen die ganze Angelegenheit in seine Hand und leben weiter unser Leben.

Wenn wir das Problem lösen wollen, ist es aber häufiger besser, die Person, die uns unrecht getan hat, auf gute Art und Weise damit zu konfrontieren. Jesus redet hier eine klare Sprache: „Wenn dein Bruder sündigt, so weise ihn zurecht; und wenn er es bereut, vergib ihm" (Lukas 17, 3). Jesus spricht hier von Menschen, zu denen wir eine Beziehung haben. „Wenn *dein Bruder* sündigt ..." Das Wort *zurechtweisen* bedeutet, jemanden auf etwas aufmerksam zu machen. Für diese Art, miteinander umzugehen, gibt es im Neuen Testament zahlreiche Beispiele.

Einmal wies Jesus Jakobus und Johannes zurecht wegen ihrer feindseligen Haltung gegen die ungläubigen Samariter. Die Jünger machten den Vorschlag: „Herr, willst du, so wollen wir sagen, dass Feuer vom Himmel falle und sie verzehre. Jesus aber wandte sich um und wies sie zurecht. Und sie gingen in ein anderes Dorf" (Lukas 9, 54-56). Die Haltung der Jünger war unrecht, und Jesus machte ihnen das klar.

Eine Zurechtweisung ist keine Beschimpfung. Vielmehr mache ich einem Menschen, mit dem ich in Beziehung stehe, klar, dass er etwas Unrichtiges gesagt oder etwas meiner Meinung nach Unrechtes getan hat. Eine solche Zurechtweisung muss klar und freundlich im Ton ausfallen, in dem Bewusstsein, dass es auch immer die Möglichkeit gibt, dass wir die Worte oder Taten des anderen missverstanden haben. Ich schlage oft vor, die Zurechtweisung erst einmal aufzuschreiben, bevor man sie ausspricht. Dann findet man auch eher eine gute Formulierung, z. B. in dieser Art: „Ich habe eine Sache, die mir auf der Seele liegt. Ich muss dir sagen, dass ich mich geärgert habe. Vielleicht missverstehe ich ja etwas. Deshalb möchte ich gern einmal mit dir darüber reden, wenn du Zeit hast."

Eine solche Aussage zeigt Ihre Befindlichkeit, Ihren Ärger, und bittet um eine Gelegenheit, ihn mit der betreffenden Person zu verarbeiten. Sie haben offen zugegeben, dass Ihre Wahrnehmung falsch sein könnte, aber in jedem Fall wollen Sie das Problem lösen. Nur wenige Menschen werden Ihnen das Gespräch verweigern, wenn Sie sie so ansprechen.

Schildern Sie dann im Gespräch Ihre Wahrnehmung dessen, was Sie gehört oder gesehen haben oder für wahr halten, und fragen Sie nach, ob Sie die Situation richtig verstehen. Das gibt Ihrem Gegenüber Gelegenheit, Ihnen Dinge zu sagen, von denen Sie nichts wissen, oder zu erklären, warum er so geredet und gehandelt hat, oder eindeutig zuzugeben, dass er unrecht getan hat und Sie um Vergebung zu bitten.

Bei so einem offenen Gespräch, in dem jeder versucht, den anderen zu verstehen, kann das anstehende Problem gelöst werden.

Die Versöhnung wird möglich dadurch, dass sich die Sache aufklärt oder dass der andere seinen Fehler eingesteht. Wenn der andere seine Schuld bekennt und es ihm Leid tut, lautet die eindeutige Anweisung Jesu, diesem Menschen zu vergeben.

In Matthäusevangelium (Kapitel 18) wird berichtet, wie in den Augen Jesu dieses Prinzip in der Gemeinde angewandt werden soll. „Sündigt aber dein Bruder an dir, so geh hin und weise ihn zurecht zwischen dir und ihm allein. Hört er auf dich, so hast du deinen Bruder gewonnen. Hört er nicht auf dich, so nimm noch einen oder zwei zu dir, damit jede Sache durch den Mund von zwei oder drei Zeugen bestätigt werde. Hört er auf die nicht, so sage es der Gemeinde. Hört er auch auf die Gemeinde nicht, so sei er für dich wie ein Heide und Zöllner" (Matthäus 18, 15-17).

Und wie behandelt man einen Heiden oder Zöllner? Man betet für seine Erlösung, für seine innere Einsicht. Man behandelt diesen Menschen mit Würde und Respekt, eben wie einen Menschen, für den Christus gestorben ist.

Wenn er sich dann weigert, die Sache, die zwischen Ihnen steht, konstruktiv anzugehen, dann wirkt das eindeutig trennend, und Sie werden keine herzliche Gemeinschaft mehr mit ihm haben können.

Es ist natürlich immer das Beste, sich mit einem Freund, Nachbarn, Kollegen oder Familienmitglied zu versöhnen. Die Konfrontation dient niemals dazu, den anderen zu verdammen, sondern sie soll erreichen, dass die Beziehung wiederhergestellt wird und zwischen den Betroffenen wieder ein ehrliches, offenes und liebevolles Verhältnis entsteht. Hat es ein Missverständnis gegeben, muss die Sache bereinigt werden, damit wir als Brüder und Schwestern, als Freunde oder Eheleute wieder eine echte Gemeinschaft haben können. Wenn das Unrecht bekannt worden ist, müssen wir dem Betreffenden vergeben, und die Beziehung ist grundsätzlich wiederhergestellt.

Der Apostel Paulus schreibt, dass wir immer daran denken sollen, dass womöglich wir selbst bei nächster Gelegenheit einem anderen unrecht tun (Galater 6, 1). Keiner von uns ist vollkommen, und wenn wir unrecht tun, rufen wir aller Wahrscheinlichkeit nach auch Ärger in einem anderen Menschen hervor.

Diese liebevolle Konfrontation fällt den meisten Menschen allerdings nicht leicht. Wir haben, was diese Art des Umgangs mit Ärger betrifft, nur selten etwas Hilfreiches gehört und haben damit sehr wenig Erfahrung. Wir sind weitaus geübter, unserem Ärger freien Lauf zu lassen oder – auf der anderen Seite – unseren Ärger zu leugnen oder zu verbergen, aber solche Reaktionen sind immer destruktiv und bringen uns nicht weiter. Im Gegenteil. Liebevolle Konfrontation mit dem Ziel, sich zu versöhnen, das ist normalerweise das Beste.

Die Fünf-Punkte-Strategie für den Umgang mit berechtigtem Ärger

1. Gestehen Sie sich selbst bewusst ein, dass Sie ärgerlich sind.
2. Halten Sie sich mit einer spontanen Reaktion zurück.
3. Stellen Sie fest, gegen wen oder was sich Ihr Ärger richtet.
4. Analysieren Sie Ihre Möglichkeiten.
5. **Tun Sie etwas Konstruktives.**

Das führt uns zum **fünften Schritt: Tun Sie etwas Konstruktives.** Wenn wir unsere Möglichkeiten bedacht haben, ist es Zeit zu handeln. Wenn ich mich dazu entschließe, die Sache fallen zu lassen, kann ich das im Gebet tun. Das kann z.B. so aussehen: „Herr, du weißt, was geschehen ist. Du weißt, wie verletzt ich bin, wie wütend. Aber ich glaube, dass es in dieser Situation das Beste ist, das Unrecht zu akzeptieren und den anderen dir zu überlassen. Du kennst nicht nur sein Handeln, sondern auch seine Beweggründe. Ich weiß, dass du ein gerechter Gott bist, also vertraue ich darauf, dass du das tust, was für diesen Menschen das Beste ist. Ich gebe dir auch meinen Zorn. Er hat mich angeregt, die Situation zu durchdenken, und ich tue jetzt das, was ich als das Beste erkenne. Deshalb ist die Sache jetzt beigelegt. Mein Ärger hat seinen Zweck erfüllt, und ich lasse ihn jetzt los und übergebe ihn dir. Hilf mir, nicht von den alten Gedanken und Gefühlen beherrscht zu werden, wenn die vielleicht in den nächsten Tagen in mir aufsteigen. Ich möchte mein Leben konstruktiv nutzen und durch diese Sache nicht in meiner Lebensfreude und inneren Kraft eingeschränkt werden. Danke, dass ich dein Kind bin und du für mich sorgst."

Wenn Sie in den nächsten paar Tagen oder Wochen doch immer wieder einmal in Gedanken auf das Unrecht zurückkommen, das Ihnen angetan wurde, und die Gefühle des Verletztseins und des Zorns zurückkehren, dann müssen Sie das nicht mit sich alleine ausmachen. Es tut gut, diese Gedanken und Gefühle offen vor Gott auszusprechen: „Herr, du siehst, an was ich mich jetzt erinnere, und du kennst meine Gefühle. Aber ich danke dir, dass ich damit bis jetzt gut und angemessen umgegangen bin, und ich gebe dir nun diese Gedanken und Gefühle. Hilf mir nun, mit meinem Leben und für den Rest dieses Tages etwas Konstruktives anzufangen." Dann stellen Sie sich den Anforderungen des Tages.

Wenn Sie sich für die liebevolle Konfrontation entscheiden, um etwas auszuräumen, dann denken Sie an die Worte von Paulus: „Wenn ein Mensch etwa von einer Verfehlung ereilt wird, so helft ihm wieder zurecht mit *sanftmütigem* Geist, ihr, die ihr geistlich seid; und sieh auf dich selbst, *dass du nicht auch versucht werdest*" (Galater 6, 1).

Eine gutes klärendes Gespräch könnte danach z. B. so angefangen werden: „Hör mal. Da ist etwas, das mir auf der Seele liegt. Und ich brauche deine Hilfe, um das zu klären. Hast du mal einen Moment Zeit?"

Wenn der andere Ihrer Bitte nachkommt, könnten Sie etwa Folgendes sagen: „Ich bin verletzt und wütend wegen einer bestimmten Sache. Mir ist bewusst, dass ich die Situation vielleicht missverstehe. Deshalb möchte ich darüber sprechen. Gestern, als du ..., habe ich das als lieblos empfunden. Ich hatte den Eindruck, dass du überhaupt nicht an meine Gefühle gedacht hast. Vielleicht habe ich dein Handeln missverstanden, aber ich muss hier zu einer Klärung kommen." Vielleicht wird der andere eine Erklärung geben, die Licht auf sein Handeln wirft und Ihnen zeigt, wie die Situation in seinen Augen war und welche Absichten er hatte. Vielleicht gibt der andere auch zu, dass das, was er getan hat, rücksichtslos und lieblos war, und bittet Sie um Vergebung. In diesem Fall müssen Sie ihm vergeben.

Wenn das Unrecht, das Sie erlebt haben, äußerst schwerwiegend war, wird durch das Vergeben nicht automatisch auch das Vertrauen zu diesem Menschen wiederhergestellt. Darauf gehe ich noch näher ein, in einem späteren Kapitel über das Wesen der Vergebung. Zunächst einmal ist die Vergebung, die Sie aussprechen, ein Versprechen, dass Sie dem anderen nicht länger seine Schuld vorhalten. Ihr Ärger oder Zorn hat seinen Zweck erfüllt, die Situation ist geklärt, und Sie beide sind wieder miteinander versöhnt.

Meistens kommt es in einer solchen liebevollen Konfrontation übrigens zu einer Art von Schuldbekenntnis und dann anschließend zur Vergebung, oder das Gespräch wirft ein neues Licht auf die Sache; Sie erfahren z. B., dass das, was der andere gesagt oder getan hat, nicht dem entsprach, was Sie wahrgenommen hatten, oder dass seine Motive andere waren, als Sie ihm unterstellt hatten. In jedem Fall ist die

Sache geklärt; das Problem ist gelöst, und die Beziehung kann wieder wachsen. Der Ärger hat seinen Zweck erfüllt. Er hat Sie dazu geführt, konstruktiv zu handeln mit dem Ziel, das Problem zu lösen.

Die gestörte Beziehung wiederherstellen

Eine Konfrontation führt nicht in allen Fällen zu Gerechtigkeit, aber sie ist oft entscheidend, damit eine Beziehung wiederhergestellt wird. So war es bei Ben. Ben arbeitete hart, war beruflich erfolgreich und hatte mittlerweile ein kleines Vermögen. Jerry, sein langjähriger Freund, begann mit einem neuen Geschäft und bat Ben um ein Darlehen von 50 000 Dollar als Startkapital. Ben lieh ihm das Geld gerne. Die beiden machten einen einfachen Darlehensvertrag, der besagte, dass Jerry das Geld ein Jahr lang ohne Zinsen behalten könne und danach die ganze Summe zurückzahlen werde oder noch einmal neue Konditionen aushandelt werden würden.

Am Ende des Jahres gab es Jerrys Geschäft nicht mehr, und die 50 000 Dollar waren weg. Jerry fand wieder Arbeit, aber sein Gehalt reichte nicht aus, um das Darlehen zurückzuzahlen. Er versprach Ben, wann immer es ihm möglich sei, im Laufe der nächsten fünf Jahre das Geld zurückzuzahlen. Doch Jerry verdiente nie genug, um seinen Zahlungsverpflichtungen nachzukommen. Er hatte gute Vorsätze, gab das Geld aber nie zurück. Ben ließ der Sache ihren Lauf, kämpfte aber mit seinem Ärger auf Jerry.

Bens eigenes Geschäft hatte einen Rückschlag erlitten, und er hätte die 50 000 Dollar gut gebrauchen können, aber Jerry konnte sie nicht zurückzahlen. Nach viel Gebet und einem Gespräch mit seinem Pastor sprach Ben mit seinem Freund noch einmal richtig über die Angelegenheit. Er sagte ihm, wie ärgerlich er war. Jerry drückte seinerseits seinen Schmerz darüber aus, dass er nicht in der Lage war, das Darlehen zurückzuzahlen. „Wenn ich das Geld hätte, würde ich es dir geben“, meinte er. „Wenn ich es je bekomme, zahle ich es dir zurück.“ Ben entschloss sich, kein Geld mehr von Jerry zu erwarten. Er sagte zu ihm: „Wir waren lange Zeit Freunde. Ich möchte nicht, dass Geld zwischen uns steht. Wenn du je in der Lage bist, das Darlehen zurückzuzahlen, freue ich mich, aber wenn es nicht geht, werde ich dich nicht bedrängen.“

Ben hätte Jerry gerichtlich belangen können, weil er ihm das Geld nicht zurückgezahlt hatte. Doch er wusste, wenn er das täte, würde er seinen Freund komplett ruinieren. Er entschied sich dagegen, da er ein solches Verhalten nicht für hilfreich hielt. Er beschloss, mit weniger zufrieden zu sein, als er erhofft hatte. Er und Jerry sind immer noch befreundet, und Jerry hofft sehr, dass er Ben eines Tages seine Schuld zurückzahlen kann. Er ist dankbar für Bens Haltung ihm gegenüber. Bens Entscheidung, keinen Druck auf Jerry auszuüben, hat das Fortbestehen ihrer Freundschaft möglich gemacht.

Manchmal ist der Verzicht auf Gerechtigkeit die beste Wahl. Ben hatte eine bewusste Entscheidung getroffen, nachdem er Jerry mit seinen Gedanken und Gefühlen konfrontiert hatte. Die Gegenüberstellung führte zu einer Lösung, die nicht ganz ideal war. Doch Ben ist seitdem von seinem Ärger befreit, und seine Beziehung zu Jerry hat sich verbessert.

Liebevolle Konfrontation eröffnet immer die Möglichkeit, mit dem Unrecht ehrlich umzugehen und die Beziehung wiederherzustellen.

Natürlich kann es passieren, dass die Person, die Sie mit ihrem Unrecht konfrontieren, alles leugnen wird, auch wenn Sie sicher sind, dass Ihnen tatsächlich Unrecht geschehen ist. Das geschieht z. B. häufig, wenn ein Ehepartner den anderen mit einer außerehelichen Affäre konfrontiert. Der Partner lügt, um sich zu schützen. Allein diese Lüge lässt den Zorn des anderen weiter anschwellen. Wenn Sie sich Ihrer Sache – ohne jeden Zweifel – zu 100% sicher sind, müssen Sie zu der Erkenntnis kommen, dass mit diesem Menschen keine Versöhnung möglich ist. Nicht bekannte Schuld zerstört die Beziehung zu Menschen und zu Gott. Sie müssen nun entscheiden, wie Ihr nächster Schritt aussehen soll. Womöglich sollten Sie sich an einen Geistlichen, Therapeuten oder vertrauenswürdigen Freund wenden. Oder ein entsprechendes Buch lesen. Sicher aber sollten Sie Gott um Führung bitten, wie Sie in diesem Fall handeln könnten, um doch noch zu einem gemeinsamen Neuanfang zu kommen.

Wenn sich der andere nach einer weiteren Konfrontation immer noch weigert, sich mit dem Unrecht auseinander zu setzen, müssen Sie zu dem Schluss kommen, dass dieser Mensch die Beziehung zu Ihnen nicht aufrechterhalten will. Wir können niemanden dazu zwingen, Schuld zu bekennen, zu bereuen und sich wieder mit uns zu versöhnen. Wir müssen diesen Menschen dann gehen lassen und für ihn beten, wie wir für einen Fremden beten würden, der nicht mit Gott lebt.

Liebevolle Konfrontation führt nicht immer zu einer Versöhnung, aber sie ist der einzig mögliche Weg, verantwortungsvoll und mit innerem Frieden einem Unrecht beizukommen, das man nicht auf sich beruhen lassen kann.

Hier ist noch einmal die Fünf-Punkte-Strategie, wie wir mit unserem Ärger umgehen können:

1. **Gestehen Sie sich selbst bewusst ein, dass Sie ärgerlich sind.**
2. **Halten Sie sich mit einer spontanen Reaktion zurück.**
3. **Stellen Sie fest, gegen wen oder was sich Ihr Ärger richtet.**
4. **Analysieren Sie Ihre Möglichkeiten.**
5. **Tun Sie etwas Konstruktives.**

So können wir unseren Ärger produktiv machen.

Von einer Seite → zur anderen

Wie Sie mit Ihrem Ärger umgehen können

Wir können produktiv mit unserem Ärger, unserer Wut und unserem Zorn umgehen. Hier sind noch einmal die fünf Schritte, die uns vom Ärger zu einer positiven, liebevollen Reaktion führen und unsere „negativen“ Gefühle zur positiven Kraft werden lassen:

Erstens: Gestehen Sie sich selbst bewusst ein, dass Sie sich ärgern. Sagen Sie laut: „Darüber ärgere ich mich! Was mache ich jetzt?“ Eine solche Aussage macht Ihnen Ihre Gefühle bewusst. Es hilft Ihnen, dazu zu stehen und klar zu erkennen, was Sie tun können. Das ist die Basis, um Ihren Ärger mit Vernunft anzugehen.

Zweitens: Halten Sie sich mit einer spontanen Reaktion zurück. Vermeiden Sie die weit verbreiteten, aber destruktiven Reaktionsweisen: 1. Verbales oder körperliches „Ausrasten“ oder das Gegenteil: 2. Rückzug und Schweigen. Weigern Sie sich, so zu reagieren, wie Sie es bisher immer getan haben, wenn Sie wütend wurden. Dieses Abwarten kann Ihnen helfen, nichts zu sagen oder zu tun, das Sie gar nicht so meinen, und das Sie später bereuen.

Drittens: Stellen Sie fest, gegen wen oder was sich Ihr Ärger richtet. Welche Worte oder Taten des anderen haben Sie geärgert? Was auch immer die Ursache ist, finden Sie sie heraus. Wenn der andere Ihnen tatsächlich Unrecht zugefügt hat, stellen Sie fest, welche Schuld er begangen hat. Auf welche Weise hat er Ihnen Unrecht zugefügt? Überlegen Sie dann, wie schwerwiegend das Vergehen ist. Manche Verfehlungen sind unbedeutend, andere wiegen schwer. Das sollte auch Ihre Reaktion beeinflussen.

Viertens: Analysieren Sie Ihre Möglichkeiten. Wichtig ist, dass Ihre Reaktion positiv und liebevoll ist. Fragen Sie sich: *Ist die Handlung, die ich in Betracht ziehe, dazu angetan, mit dem geschehenen Unrecht konstruktiv umzugehen und die Beziehung zu fördern? Und dient sie zum Besten der Person, auf die ich wütend bin?* Die beiden konstruktivsten Möglichkeiten sind:

1. liebevolle Konfrontation oder 2. eine bewusste Entscheidung, die Sache fallen zu lassen.

Fünftens: Tun Sie etwas Konstruktives. Wenn Sie sich dafür entscheiden, die Angelegenheit auf sich beruhen zu lassen, bringen Sie diesen Entschluss Gott gegenüber zum Ausdruck. Bekennen Sie im Gebet Ihren Ärger und Ihre Bereitschaft, die betreffende Person dem heiligen und gerechten Gott zu überlassen. Überlassen Sie ihm dann Ihren Ärger.

Wenn Sie sich entschließen, den Menschen, der Ihnen unrecht getan hat, liebevoll mit der Sache zu konfrontieren, tun Sie das behutsam. Hören Sie seinen Erklärungen gut zu, Sie verstehen so vielleicht besser *seine* Absichten und wie er sein Verhalten selber sieht. Wenn der andere sein Unrecht zugibt und Sie um Vergebung bittet, verzeihen Sie ihm.

Nachgehakt

1. In Sprüche 14, 17 heißt es: „Ein Jähzorniger handelt töricht." Diese einfache aber treffende Aussage drückt aus, dass Zorn, egal wie gerechtfertigt er sein mag, sich destruktiv auswirken kann, wenn man ihm freien Lauf lässt. Denken Sie (miteinander) über eine Situation nach, in der Sie in Ihrem Zorn vorschnell reagiert haben. Was ist dabei herausgekommen? Was war die negative Folge Ihrer hitzigen Reaktion?

2. Gehen Sie noch einmal die fünf Schritte durch, die Ihnen helfen sollen, Ihren Ärger zu beherrschen und zu verarbeiten. Spielen Sie kurz durch, wie Sie diese Schritte anwenden würden, wenn Sie einem Mitarbeiter helfen sollten, mit seinem Ärger umzugehen, der bei einer Beförderung übergangen wurde. Wenn Sie sich an ein ähnliches Erlebnis erinnern, schildern Sie Einzelheiten, um diesen Verarbeitungsprozess besser zu verstehen.

3. Unseren Ärger Gott zu überlassen ist manchmal eine schwierige Sache, weil wir oft das Gefühl haben, wir müssten auf das Unrecht reagieren, das uns angetan wurde. Sprechen Sie darüber, welche Vorteile es hat, unseren Ärger loszulassen und Gott zu übergeben. Was verändert sich dadurch? Welche Vorteile hat es für Sie, wenn Sie es Gott überlassen, ein an Ihnen begangenes Unrecht gutzumachen?
   Wie kann Gott an Ihnen arbeiten, wenn Sie selbst im Unrecht sind?

4. *Richtiger Umgang mit Ärger*: Ihre Schwester und Sie beschließen, gemeinsam den vierzigsten Hochzeitstag Ihrer Eltern zu planen. Sie wollen ein Fest für ungefähr siebzig Familienmitglieder und Freunde organisieren, danach sollen Ihre Eltern eine Kreuzfahrt machen. Ihre Schwester, die mehrere hundert Kilometer weit weg wohnt, hat sich einverstanden erklärt, sich zu gleichen Teilen an den Kosten zu beteiligen. Eine Woche vor dem Fest, nachdem die meisten Rechnungen bereits von Ihnen bezahlt worden sind, ruft Ihre Schwester an und teilt Ihnen mit, dass sie sich plötzlich in einer schwierigen finanziellen Lage befindet. „Es tut mir Leid, aber ich werde meinen Anteil an dem Fest und der Kreuzfahrt nicht bezahlen können." Ihre Eltern wissen von dem Fest, nicht aber von den finanziellen Problemen Ihrer Schwester. Sie sind nun nicht nur in finanziellen Schwierigkeiten und stehen vor der peinlichen Situation, das Fest in letzter Minute absagen zu müssen – Sie fühlen sich auch von Ihrer Schwester betrogen. Wie könnten Sie in dieser Situation mit Hilfe der Fünf-Punkte-Strategie reagieren?

4. Kapitel

Was ist entstellter Ärger?

Vielleicht fragen Sie sich: „Wenn Ärger etwas so Positives ist, warum hat er dann so viel Unheil in der Welt angerichtet?" Die Antwort darauf ist so alt wie die Menschheit. Das Drama, das uns in der Schöpfungsgeschichte (1. Mose 3) geschildert wird, mit Adam und Eva, der Schlange und einem Obstbaum, hat das Wesen des Menschen grundlegend verändert. Was immer man vom Fall des Menschen hält, die nachfolgende Geschichte der Menschheit beweist, dass die Neigung zur Sünde Teil der menschlichen Natur ist. Der Mensch ist nicht mehr das ungetrübte Ebenbild Gottes. Das Gesicht Gottes spiegelt sich im Menschen wider – seitdem aber nur noch entstellt wie in einem kaputten Spiegel.

Wenn sie sich selbst überlassen sind, neigen Menschen dazu, Böses zu tun. Wir alle. Wir bringen es seit dem Drama in Eden fertig, jede gute Gabe Gottes in etwas Perverses, Widernatürliches zu verwandeln und damit zu entstellen: die Gaben der Vernunft, der Sexualität, der Liebe usw., und so wiederholt sich die Szene vom Garten Eden Tag für Tag in unserer Welt. Auch in punkto Ärger oder Zorn. Und Gottes gute Absichten über den Sinn und Zweck des Ärgers gehen dabei fast vergessen: Kein Wunder, dass wir meistens nur noch das entstellte Gesicht von Ärger, Wut und Zorn kennen.

Eine der schlimmsten Entstellungen ist die, dass wir meinen, wenn wir uns ärgern, dann sei unser Ärger immer berechtigt, nach dem Motto: „Wenn ich mich ungerecht behandelt fühle, dann bin ich auch wirklich ungerecht behandelt worden." Und entsprechend meinen wir, das Recht zu haben, immer dann wütend zu werden, wenn wir Ärger in uns spüren.

Entstellten Ärger verstehen

Tatsache ist, dass ein Großteil unseres Ärgers entstellt ist. Was das ist, entstellter Ärger? Es gibt zwei Arten von Ärger: den berechtigten Ärger und den entstellten Ärger. Berechtigter Ärger (oder Zorn) ist der, den wir merken, wenn uns tatsächlich Unrecht geschehen ist: Jemand stiehlt etwas, das uns gehört, verbreitet Lügen über uns oder fügt uns in anderer Weise Unrecht zu. Dieser Ärger oder Zorn ist der einzige, den wir auch von Gott kennen. Das ist der Ärger oder Zorn, den ich berechtigten Zorn nenne. Das ist die erste Art.

Die zweite Art ist Ärger, der eigentlich unberechtigt ist, und den ich deswegen „entstellten Ärger" nenne. Der wird z. B. durch eine Enttäuschung hervorgerufen, einen unerfüllten Wunsch, eine erfolglose Bemühung oder etwas anderes, das nichts mit der moralischen Schuld eines anderen zu tun hat: Da hat z. B. eine Situation uns das Leben schwer gemacht, da ist einer unserer empfindlichen Punkte berührt worden, oder etwas ist gerade dann geschehen, als wir besonders müde oder gestresst waren – und hat damit unseren Unmut erregt. Diesen Ärger also nenne ich entstellten Ärger – nicht deswegen, weil unsere Gefühle hier vielleicht weniger intensiv sind als im Fall von berechtigtem Ärger, sondern weil sie nicht die Reaktion auf tatsächliches Unrecht sind.

So ist der Ärger auf leblose Objekte meistens entstellter Ärger. Der Rasenmäher hat uns nichts Böses getan. Es gibt eine technische Erklärung dafür, warum er sich nicht in Bewegung setzt, und der Rasenmäher ist nicht darauf aus, uns Unrecht zu tun. Das Gleiche gilt für einen platten Reifen, einen Schraubenzieher, der dauernd abrutscht, eine Gasflamme, die sich nicht entzünden lässt, usw. Solche Erlebnisse können bei uns Frustration hervorrufen und in der Regel auch Ärger, aber diese leblosen Objekte sind nicht etwa lebendig geworden, um uns etwas Böses anzutun.

Oft ist aber auch unser Ärger auf Menschen entstellt. Was der andere getan hat, hat mich vielleicht enttäuscht, verletzt, beschämt, aber es war nicht in böser Absicht geschehen. Mein Gefühl des Ärgers mag stark sein, doch meine Reaktion auf diesen Ärger muss anders ausfallen als meine Reaktion auf berechtigten Ärger.

Biblische Beispiele für entstellten Ärger

Vielleicht können wir das am besten verstehen, wenn wir uns einige Beispiele aus der Bibel ansehen. Im 1. Buch Mose begegnen wir Kain, einem der Söhne von Adam und Eva. Er arbeitete als Bauer auf dem Feld, während sein Bruder Abel Hirte war. Zu gegebener Zeit brachte jeder dem Herrn ein Opfer dar – Abel ein Schaf und Kain „von den Früchten des Feldes". In 1. Mose 4, 4.5 heißt es: „Und der Herr sah gnädig an Abel und sein Opfer, aber Kain und sein Opfer sah er nicht gnädig an. Da ergrimmte Kain sehr und senkte finster seinen Blick." Ein flüchtiges Lesen mag uns zu dem Schluss führen, dass Kain berechtigterweise zornig war. Warum sollte Gott sein Opfer ablehnen, das von Abel aber annehmen? Offenbar hatte Gott vorher deutlich gemacht, dass sie beide ein Tieropfer bringen sollten. Wie wichtig das ist, wird klar, wenn wir den Rest der Bibel soweit kennen, dass wir die zentrale Rolle des Opferlammes und später die Rolle Jesu verstehen, Gottes einzigartigem Plan zur Erlösung.

Kain wollte durchaus ein Opfer darbringen, aber er wollte dabei seinen eigenen Weg gehen und das so tun, wie er es eben für richtig hielt – was meiner Meinung nach der Kern jeder Sünde ist. *Warum sind die Früchte des Feldes nicht ebenso gut wie ein Tieropfer?*, hat Kain vielleicht gedacht.

Wenn wir die menschliche Vernunft über Gottes klare Anweisungen stellen, begeben wir uns auf den Holzweg. Kain verließ sich auf sein eigenes Urteil, brachte sein Opfer dar und erlebte Gottes Zurückweisung. Und dann klagte er Gott an, ungerecht zu sein. Gottes Antwort war direkt und klar. „Da sprach der Herr zu Kain: Warum ergrimmst du? Und warum senkst du deinen Blick? Ist's nicht also? Wenn du fromm bist, so kannst du frei den Blick erheben. Bist du aber nicht fromm, so lauert die Sünde vor der Tür, und nach dir hat sie Verlangen; du aber herrsche über sie" (Verse 6.7).

Kains Ärger auf Gott war unberechtigt. Der Grund für seinen Ärger war nicht ein Unrecht Gottes, sondern Kains Gefühl, ungerecht behandelt worden zu sein.

Sein Erleben der Zurückweisung und sein Zorn waren real, aber seine Wahrnehmung war verzerrt und sein Ärger entstellt. Gott forderte Kain auf, sich mit dem Unrecht auseinander zu setzen, das er selbst begangen hatte, seinen Zorn loszulassen und wieder in die vertraute Gemeinschaft mit Gott zurückzukehren. Doch Kain reagierte nicht auf Gottes Angebot.

Der nächste Vers beschreibt, dass er seinen Bruder Abel zu einem Gang über seine Felder einlud. Dort tötete er ihn. Damit wurde er der erste von vielen, deren Verhalten von ihrem entstellten Zorn bestimmt wird, und die auf diese Weise ein Problem noch verschlimmern. Die ganze Menschheitsgeschichte wäre wohl anders verlaufen, wenn Kain seinen Zorn als entstellt erkannt hätte, ihn an Gott abgegeben, seine Sünde bereut und mit seiner Feldarbeit weitergemacht hätte.

Ein anderes Beispiel ist Jona. Jona kam nach seiner stürmischen Seereise nach Ninive und verkündete eine klare Botschaft, mit der ihn Gott beauftragt hatte: „Es sind noch vierzig Tage, so wird Ninive untergehen" (Jona 3, 4). Zu Jonas Bestürzung glaubten die Leute seine Botschaft, riefen ein Fasten aus und bereuten ihre bösen Taten. Selbst der König zog als Zeichen der Buße seine Roben aus, hüllte sich in einen Sack und setzte sich in Asche. Er forderte das Volk auf zu beten und sich von seinem bösen Tun abzukehren, in der Hoffnung, dass Gott ihm vergebe und von seiner Absicht ablasse. Seinem Wesen gemäß hatte Gott Erbarmen und ließ doch kein Verderben über die Stadt kommen.

Als Jona von dieser Wendung der Dinge erfuhr, reagiert er ungehalten, wie die Bibel berichtet: „Das aber verdross Jona sehr, und er ward zornig und betete zum Herrn und sprach: Ach, Herr, das ist's ja, was ich dachte, als ich noch in meinem Lande war, weshalb ich auch eilends nach Tarsis fliehen wollte; denn ich wusste, dass du gnädig, barmherzig, langmütig und von großer Güte bist und lässt dich des Übels gereuen. So nimm nun, Herr, meine Seele von mir; denn ich möchte lieber tot sein als leben" (4, 1-3).

Die Situation war Jona peinlich. Er hatte eine Botschaft verkündet, die sich jetzt als unwahr erwies. *Warum hat Gott mir das angetan – mein Leben durcheinander gebracht und mich so bloßgestellt? Gott wusste doch sicher, dass die Leute Buße tun würden. Er hat mich wie einen Narren dastehen lassen. Ich möchte lieber sterben als leben.* Solche Gedanken werden Jona durch den Kopf gegangen sein.

Doch Jonas Ärger war unberechtigt. Die Bibel schreibt: „Aber der Herr sprach: Meinst du, dass du mit Recht zürnst?"(4, 4). Jona antwortete nicht auf Gottes Frage. Er verließ die Stadt, baute sich eine Hütte, setzte sich in ihren Schatten und wartete ab, was geschehen würde. Gott ließ neben der Hütte eine schnell wachsende Staude wachsen, die genug Schatten spendete. Das gefiel Jona. Doch am Morgen ließ Gott einen Wurm kommen, der die Staude anfraß, so dass sie verdorrte. Jona ärgerte sich noch mehr als vorher. Wieder sagte Gott zu ihm: „Meinst du, dass du mit Recht zürnst um der Staude willen?" Und jetzt antwortete Jona: „Mit Recht zürne ich bis an den Tod." Darauf entgegnete Gott: „Dich jammert die Staude, um die du dich nicht gemüht hast, die in einer Nacht ward und in einer Nacht verdarb, und mich sollte nicht jammern Ninive, eine so große Stadt, in der mehr als hundertundzwanzigtausend Menschen sind, die nicht wissen, was rechts oder links ist, dazu auch viele Tiere?" (4, 9-11).

Jonas Zorn war unberechtigt. Er entstand aus seinem entstellten Denken. Jona dachte nur an sich selbst und an seinen Ruf. Er verließ sich auf sein eigenes Urteil, auf sein Gefühl, statt auf die Wahrheit. Gott hatte ihm kein Unrecht zugefügt. Hätte Jona auf Gott gehört, so hätte er begriffen, dass es ein Vorrecht war, Anteil zu haben an dem guten Werk, das Gott in Ninive tat. Statt sich in einer peinlichen Situation zu wähnen, hätte er sich geehrt fühlen können.

Jona ließ zu, dass entstellter Ärger seine innere Verfassung beherrschte und ihn an den Rand des Selbstmords trieb. Die Bibel sagt uns nicht, wohin Jona später ging. Wir können nur hoffen, dass er auf das Wort Gottes hörte und erkannte, dass sein Zorn auf falschem Denken beruhte, nicht auf einem tatsächlichen Unrecht. Wir können hoffen, dass er seinen Zorn losließ, dem König von Ninive zu seiner Reaktion gratulierte, für die Stadt Ninive betete und als treuer Diener Gottes nach Hause zurückkehrte.

Dass Menschen unberechtigten Ärger erkennen und positiv reagieren können, wird in der Geschichte von Naaman veranschaulicht, einem Feldhauptmann und tapferen Soldaten, der an Lepra erkrankt war. Er hatte von einem jungen Mädchen, einer Kriegsgefangenen, gehört, dass es einen Propheten in Israel gäbe, der Lepra heilen könnte. Naaman begab sich direkt zum König, berichtete ihm, was das Mädchen gesagt hatte und bat um Erlaubnis, zu dem Propheten nach Israel gehen zu dürfen. Der König erteilte ihm nicht nur diese Erlaubnis, sondern ermutigte ihn in seinem Vorhaben. Naaman packte Gold, Silber und andere Geschenke zusammen und machte sich auf den Weg. Als er schließlich nach einigen Umwegen vor dem Tor des Prophetenhauses stand, kam der Prophet noch nicht einmal an die Tür. Er schickte vielmehr einen Boten, der zu Naaman sagte: „Geh hin und wasche dich sieben Mal im Jordan, so wird dir dein Fleisch wieder heil und du wirst rein werden. Da wurde Naaman zornig und zog weg und sprach: Ich meinte, er selbst sollte zu mir herauskommen und hertreten und den Namen des Herrn, seines Gottes, anrufen und seine Hand hin zum Heiligtum erheben und mich so von dem Aussatz befreien. Sind nicht die Flüsse von Damaskus, Abana und Parpar besser als alle Wasser in Israel, so dass ich mich in ihnen waschen und rein werden könnte? Und er wandte sich und zog weg im Zorn“ (2. Könige 5, 10-12).

Naaman war eindeutig ärgerlich. Seit Blutdruck war gestiegen. Seine Nasenflügel bebten. Er stampfte zornig davon. Sein Ärger wurde schnell zur flammenden Wut. Gedanken, die ihm einleuchtend erschienen, jagten ihm durch den Kopf. *Wie absurd. Wie töricht. Wo bleibt der Respekt? Ich gebe ihm Gelegenheit, die Macht seines Gottes zu demonstrieren, und er sagt mir, ich solle mich im trüben Wasser des Jordan waschen. Wie lächerlich.* Aus Naamans Sicht hatte ihm der Prophet Elisa unrecht getan, hatte ihm nach all den Strapazen keine „vernünftige Antwort“ gegeben. Er war mit Recht zornig, jedenfalls meinte er das. Doch was war tatsächlich passiert? Der Prophet hatte ihm eine Anweisung zur Heilung der Lepra gegeben. Elisa hatte ihm Gutes erwiesen, doch weil Naamans Denken entstellt war, war er ärgerlich auf den Propheten. In seiner Wut wollte er wieder nach Hause zurückkehren. Seine Reise war nicht nur ein Fehlschlag, sondern war geradezu beschämend ausgegangen.

Glücklicherweise hatte er vernünftige Reisebegleiter, die zu ihm gingen und sagten: „Lieber Vater, wenn dir der Prophet etwas Großes geboten hätte, hättest du es nicht getan? Wie viel mehr, wenn er zu dir sagt: Wasche dich, so wirst du rein! Da stieg er ab und tauchte unter im Jordan sieben Mal, wie der Mann Gottes geboten hatte. Und sein Fleisch wurde wieder heil wie das Fleisch eines jungen Knaben, und er wurde rein. Und er kehrte zurück zu dem Mann Gottes mit allen seinen Leuten. Und als er hinkam, trat er vor ihn hin und sprach: Siehe, nun weiß ich, dass kein Gott ist in allen Landen, außer in Israel; so nimm nun eine Segensgabe von deinem Knecht“ (Verse 13-15).

Elisa lehnte das Geschenk ab, bestätigte aber die heilende Kraft Gottes.

Naaman steht für einen Menschen, der starken, aber unberechtigten Zorn in sich hat. Als jedoch vernünftig mit ihm geredet wurde, hielt er inne und zeigte Einsicht, statt sein Verhalten von seiner Wut beherrschen zu lassen. Das hatte gute Folgen: Er erlebte Heilung und kehrte zurück, um dem Menschen Ehre zu erweisen, auf den er vorher zornig gewesen war.

Naamans Verhalten zeigt, dass entstellter Ärger nicht unser Verhalten beherrschen und uns zu destruktiven Handlungen bewegen muss.

Die beiden biblischen Erzählungen zeigen uns positive und negative Beispiele für den Umgang mit entstelltem Ärger. Das wirft zwei Fragen auf: 1. Wie erkennen wir, ob unser Ärger entstellt ist? 2. Wie gehen wir mit unberechtigtem Ärger um? Die erste Frage ist leichter zu beantworten, und wir werden uns im Folgenden damit beschäftigen. Der richtige Umgang mit entstelltem Ärger ist schon eine größere Herausforderung. Diese Frage werden wir im nächsten Kapitel behandeln.

Entstellten Ärger erkennen

Entstellter Ärger unterscheidet sich in einem wichtigen Punkt von berechtigtem Ärger: Handelt es sich um berechtigten Ärger, ist immer ein Unrecht begangen worden; der Ärger ist eine Reaktion auf dieses Unrecht.

Bei entstelltem Ärger ruft ein empfundenes Unrecht Ärger hervor – doch das angebliche Unrecht besteht nur in unserer Wahrnehmung; Es ist kein tatsächliches Unrecht begangen worden.

Sie gehen zum Beispiel die Straße hinunter und beobachten, wie ein älterer Junge auf einen jüngeren, kleineren zugeht, ihm das Fahrrad entreißt und damit fortfährt. Der Kleine brüllt: „Nein. Nicht … Gib das Rad wieder her. Er hat mir einfach das Rad weggenommen!“ Das ruft sogleich Ihren Ärger hervor. Ihre Gefühle wallen auf. Die biologischen Signale von Ärger setzen ein. Ihre Gedanken geraten in Bewegung. *So etwas, einem kleineren Kind so mitzuspielen.* Ihr Verstand sagt: *Das ist nicht recht. Hier muss etwas geschehen.* Wenn die Fakten so sind, wie Sie sie wahrnehmen, ist Ihr Ärger berechtigt.

Doch nehmen wir einmal an, dass Sie der Sache nachgehen und herausfinden, dass das Rad dem älteren Jungen gehört, dass der Jüngere einfach mal darauf fahren wollte. Als der ältere Junge ihn dabei erwischte, holte er sich sein Rad zurück, bevor der Kleinere damit verschwand. Ihr Zorn auf den Älteren war also entstellt, denn der hat nichts Unrechtes getan. Er hat vielmehr ein Unrecht richtig gestellt, das der Kleinere begangen hatte. Entstellter Zorn beruht auf der subjektiven Wahrnehmung von vermeintlichem Unrecht, berechtigter Ärger dagegen beruht auf tatsächlichem Unrecht.

Wir kommen also zwangsläufig zu schlimmen Fehlurteilen, wenn wir allen Ärger so behandeln, als wäre er berechtigt. Wenn Sie zum Beispiel bei der Schilderung oben annehmen, dass Ihr Ärger berechtigt ist, werden Sie dem älteren Jungen vielleicht nachjagen, ihn vom Fahrrad ziehen und dem Kleineren das Rad zurückgeben. Erst später werden Sie merken, dass Sie einen schweren Fehler begangen haben.

Um entstellten Ärger zu verstehen, müssen wir auf unser Musterbeispiel zurückkommen: Allem Ärger liegt zuerst ein stimulierendes Ereignis zugrunde; zweitens eine Deutung dieses Ereignisses; drittens entsteht das Gefühl des Ärgers. Im Körper finden Veränderungen statt, und wir sind bereit zu handeln. All das geschieht unabhängig davon, ob der Ärger berechtigt oder entstellt ist. Doch wenn wir besonnen reagieren wollen, müssen wir zunächst feststellen, ob unser Ärger auf einem tatsächlich begangenen Unrecht beruht. Das erfordert einen Moment Zeit und Nachdenken. Daher ist der zweite Schritt aus dem letzten Kapitel so wichtig: Halten Sie sich mit einer sofortigen Reaktion zurück. Das gibt Ihnen Gelegenheit zu prüfen, ob Ihr Ärger berechtigt ist. Es müssen Fragen gestellt und die Anhaltspunkte abgewogen werden, um Ihren Ärger positiv zu verarbeiten. Diese Fragen müssen Sie sich selbst und manchmal auch dem anderen stellen.

Wenn Sie in der oben geschilderten Begebenheit zu dem kleineren Jungen gelaufen wären und gefragt hätten: „Ist das dein Rad?“, hätte er vielleicht gesagt: „Nein, ich wollte es mir nur kurz ausleihen.“ Dann hätten Sie sofort gewusst, dass die Dinge nicht so liegen, wie Sie sie wahrgenommen hatten. Mit einer einzigen neuen Information beginnt Ihr Ärger bereits nachzulassen. Wenn Sie beide Jungen näher befragen und ein noch genaueres Bild erhalten, verschwindet Ihr Ärger auf den älteren Jungen oder nimmt zumindest ab. Mit zusätzlicher Information kommen Sie vielleicht zu dem Schluss, dass gegen den Älteren nichts unternommen werden muss, und am Ende halten Sie dem Jüngeren womöglich einen Vortrag, dass man ohne Erlaubnis keine Fahrräder ausleiht. – Das ist eine ganz andere Reaktion, als wenn Sie

Ihren ursprünglichen Ärger weiterhin als berechtigt ansehen würden. (Würden Sie von den beiden Jungen verschiedene Versionen hören, wäre es allerdings schwierig, überhaupt direkt zu reagieren. Sie könnten annehmen, dass einer lügt. Die Lösung könnte sein, mit einem der beiden nach Hause zu gehen und mit seinen Eltern zu sprechen.)

Zwei Fragen sind wichtig um festzustellen, ob unser Ärger berechtigt ist: Welches Unrecht ist geschehen? Und: Bin ich sicher, dass ich alle Fakten kenne? Die erste Frage trifft den Kernpunkt der Sache. Wenn tatsächlich Unrecht geschehen ist, ist Ihr Ärger berechtigt. Wenn Ihr Ärger jedoch aufgrund einer unrealistischen Erwartung entstanden ist, muss er als entstellter Ärger behandelt werden.

Ein Großteil unseres Ärgers entsteht übrigens aufgrund von innerseelischen Mustern und Denkstrukturen, die sich mit den Jahren ausgeprägt haben. Wenn ein Mensch zum Beispiel zum Perfektionismus neigt, wird er hohe Erwartungen haben, nicht nur an sich selbst, sondern auch an andere, zu denen er in Beziehung steht. Wenn Menschen diese Erwartungen nicht erfüllen, wird er sich vermutlich darüber ärgern. Ein solcher Ärger ist oft entstellt, weil die andere Person nichts Unrechtes oder Falsches getan hat.

Jill z. B. ist äußerst perfektionistisch. Wenn Sie in die Schublade ihrer Kommode schauen, werden Sie all ihre Wäsche ordentlich zusammengelegt und nach Farben sortiert vorfinden. In ihrem Kleiderschrank sieht es ähnlich aus. Dieses Muster von Ordnung, Sauberkeit und Perfektion spiegelt sich auch in jedem anderen Bereich ihres Lebens wider. Sie ist mit Jeff verheiratet, der ein sehr kreativer Mensch ist, für den Sauberkeit und Organisation aber eher Fremdworte sind. Jill wird oft ärgerlich, wenn sie sieht, dass Jeff seine schmutzige Kleidung in eine Ecke seines Schrankes gestopft hat, wenn sie merkt, wie er nach einem Bericht sucht, den er vor zwei Wochen fertig gestellt, aber verlegt hat, und wenn sie in sein Auto steigt, das seit dem Tag, an dem er es gekauft hat, nicht gewaschen worden ist. Falls Sie sich mit Jill identifizieren, möchte ich nicht Ihren Ärger hervorrufen; aber ich erlaube mir zu sagen, dass Jills Ärger unberechtigt ist.

Jeff hat kein Unrecht begangen; er ist so, wie er sich mit den Jahren entwickelt hat. Er verspürt nicht den selben Drang nach Sauberkeit und Organisation wie seine Frau.

Ich will damit nicht sagen, dass Jills Ärger nicht real ist, er hat dieselben emotionalen, körperlichen und äußerlich sichtbaren Anzeichen wie berechtigter Ärger. Jills Aufregung ist echt; sie glaubt tatsächlich, dass Jeffs Unordnung etwas „Unmögliches“ und im tiefsten Grunde etwas „Unrechtes“ ist. Aber wenn sie sich den Tatsachen stellt, wird sie begreifen, dass Tausende von Menschen Jeffs Persönlichkeitsmerkmale haben, und dass sie deswegen keine bösen Absichten haben.

Jills Zorn muss in jedem Fall auf positive Art verarbeitet werden (wir kommen im nächsten Kapitel dazu), aber es wird ihr helfen, wenn sie ihren Ärger als das sieht, was er ist. Ihr Ärger entsteht nicht aufgrund eines tatsächlichen Unrechts, das Jeff ihr angetan hat, sondern aufgrund ihres eigenen Drangs nach Sauberkeit und guter Organisation. Wenn sie ihren entstellten Ärger begreifen kann, wird sie ihn eher positiv bewältigen können.

Manchmal müssen wir die Person, gegen die sich unser Ärger richtet, befragen. Wenn uns bewusst ist, dass wir vielleicht nicht alle Fakten kennen, sollten wir uns diese Fakten beschaffen, bevor wir zu falschen Schlussfolgerungen kommen. Patrick z. B. ärgerte sich, als er zur Tür hereinkam und seine Hemden auf dem Stuhl liegen sah, wo er sie am Morgen hingelegt hatte. Warum war er wütend? Weil Elisabeth ihm gesagt hatte, dass sie seine Hemden in die Reinigung bringen werde – er könne sie einfach auf den Stuhl legen. Er brauchte am nächsten Tag eines dieser Hemden. Er wollte sie nach dem Essen von der Reinigung abholen. Jetzt hatte er für den nächsten Tag kein sauberes Hemd.

Viele Gedanken gingen ihm durch den Kopf. *Wie konnte sie so unverantwortlich sein? Ich kann mich nicht auf sie verlassen. Sie liebt mich nicht. Wenn sie mich lieben würde, würde so etwas nicht vorkommen.* Er beschuldigte sie vielleicht sogar der Selbstsucht. *Sie denkt nur an sich selbst.* Als Elisabeth nach Hause kam, stand Patrick in Gedanken schon fast vor dem Scheidungsrichter. Er warf ihr einen sarkastischen Blick zu und sagte: „Danke für deine Hilfe.“

„Welche Hilfe, Liebster?“, fragte sie.

„Meine Hemden. Du wolltest sie doch in die Reinigung bringen. Ich brauche morgen eines davon. Jetzt muss ich wohl ein schmutziges Hemd zur Arbeit anziehen.“

„Ach, das tut mir Leid“, sagt sie. „Ich hab's vergessen. Ich war so in Eile heute Morgen, dass ich es einfach vergessen habe.“

Was dann geschah, hatte sich vermutlich schon unzählige Abende bei den beiden abgespielt. Es wurde ein Abend des Rückzugs, stillen

Kummers und der Zurückweisung, an dem Elisabeth sich Vorwürfe machte, dass sie so vergesslich war, und er sie aus dem gleichen Grund beschuldigte. Sie beschimpften sich gegenseitig und zerrten beide die vergangenen Fehler des anderen wieder hervor. – Wenn es auch in Ihrem Alltag immer wieder zu solchen oder ähnlichen Situationen kommt, zu Hause, im Betrieb oder anderswo – es kann und es muss in Zukunft anders werden! Im 6. Kapitel sprechen wir darüber, wie sich solche destruktiven Verhaltensmuster verändern lassen. Hier stellen wir erst einmal die Frage, ob Patricks Ärger denn berechtigt ist.

Auch wenn ich hier Gefahr laufe, den Ärger der Männer hervorzurufen, die sich mit Patrick identifizieren, möchte ich sagen, dass Patricks Ärger entstellt ist. Die Frage lautet: Hat Elisabeth etwas Unrechtes getan? Die Antwort ist ein klares Nein.

Ich weiß, dass manche jetzt protestieren: Aber sie hat etwas versprochen und ihr Versprechen gebrochen. Ich stelle die Frage: War das eine bewusste Entscheidung?

Die Antwort lautet: Nein. Sie hat es einfach vergessen. Vergesslichkeit ist ein menschliches Phänomen, keine Sünde. Wer hat nicht schon mal etwas vergessen, das er sich fest vorgenommen hatte zu tun, für sich selbst oder ein Familienmitglied? Wir sind vergessliche Wesen. Ein Gehirn, das sich erinnern kann, kann auch vergessen.

Hat die Vergesslichkeit seiner Frau eine Unannehmlichkeit für Patrick zur Folge? Ja.

Ist sein Ärger real? Ja.

Spürt er neben dem Ärger Enttäuschung und womöglich viele andere Gefühle? Ja.

– Und all diese Gefühle müssen positiv verarbeitet werden.

Der erste Schritt ist die Erkenntnis, dass sein Ärger entstellt ist; dass Elisabeth nicht absichtlich etwas Böses getan hat, auch wenn ihn ihre Vergesslichkeit enttäuscht. Doch wenn er sie ihres Menschseins beschuldigt, ist es nur eine Frage der Zeit, bis er sich selbst ebenfalls Vorwürfe machen muss, denn früher oder später wird auch er etwas vergessen.

Wenn wir beginnen, unseren Ärger zu analysieren, werden wir merken, dass ein Großteil davon in die Kategorie „entstellter Ärger“ fällt. Dieser Ärger ist nicht weniger lästig als berechtigter Ärger, aber er muss anders angegangen werden. Im 5. Kapitel werden wir uns damit beschäftigen, wie wir mit entstelltem Ärger umgehen können.

Von einer Seite → zur anderen

Berechtigter und entstellter Ärger

Es ist wichtig, dass wir entstellten Ärger erkennen und damit richtig umgehen. Berechtigter Ärger ist angemessen, nicht aber entstellter Ärger – ihn müssen wir anders angehen. Die Unterschiede zwischen beiden sind keineswegs nur eine Frage der Definition. Die folgende Tabelle zeigt, auf welche Weise sich die beiden Arten von Ärger unterscheiden.

	Berechtigter Ärger	Entstellter Ärger
Definition	Ärger über jede Art von tatsächlichem Unrecht; Misshandlung, Ungerechtigkeit, Gesetzesbruch	Ärger über eingebildetes Unrecht; die Wahrnehmung ist falsch – es ist kein Unrecht passiert
Ursachen	Übertretung von Gesetzen oder Moralvorstellungen	Lebloses Objekt (z.B. ein platter Reifen), Menschen, die uns verletzten oder beschämen, Stress, Müdigkeit, unrealistische Erwartungen
Erkennungsmöglichkeiten	Zwei Fragen mit Ja beantworten können: 1. Wurde ein Unrecht begangen? 2. Kenne ich wirklich alle Fakten?	Gefühle der Enttäuschung fachen den Ärger an
Richtige Reaktion	Liebevolle Konfrontation oder die Sache bewusst fallen lassen (siehe 3. Kap., Schritt 4)	Innehalten und Informationen sammeln, um den Ärger zu verarbeiten. Beispiel: Naaman (siehe 5. Kap.)

Nachgehakt

1. Ein Großteil unseres Ärgers ist unberechtigt. Wir empfinden echten Ärger, doch der Grund für den Ärger oder seine Ursache werden von uns missverstanden. Vielleicht ärgern wir uns über einen Freund, der immer erzählt, wie ernst er die Post zum Geburtstag enger Freunde nimmt, weil er uns keine Geburtstagskarte geschickt hat. Der Freund war jedoch plötzlich krank geworden und konnte daher nicht schreiben. Denken Sie an eine Situation, in der Sie jemandem fälschlicherweise ein Unrecht unterstellt haben. Wie haben Sie das festgestellt? Wer oder was war tatsächlich die Ursache des Ärgers? Wie sind Sie mit dem Ärger umgegangen?

2. Bei entstelltem Ärger, anders als bei berechtigtem Ärger, ist das Unrecht nur eingebildet, nicht tatsächlich geschehen. Um entstellten Ärger erkennen zu können, müssen wir unseren Drang zu einer sofortigen Reaktion zurückhalten und innehalten, um die Situation zu analysieren. Wir müssen bereit sein, die betroffenen Personen zu befragen, um auf den Grund unseres Ärgers zu kommen. Denken Sie an ein Erlebnis mit unberechtigtem Ärger. Wie haben Sie festgestellt, dass Ihr Ärger oder der Ärger eines anderen entstellt war? Haben Sie das rechtzeitig gemerkt, um die Situation positiv zu klären und den Ärger konstruktiv zu verarbeiten? Oder sind Sie viel später zu dieser Erkenntnis gelangt, nachdem schon die Beziehung zu einem anderen gestört war?

3. Während des Auszugs aus Ägypten gab Mose den Willen Gottes in dessen Auftrag an die Israeliten weiter. Sehr oft spiegelte Moses Zorn den Zorn Gottes wider. Lesen Sie das 2. Buch Mose und prüfen Sie, ob es bei Mose jemals unberechtigten Zorn gab. Wenn Sie eine solche Begebenheit finden, schildern Sie sie. Was waren die Folgen seines entstellten Ärgers?

4. Richtiger Umgang mit Ärger: Sie arbeiten als Geschäftsführer eines Schnellrestaurants. Normalerweise schließen Sie selbst das Restaurant um zehn Uhr, doch heute müssen Sie eher nach Hause gehen, weil es dort eine kleine Krise gibt. Sie weisen Ihren Mitarbeiter an, sich um alles zu kümmern und um zehn zu schließen. Am nächs-

ten Morgen entdecken Sie, dass die Türen des Restaurants nicht geschlossen sind, und jemand hereingekommen ist und verschiedene Dinge gestohlen hat. Sie hatten zwar vergessen, Ihrem Mitarbeiter die Schlüssel zu geben, doch es gibt in Ihrem Büro Ersatzschlüssel. Sie ärgern sich sehr über Ihren Mitarbeiter. Ist Ihr Ärger berechtigt oder entstellt? Wie können Sie das herausfinden? Welche Faktoren würden entstellten Ärger erkennen lassen? Welche berechtigten Ärger?

5. Kapitel

Wie man mit entstelltem Ärger gut umgehen kann

Jeder von uns hat schon einmal unberechtigterweise Ärger empfunden. Wir haben uns ungerecht behandelt gefühlt, ohne dass in Wirklichkeit etwas Unrechtes geschehen ist. Solche Ärgergefühle können auf verschiedene Weise aufkommen: aufgrund von scheinbaren „Indizien", durch falsche Annahmen, Verallgemeinerungen, durch unsere Erwartungen oder persönlichen Vorlieben oder schlicht und einfach durch Müdigkeit und Stress – und manchmal sind es mehrere dieser Dinge zusammen.

Was auch immer der Grund ist, wir ziehen fälschlicherweise den Schluss, dass uns Unrecht geschehen ist. Wir empfinden Ärger, der nicht berechtigt und begründet ist, sondern fehl am Platz und entstellt.

Die Mutter ärgert sich, dass ihre Tochter eine schlechte Note in Geschichte nach Hause bringt, ein Fach, das sie selbst immer sehr geliebt hat und das ihr Hauptfach an der Universität war. Eine Sekretärin ist deprimiert und ärgerlich, weil andere Sekretärinnen kleinliche Kritik und Klatsch über die Firma verbreiten. Der Ehemann kocht vor Wut, weil seine Frau die Hemden auf dem Stuhl liegen gelassen hat, anstatt sie in die Reinigung zu bringen, wie er es erwartet hatte. Der Ehemann, Patrick, ist aufgebracht wegen etwas, was Elisabeth unterlassen hat, die Sekretärin über etwas, das andere getan haben. Doch die Mutter, die Sekretärin und Patrick haben eins gemeinsam: Sie müssen allesamt die Sorte Ärger verarbeiten, die nicht berechtigt, sondern entstellt ist.

Wir haben festgestellt, dass entstellter Ärger nicht weiterbringt, ganz im Gegenteil, dass er direkte Folge des Sündenfalls ist und unserem selbstsüchtigen, stolzen Wesen entspringt. Doch das zu wissen, befreit uns noch nicht von unseren Ärger-Gefühlen. Wie gehen wir also mit dieser Art Ärger um? Was tun wir, um unberechtigten Ärger zu verarbeiten, um ihn in gute Bahnen zu lenken?

Da ein Großteil unseres Ärgers in diese Kategorie fällt, müssen wir unbedingt lernen, ihn positiv und konstruktiv zu verarbeiten. Dies tun wir in drei Schritten, die oft noch durch einen vierten ergänzt werden.

Sich mitteilen

Zunächst einmal teilen wir dem anderen mit, was uns auf dem Herzen liegt. Das darf aber bitte nicht wertend geschehen! Deshalb nenne ich diesen Schritt „*sich* mitteilen".

Wir fällen also kein Urteil: „Du hast mich im Stich gelassen." „Du hast mich enttäuscht." „Du hast dein Versprechen nicht gehalten." Das alles sind ja verurteilende, wertende Aussagen, die den anderen zum Widerspruch reizen.

Dagegen ist der Satz „Ich bin enttäuscht (verletzt, wütend oder andere Gefühlsäußerungen), und ich brauche deine Hilfe" eine informative Aussage. Sie teilt dem anderen mit, was in meinem Innern vorgeht und ist eine Bitte um ein Gespräch.

Patrick hätte zum Beispiel Folgendes zu Elisabeth sagen können, nachdem er sie umarmt, sie seiner Liebe versichert und sich nach ihrem Tag erkundigt hat: „Liebling, ich bin enttäuscht. Als ich zur Tür hereinkam, lagen da meine schmutzigen Hemden noch auf dem Stuhl, und ich habe jetzt kein sauberes Hemd für morgen." Er vermittelt ihr Informationen über seine Gefühle, seine Hemden und seine Aussichten für den morgigen Tag. Da seine Aussagen nicht wertend sind, könnte Elisabeth z. B. darauf antworten: „Ach Patrick, es tut mir *so* leid. Ich habe vergessen, die Hemden in die Reinigung zu bringen. Ich war in Eile, ich bin einfach rausgegangen und habe vergessen, sie mitzunehmen. Aber ich werde jetzt direkt ein Hemd waschen, bei Tina in den Trockner stecken und es gleich bügeln. Dann hast du morgen ein sauberes Hemd." Oder sie könnte ihm anbieten, das Hemd in die Wäscherei des großen Hotels zu bringen, das vielleicht auch etwas von außerhalb annimmt.

Sie merken: Elisabeth fühlt sich von ihrem Mann nicht gedemütigt und verurteilt, deshalb kann sie ihre Vergesslichkeit leichter zugeben und eine Lösung für das unmittelbare Problem suchen, nämlich dafür sorgen, dass Patrick am nächsten Tag ein sauberes Hemd hat.

Informationen weitergeben, sich mitteilen, statt den anderen zu verurteilen, das ist der erste Schritt, um mit unberechtigtem Ärger umzugehen. Auf diese Weise machen Sie den anderen auf Ihre Gefühle, Gedanken und Sorgen aufmerksam. Sie konzentrieren sich auf das Ereignis, das Ihre Gefühle hervorgerufen hat, nicht auf die Person des anderen.

Das wird Ihnen viel leichter fallen, wenn Sie erkannt haben, dass Ihr Ärger ein „entstellter Ärger" ist, also dass Ihnen der andere eigentlich kein Unrecht zugefügt hat. Er hat Ihnen vielleicht das Leben schwer gemacht, Sie in irgendeiner Weise enttäuscht, aber er hat Ihnen nicht bewusst etwas Böses angetan.

Informationen einholen

Der zweite Schritt besteht darin, *Informationen zu sammeln*. In manchen Situationen merken wir, dass wir nicht alle Fakten kennen. Deshalb können wir nur schwer erkennen, ob unser Ärger berechtigt ist oder nicht.

Mandy und Jacob beeilen sich mit dem Essen, und sie rennt aus dem Haus, um rechtzeitig zu ihrem Gymnastikkurs zu kommen. Drei Stunden später kommt sie heim, sieht Jacob auf der Couch liegen und fernsehen, und das schmutzige Geschirr steht noch immer auf dem Tisch. Mandy kriegt einen Wutanfall. Ihre Gedanken überstürzen sich. *Ich kann es nicht fassen – er sieht drei Stunden lang fern, und die Teller stehen noch immer auf dem Tisch. Jetzt ist alles angetrocknet. Und so unappetitlich! An was denkt er überhaupt? Er hat nur Fußball im Kopf. Ich könnte hingehen und dem Fernseher einen Tritt versetzen – oder noch besser Jacob. Was für ein schlampiger Kerl! Ich strenge mich an, um mich in Form zu halten, und er liegt auf dem Sofa und trinkt Cola. Ich möchte am liebsten hingehen und ihm die Cola über den Kopf schütten.*

Mandy hat verschiedene Möglichkeiten. Sie kann glauben, dass ihr Ärger berechtigt ist, dass ihr Mann ein fauler Kerl ist, zu nichts zu gebrauchen. Sie kann ihn mit bitteren Worten überhäufen, sie kann sich schweigend zurückziehen und ihm die kalte Schulter zeigen, wenn er sich ihr am Abend sexuell nähern will – oder sie kann versuchen, verantwortungsvoller mit ihrem Ärger umzugehen. Wenn sie den Unterschied zwischen berechtigtem und entstelltem Ärger versteht, könnte sie sich zunächst die Frage stellen: *Was hat er Unrechtes getan?* Sie bemüht sich vielleicht, seine Handlung (oder Untätigkeit) als sein Verschulden einzustufen. Wenn ihr das gelingt, könnte sie zu dem Schluss kommen, dass seine Sünde darin besteht, sie nicht zu lieben. *Sind Männer nicht schließlich dazu verpflichtet, ihre Frauen zu lieben, so wie es in der Bibel steht? Dies hier ist sicher kein Ausdruck von Liebe. Wenn er mich lieben würde, hätte er wenigstens das Geschirr spülen können.* Auf diesem Weg kommt sie schließlich zu dem Ergebnis, dass er schuldig ist, weil er ihr keine Liebe erwiesen hat.

Wenn Mandy klug ist, wird sie sich aber auch eine Frage stellen: *Kenne ich alle Fakten?* Wenn sie das tut, wird sie vermutlich auch klug genug sein, diese Frage mit nein zu beantworten; sie kennt nicht alle Fakten. Deshalb ist es ein wichtiger Schritt, von Jacob Informationen einzuholen, was hier geschehen ist bzw. was nicht und warum.

In diesem Fall könnte sich die Situation so entwickeln:

Mandy geht zum Sofa, setzt sich neben ihren Mann, umarmt ihn und sagt: „Ich möchte dich noch was fragen, bevor ich dir einen Kuss gebe. Warum steht das schmutzige Geschirr noch auf dem Tisch?"

„Ach, das tut mir Leid", entgegnet Jacob. „Ich hab mich hingesetzt, um die Nachrichten anzuschauen. Ich wollte direkt danach den Tisch abräumen, aber dann hat das Spiel angefangen, und danach kann ich mich nur noch erinnern, dass ich das Öffnen der Garagentür gehört habe … ich weiß nicht, wie lange ich geschlafen habe. Ich erinnere mich nicht mal an die Halbzeit. Ich muss zwei Stunden geschlafen haben. Ich räume den Tisch jetzt gleich ab. Es tut mir Leid. Ich war wohl müder, als ich geglaubt hatte." Er geht in die Küche und beginnt, das Geschirr abzuräumen. „Und wie war dein Abend?", fragt er.

Die Chancen stehen gut, dass Mandys Ärger nachlässt, wenn sie merkt, dass Jacob nicht bösartig gehandelt hat, als er versäumte, den Tisch abzuräumen. Zwei Stunden lang auf dem Sofa zu schlafen ist keine unmoralische Handlung, es ist ganz einfach Zeichen unserer Menschlichkeit. Als sie nachfragte, was wirklich geschehen war, konnte Mandy ihren Ärger loslassen, und vielleicht ist sie sogar froh, dass Jacob Schlaf gefunden hat. Das Einholen von Informationen ist ein wichtiger Schritt um festzustellen, ob unser Ärger berechtigt ist oder nicht. Wenn wir erkennen, dass unsere Wahrnehmung der Situation entstellt ist, können wir auch unseren entstellten Ärger loslassen und unseren Partner als menschliches Wesen mit kleinen Schwächen akzeptieren.

Um Verständnis werben

Beim anderen um Verständnis zu werben ist dann der dritte Schritt, wenn wir konstruktiv mit unberechtigtem Ärger umgehen wollen. Manchmal können wir unseren Ärger nicht so einfach loslassen, selbst wenn er unberechtigt ist, und es fällt uns schwer zu akzeptieren, was unser Partner getan hat. Dann müssen wir versuchen, bei ihm Verständnis zu finden. Denn selbst, wenn Ihr Partner kein moralisches Unrecht begangen hat, ist sein Verhalten dennoch für Sie schmerzlich. Sie sind enttäuscht, verletzt und wütend. Sie müssen die Handlungsweise des anderen verstehen, und Ihr Partner sollte Ihre Gefühle verstehen können.

Dazu braucht man ein offenes Gespräch in einer Atmosphäre, die nicht richtend und wertend ist. Die Erkenntnis, dass Ihr Ärger entstellt ist – das heißt, dass Ihr Partner kein moralisches Unrecht an Ihnen begangen hat – sollte Ihnen helfen, ihm vorurteilsfrei zu begegnen.

Rita und Donald sind Ende dreißig. Sie haben beide einen Beruf, der sie erfüllt. Doch Rita hat sich in den letzten sechs Monaten oft über Donald geärgert. Er ist plötzlich gesundheitsbewusst geworden. An drei Abenden in der Woche geht er zum Training und hinterlässt ihr allein das schmutzige Geschirr und die Kinder. Er kommt später nach Hause und möchte dann, dass sie mit ihm fernsieht und mit ihm schläft. Sie verspürt einen zunehmend wachsenden Groll. Das gefällt ihr nicht – genauso wenig wie das, was mit Donald vor sich zu gehen scheint. Sie meint, dass er seine Pflichten vernachlässigt, weil er an diesen drei Abenden den Kindern nicht bei den Hausaufgaben hilft. Sie hat das Gefühl, dass er sich ihr gegenüber rücksichtslos und lieblos benimmt. Er erwartet zwar Sex von ihr, macht aber keine Anstalten, auch ihre Bedürfnisse zu befriedigen. Ihr Ärger steigert sich mit jedem Tag. Sie hat das Gefühl, dass sie bald explodieren wird. Donald scheint glücklich zu sein, sie aber ist äußerst unglücklich.

Als Rita mir von ihrem wachsenden Ärger erzählte, bemühten wir uns, die Ursache zu finden. Wir versuchten, die Elemente in Donalds Verhalten herauszubekommen, die ihren Ärger auslösten. Rita kam auf folgende Liste:

* Es ist unfair von Donald, mich mit dem Geschirr zurückzulassen, während er aus dem Haus geht und seinen Spaß hat.

* Er vernachlässigt die Kinder, indem er ihnen an diesen drei Abenden nicht bei den Hausaufgaben hilft.

* Er ist selbstsüchtig, da er fast keine Anstalten macht, meinen Bedürfnissen gerecht zu werden. Ich bin noch nicht mal sicher, ob er versteht, was meine Bedürfnisse sind.

Als wir über ihre Bedürfnisse sprachen, fanden wir heraus, dass ihre Vorstellung von Liebe – die Art, wie sie sich von ihrem Mann wirklich geliebt fühlte – gemeinsame Zeit war. Was sie sich wirklich von Donald wünschte war, dass er Zeit mit ihr verbrachte. „Früher haben wir viel miteinander geredet", sagte sie. „Ich habe mich ihm nahe gefühlt. Ich hatte das Gefühl, dass er sich für meine Dinge interessiert. Jetzt, wo er drei Abende in der Woche außer Haus ist, haben wir keine Zeit mehr zum Reden. Ich habe langsam das Gefühl, dass er gar nicht mit mir zusammen sein will."

Dann richteten wir unser Augenmerk darauf, ob ihr Ärger in diesen drei Bereichen berechtigt war. Wir besahen zuerst die Situation, dass er sie an drei Abenden pro Woche mit dem schmutzigen Geschirr allein ließ, und ich stellte die Frage: „Welches Unrecht begeht er?"

„Es erscheint mir einfach unfair", meinte Rita.

„Kochen Sie an allen drei Abenden?"

„Nur einmal", entgegnete sie. „An den anderen beiden Abenden gibt es Brot und Brötchen."

„An diesen beiden Abenden fällt also gar nicht so viel Geschirr an. Ist das richtig?", fragte ich.

„Ja. Ich glaube, es geht hier eher ums Prinzip. Ich habe einfach das Gefühl, dass es unfair von ihm ist, rauszugehen und mich mit der Arbeit allein zu lassen. Wir arbeiten beide. Ich arbeite so hart wie er", meinte sie.

„Hilft er in anderer Weise im Haus mit?", erkundigte ich mich.

„Ja, er tut eigentlich eine ganze Menge. Er kümmert sich um den Garten und die ganzen Außenarbeiten und wäscht die Autos. Er saugt auch die Teppiche. Und er hilft mir bei allem, um was ich ihn bitte."

Dann kamen wir zu den Hausaufgaben. „Hilft Donald an den beiden Abenden, an denen er nicht zum Training geht, den Kindern bei den Hausaufgaben?"

„Ja", sagte sie. „Das hat er immer getan. Früher hat er ihnen jeden Abend geholfen. Er hilft ihnen immer noch ein wenig, wenn er vom Training heimkommt, wenn sie zum Beispiel mit einer Aufgabe Schwierigkeiten haben. Aber es ist nicht mehr so wie früher."

„Kommen die Kinder in der Schule gut mit?", fragte ich.

„Ja. Sie sind beide gute Schüler. In dieser Hinsicht hatten wir noch nie Probleme."

„Helfen Sie den Kindern manchmal bei den Hausaufgaben?"

„Hin und wieder, aber nicht oft. Das war immer Donalds Aufgabe. Er schien es bis jetzt auch ganz gern zu tun."

„Wie sah Ihr Leben aus, bevor Donald anfing, an drei Abenden in der Woche zum Training zu gehen?"

„Wir haben gemeinsam gegessen, außer wenn die Kinder eine Schulveranstaltung hatten, dann gab es nur eine Kleinigkeit zu essen. Er hat mir immer geholfen, das Geschirr zu spülen. Danach haben wir uns zusammengesetzt und ungefähr eine halbe Stunde lang miteinander geredet, und dann half er den Kindern bei den Hausaufgaben, und ich habe irgendwelche Hausarbeiten erledigt. Das war ganz toll. Ich habe mich ihm nahe gefühlt. Ich hatte das Gefühl, wir seien eine Familie. Das glaube ich jetzt immer noch, aber er lässt uns eben an drei Abenden in der Woche einige Zeit allein."

Als ich nachfragte, ob ihr Mann ihre Gefühle in Bezug auf seine Trainingsabende kannte, verneinte sie das, fügte dann aber hinzu: „Ich habe das Gefühl, dass er mich vernachlässigt und wir uns auseinander leben … Er merkt einfach nicht, was hier vorgeht."

Als ich Rita weitere Fragen stellte, erklärte sie, dass Donald angefangen hatte, zum Training zu gehen, nachdem er an seiner Arbeitsstelle einen Film über körperliche Fitness gesehen hatte und ein Arbeitskollege ihn zum gemeinsamen Training einlud. Dann sagte sie: „Ich bin schon froh, dass er etwas für sich tut. Er fühlt sich sicher besser. Vielleicht sollte ich auch Sport treiben, aber ich habe einfach nicht die Zeit dazu. Ich denke, dass er auch keine Zeit hat, aber er nimmt sich Zeit. Aber auf Kosten unserer Familie, so wie ich die Dinge sehe."

Mir schien es auf der Hand zu liegen, dass Donalds Verhalten kein unmoralisches Handeln war. Was er tat, war nicht an sich schlecht.

Doch Ritas Ärger musste verarbeitet werden. Sie hatte schon zu lange damit zu tun. Er fing schon an, sich zum tiefsitzenden Groll zu entwickeln. Rita musste bei ihrem Mann Verständnis finden. Sie musste ihm mitteilen, was in ihrem Innern vorging – an Gedanken, Gefühlen und Frustration –, und zwar nicht wertend und verurteilend, sondern als Weitergabe von Information. Und sie musste von Donald erfahren, wie er diese Dinge sah. Aber darüber hinaus ging es für dieses Ehepaar darum, ganz neu Verständnis füreinander aufzubringen, und damit einen Weg zu finden, wie sie beide ihre Bedürfnisse befriedigen und wieder emotional miteinander in Verbindung kommen konnten.

Ich machte den Vorschlag, dass Rita ihren Mann um ein Gespräch bitten und sinngemäß etwa Folgendes zu ihm sagen solle: „Ich weiß, dass du mich liebst, und dass du ein guter Ehemann bist. Was ich dir sagen will, soll dich in keiner Weise niedermachen. Aber ich möchte, dass unsere Beziehung offen und ehrlich ist, und ich habe das Gefühl, dass ich dir mitteilen muss, mit welchen Problemen ich mich herumschlage. In den letzten paar Monaten habe ich mich manchmal verletzt, enttäuscht und vernachlässigt gefühlt. Das hat großenteils damit zu tun, dass du an drei Abenden in der Woche zum Training gehst.

Bitte verstehe, dass ich nichts dagegen habe, dass du in Form bleiben willst. Ich bitte dich auch nicht, das zu ändern. Ich möchte dir nur meine Probleme mitteilen. Meine Gefühle haben mit drei Bereichen zu tun:

Ich meine, dass die Kinder bei ihren Hausaufgaben von dir vernachlässigt werden. Ich weiß, dass du ihnen auch nach dem Training noch hilfst, aber ich habe Sorge, dass sie nicht mehr die Hilfe bekommen, die sie brauchen. Zweitens: Ich empfinde es als unfair, dass du vom Esstisch aufstehst und mir an diesen drei Abenden das schmutzige Geschirr hinterlässt. Und mein wahrscheinlich größtes Problem ist, dass ich mich vernachlässigt fühle, weil wir keine Zeit mehr zum Reden haben wie früher. Manchmal glaube ich sogar, dass du gar nicht mit mir reden willst, und ich spüre eine große Kluft zwischen uns.

Ich hatte den Eindruck, es sei unfair, wenn ich dir das nicht sage, weil ich deine Hilfe und dein Verständnis brauche."

Mir ging es darum, Rita zu helfen, sich ihrem Mann mitzuteilen, ihm zu sagen, wie unwohl sie sich fühlte, und zwar in einer Weise, die ihn nicht verurteilte, und zu versuchen, bei ihm um Verständnis zu werben. Das ist meine Empfehlung an jeden, der Informationen eingeholt und seinen Ärger als unberechtigt erkannt hat und nun bei dem anderen Verständnis finden muss. Werben Sie auf eine ruhige, gute Weise um Verständnis, so dass es für den anderen nicht bedrohlich wirkt.

Dann ermutigte ich Rita, auf Donalds Antwort zu hören, ihm nicht gleich etwas entgegen zu halten, sondern zu versuchen, das zu verstehen, was er ihr mitteilte. Danach könnten sie zusammen nach einer Möglichkeit suchen, ihr Bedürfnis nach gemeinsam verbrachter Zeit zu befriedigen, sein Bedürfnis nach körperlicher Fitness, das Bedürfnis der Kinder nach Hilfe bei den Hausaufgaben und Ritas Bedürfnis nach fairer Verteilung der Haushaltspflichten.

Einen Monat später kam Rita wieder zum Gespräch, und ich hörte mit großer Freude, dass Donald positiv reagiert hatte. Bei ihrem Gespräch hatte er sie seiner Liebe versichert; er war bereit, gemeinsam die Kinder zu befragen, ob sie das Gefühl hatten, genügend Hilfe bei den Hausaufgaben zu bekommen. Falls das nicht der Fall wäre, hatte er sich bereit erklärt, bei seinen sportlichen Aktivitäten zurückzustecken. Er war sofort damit einverstanden, ihr zu helfen, den Tisch abzuräumen, bevor er zum Sport ging. Er hatte gar nicht gemerkt, dass das ein Problem für sie war. Er war auch bereit, sich mehr Zeit für sie beide zu nehmen. In den letzten Wochen hatten sie dann an zwei Tagen der Woche gemeinsam zu Mittag gegessen, und er hatte ein Wochenende nur für sie beide arrangiert. Wenn es sich als notwendig erweisen sollte, wäre er bereit, seine Trainingszeit zu reduzieren, hatte er angeboten, doch Rita zögerte, das von ihm zu erbitten, als sie merkte, wie positiv er auf ihre Anliegen einging.

Um Verständnis werben – das ist ein wichtiges Element zur Gestaltung menschlicher Beziehungen, ob es sich um Beziehungen in der Familie, der Gemeinde, im Beruf oder in einem anderen Bereich handelt. Wir alle fühlen uns besser, wenn wir versuchen, beim anderen um Verständnis zu werben. Selbst unberechtigter Ärger ist ein Zeichen dafür, dass eine Sache der Aufmerksamkeit bedarf. Ein solcher Ärger verliert sich selten ohne offene, liebevolle Kommunikation zwischen den betreffenden Parteien.

Um Verhaltensänderung bitten

Ein viertes Element erweist sich bei der Verarbeitung von unberechtigtem Ärger häufig als hilfreich: nämlich die Bitte, das Verhalten zu ändern. In jeder menschlichen Beziehung gibt es Verhaltensweisen, die vom anderen als irritierend empfunden werden. Diese Verhaltensweisen – so unterschiedlich sie sein mögen – rufen leicht kleinen oder großen Ärger hervor, das ist nichts Ungewöhnliches.

Dieser Ärger ist in den meisten Fällen unberechtigt, denn das Verhalten des anderen ist nicht moralisch falsch; er oder sie hat uns nichts Böses getan. Wenn es sich um eine enge Beziehung handelt, und wir viel Zeit mit dem betreffenden Menschen verbringen, wie in der Familie oder am Arbeitsplatz, ist es manchmal hilfreich, diese Irritationen zu mildern, indem wir um Verhaltensänderung bitten. Ich sage bewusst *bitten*, nicht fordern oder jemanden „zurechtrücken". Auf solche Maßnahmen reagiert nämlich kein Mensch positiv.

Wenn unsere Beziehung zu dem anderen insgesamt positiv ist, wird der meistens auch positiv auf eine Bitte reagieren. Hier ein Beispiel für eine Verhaltensweise, die am Arbeitsplatz Ihren Ärger hervorrufen könnte: Ihre Sekretärin schlürft geräuschvoll ihren Kaffee, während Sie nebenan mit einem Kunden sprechen. Sie hören das Schlürfen durch die Tür und finden dieses Verhalten sehr peinlich. Beginnen Sie ein Gespräch damit, ihren Wert als Sekretärin zu bestätigen und sagen Sie ihr, wie sehr Sie ihre Arbeit schätzen. Doch dann ist es durchaus angemessen, sie zu bitten, nicht Kaffee zu trinken, während Sie mit einem Kunden sprechen oder eben zu lernen, geräuschlos zu trinken. Vermutlich wird eine einfache Bitte die Ursache Ihrer Frustration und Ihres Ärgers beseitigen, insbesondere, wenn Sie sonst auch deutlich machen, dass Sie für die Anliegen der Sekretärin offen sind.

Dasselbe gilt für die Beziehungen in Ehe und Familie. Vorausgesetzt, die Beziehung ist insgesamt in Ordnung, werden z. B. die meisten Männer auf die Bitte ihrer Frau hin zum Einkaufen ein Polohemd statt ein altes T-Shirt anziehen, besonders, wenn die Frau ihrem Mann zuvor versichert, wie lieb sie ihn hat, wie gut er aussieht und ihm ihr Motiv klarmacht: ihr Mann möge einen guten Eindruck machen. Die meisten Frauen werden auch ihre getragene Strumpfhose in den Wäschekorb legen, statt sie über den Stuhl im Schlafzimmer zu hängen, wenn ihr Mann diese Bitte ausspricht, nachdem er zuvor Positives über sie geäußert hat und seine Wertschätzung für andere Dinge zum Ausdruck bringt, die sie tut.

Vorausgesetzt, wir fühlen uns in einer Beziehung geliebt und respektiert, sind die meisten von uns bereit, unser Verhalten zu ändern, wenn man uns darum bittet – und die Verhaltensänderung nicht einfordert. Solche Bitten, denen der andere nachkommt, können viele irritierende Verhaltensweisen mildern, die unseren Ärger hervorrufen.

Unberechtigter Ärger ist genauso real und genauso unangenehm wie berechtigter Ärger. Beide müssen gründlich verarbeitet werden, damit sich der Ärger nicht in tief liegenden Groll auswächst. Doch die Art, damit umzugehen, ist jeweils unterschiedlich. Meiner Meinung nach ist es viel einfacher, mit entstelltem Ärger umzugehen als mit berechtigtem. Unser Ziel ist es, in beiden Fällen konstruktive statt der üblichen – meist destruktiven – Methoden der Verarbeitung zu finden.

Von einer Seite → zur anderen

Entstellten Ärger verarbeiten

Wie berechtigter Ärger muss auch entstellter Ärger gründlich verarbeitet werden, damit er sich nicht in tief liegenden Groll auswächst. Die Vorgehensweise ist in diesem Fall etwas anders als im Fall von berechtigtem Ärger, wie sie im 3. Kapitel beschrieben wurde (siehe: „Wie Sie mit Ihrem Ärger umgehen können").

Das Ziel ist jedoch das gleiche: Konstruktive statt destruktive Methoden der Verarbeitung zu finden.

Um unberechtigten Ärger zu verarbeiten, gehen wir in vier Schritten vor:

Erstens: Sich mitteilen. Teilen Sie dem anderen in einer nicht verurteilenden Art und Weise Ihr Anliegen mit und bitten Sie um ein Gespräch. Konzentrieren Sie sich dabei auf das Ereignis, das Ihre Gefühle hervorgerufen hat, nicht auf die Person.

Zweitens: Informationen einholen. Erst, wenn Sie die Fakten zusammentragen, können Sie feststellen, ob Ihr Ärger berechtigt ist oder nicht.

Drittens: Um Verständnis werben. Teilen Sie dem anderen Ihre Probleme so mit, dass dieser sich nicht bedroht fühlt, und bitten Sie ihn um Verständnis. Hören Sie dann, was der andere zu der Sache zu sagen hat. Dieser Dialog gibt Ihnen Einblick in die Motive des Gegenübers, und der andere kann Ihre Gefühle besser verstehen. Das erfordert ein offenes, ehrliches Gespräch.

Viertens: Um Verhaltensänderung bitten. Dieser letzte Schritt ist nicht unbedingt erforderlich, aber er kann dazu führen, manche irritierenden Verhaltensweisen zu mildern, die Ärger hervorrufen. Viele Menschen werden positiv auf eine solche Bitte reagieren, solange Sie die Veränderung weder fordern noch anders durchsetzen wollen. Wenn eine insgesamt positive Beziehung zu dem anderen besteht, wird er für eine solche Bitte zugänglicher sein.

Nachgehakt

1. Wenn wir erkannt haben, dass unser Ärger keine Frage von „Unrecht" ist, besteht der nächste Schritt darin, diesen „entstellten" Ärger zu verarbeiten. Da es sich um eine Frage der eigenen falschen Wahrnehmung handelt, wird diese Verarbeitung vor allem darauf abzielen, unsere falschen Wahrnehmungen zu erkennen und zu korrigieren und unser Denken zurechtzurücken.
   Das lässt unseren Ärger angesichts einer bestimmten Situation jedoch nicht unbedingt von selbst verschwinden. Im 5. Kapitel werden drei wesentliche Elemente zur Verarbeitung von unberechtigtem Ärger vorgestellt. Zunächst gilt es, uns dem anderen mitzuteilen, das heißt, wir stellen unsere Sicht der Dinge dar. Erinnern Sie sich an eine Begebenheit, in der Sie sich entsprechend verhalten haben. Wie wurde die Information übermittelt? In ärgerlicher Atmosphäre oder in Ruhe und Gelassenheit? Waren alle Beteiligten

bereit, über die Sache zu reden? Unter welchen Bedingungen ist dieser „Informationsaustausch" aussichtsreich? Warum?

2. Das zweite Element ist das Einholen von Informationen. Rekapitulieren Sie anhand des schon genannten Beispiels, wie dieser Austausch von Informationen funktioniert hat. Haben Sie sich erfolgreich mit dem anderen verständigen können? Welche Art Informationen haben Sie gesucht? Haben Sie nach Antworten gesucht, oder waren Sie auf Schuldzuweisungen aus?

3. Der dritte Schritt ist das Werben um Verständnis. Wir müssen versuchen, bei dem anderen Verständnis zu finden, das heißt, wir unterstellen dem anderen positive Motive seiner Handlungsweise, verschweigen aber nicht, dass sie uns trotzdem verletzt hat. Auf diese Weise können wir unseren Ärger konstruktiv verarbeiten, während wir dem anderen helfen, die unbeabsichtigte Folge seiner Handlungsweise zu erkennen. Erläutern Sie wieder anhand des Beispiels von eben, wie Sie bei dem Betroffenen um Verständnis warben. Hat der andere verständnisvoll reagiert? Auf welche Weise hat seine Reaktion die Verarbeitung Ihres Ärgers vorangetrieben oder behindert?

4. *Richtiger Umgang mit Ärger:* Sie sind Zimmermann, und diesen Beruf haben vier Generationen Ihrer Familie ausgeübt. Darauf war Ihre Familie immer sehr stolz. Ihr einziger Sohn verkündet eines Tages, dass er den Wunsch hat, Philosophie zu studieren. Er könne sich nicht vorstellen, Zimmermann zu werden. Obwohl Sie nie darauf bestanden hatten, dass er diesen „Familien-Beruf" ergreift, hatten Sie doch immer angenommen, dass auch er der Tradition folgen werde. Diese plötzliche Ankündigung hat Ihren Unmut hervorgerufen. Ist Ihr Ärger berechtigt oder nicht? Wie können Sie diese Situation positiv lösen?

6. Kapitel

Was tun, wenn Ärger nach außen oder nach innen explodiert?

Es war im Herbst 1998. Eine starke Flamme schoss hoch und wurde zur Feuersäule – in Chicago war eine Gasleitung leck geschlagen. Ein Bauunternehmer, der ein Grundstück freilegte, hatte aus Versehen ein Rohr beschädigt. Zunächst strömte nur das unter Normaldruck gehaltene Gas unter lautem Zischen aus. Doch dann hatte ein Funke das natürliche Gas entzündet.

Innerhalb von Minuten war die Feuersäule fast fünf Stockwerke hoch, nur ein paar Meter von einem städtischen Seniorenheim entfernt. Glücklicherweise konnten die Bewohner sofort evakuiert werden. Doch als das Gaswerk schließlich den Gasstrom stoppte, waren schon viele Leute umgesiedelt worden und ihre Wohnungen ausgebrannt.

Zwei Monate später, im Dezember, mussten wegen einer anderen Explosion wieder etliche Bürger ihre Wohnung verlassen. Dieses Mal handelte es sich um eine geplante Explosion. Eine Serie von Dynamitladungen, die von einer Abbruchfirma installiert worden waren, ging nacheinander hoch, und nacheinander stürzten vier angrenzende Gebäude in sich zusammen und hinterließen eine riesige Staubwolke.

Der Unterschied zu dem Unfall mit der Gasleitung lag darin, dass es sich hier – genau betrachtet – nicht um eine Explosion, sondern um eine Implosion handelte, das heißt, die Häuser fielen in sich zusammen. Die Zerstörung war einige Zeit vorher gründlich geplant worden, weil man die heruntergekommenen Gebäude abreißen und neue Häuser aufbauen wollte. Frühere Bewohner und andere Schaulustige sahen dem Schauspiel aus sicherer Entfernung unter Beifallrufen zu.

Welches Ereignis war wohl zerstörerischer – die Explosion nach dem Leck in der Gasleitung, nach der ein Gebäudeteil ausbrannte und Menschen obdachlos machte? Viele würden sagen „Ja, die Gasexplosion war schlimmer als die Sprengung", weil diese Zerstörung nicht geplant war, und die Menschen noch keine andere Unterkunft hatten. Im Fall der bewusst gesprengten Häuser hatte man für die Bewohner schon nach anderen Wohnungen gesucht.

Das stimmt. Aber die zerstörerischen Folgen, die waren bei der Implosion nicht geringer. Es waren nicht weniger Trümmer zu beseitigen, und viele der früheren Bewohner verließen nur ungern die Wohnungen, die jahrelang ihr Zuhause gewesen waren. Ihr Verlust und persönlicher Schmerz waren sicher nicht weniger groß als bei den Opfern der Gasexplosion, vom ersten Schrecken einmal abgesehen.

Bei unserer Reaktion auf Ärger gibt es auch beide Varianten. Und beide können ziemlich zerstörerisch ausfallen: Die Explosion genauso wie die Implosion, die Explosion nach innen.

Wir meinen vielleicht, dass das eine destruktiver ist als das andere. Aber in Wahrheit kann sich Ärger, der einen Menschen „innerlich explodieren" lässt, genauso verheerend auswirken wie ein äußerlicher Ausbruch. Beide können mit unterschiedlicher Intensität auftreten, und beide wirken zerstörerisch.

In den letzten drei Kapiteln haben wir uns mit konstruktiven Reaktionen auf unseren Ärger beschäftigt. Und wenn wir überlegen, stellen wir fest, dass es viele von uns nie gelernt haben, mit Ärger wirklich positiv umzugehen. Im Gegenteil: Das, was danach kam, hat die Sache bisher eigentlich nur noch schlimmer gemacht.

Es scheint ja auch gar nicht so einfach zu sein, wirklich zu glauben, dass Ärger an sich nichts Schlechtes ist: Jeden Tag sehen wir im Fernsehen zerstörerisches Verhalten von Kindern, Teenagern und Erwachsenen als Antwort auf den Ärger, den sie empfinden.

Immer mehr Kinder werden schon zu Mördern, und immer mehr Teenager und Erwachsene sind zu Gewalttaten bereit.

Die zunehmende Gewaltbereitschaft in unserer Gesellschaft hat ohne Frage verschiedene Ursachen, aber eine davon ist sicher der unkontrollierte Ärger.

Damit wollen wir uns in diesem Kapitel beschäftigen: Wir wollen die negativen Reaktionen erkennen und sehen, wie sie durch konstruktive ersetzt werden können.

Explosiven Ärger erkennen

[illegible]t wollen wir uns mit der Art von Ärger beschäftigen, die nach [illegible]hin am leichtesten sichtbar wird: das ist der Ärger, der explo[illegible] Explosiver Ärger drückt sich in zwei Formen aus: in Worten und Taten. Beschimpfungen und körperliche Misshandlungen sind in vielen Familien an der Tagesordnung. Die meisten von uns kennen das von sich selbst oder sind bzw. waren Opfer solchen Verhaltens. Die Ursache: unkontrollierter Ärger. So bei Margaret:

Margaret brüllte bei jeder Gelegenheit los. Wenn sie sich über jemanden ärgerte, ob Kind, Ehemann oder Arbeitgeber, dann bekam diese Person etwas zu hören! Margaret war stolz darauf, ihren Unmut offen zum Ausdruck zu bringen. „Wenigstens wissen die Leute, woran sie bei mir sind“, sagte sie oft. Tatsache ist, dass Margaret sich nicht beherrschen konnte. Schon als Teenager hatte sie ihrem Ärger lautstark Luft gemacht, und das war schon fünfundzwanzig Jahre her.

Margaret rechtfertigte ihre Ausbrüche bis zu dem Tag, an dem ihre zehnjährige Tochter ihr folgende Notiz hinlegte: „Liebe Mama. Ich komme heute Abend nicht nach Hause. Ich kann dein Gebrüll nicht mehr ertragen. Ich weiß nicht, wo ich hin soll, aber wenigstens muss ich nicht all die hässlichen Sachen hören, die du mir an den Kopf wirfst, wenn ich nicht alles tue, was du willst. – Ginny“.

Glücklicherweise fing Margaret nicht an zu schreien, als sie Ginnys Brief las. Sie brach in Tränen aus und rief ihren Pastor an. Zuerst sagte sie nur: „Ginny ist weg; ich weiß nicht, wo sie hin ist. Ich mache mir solche Sorgen um sie.“ Dann sagte sie seit Jahren zum ersten Mal etwas über ihre Ausbrüche, das sie wirklich weiterbringen konnte: „Ich habe sie vertrieben. Das weiß ich. Durch mein ständiges Gebrüll habe ich sie aus dem Haus getrieben.“ Schluchzend gab sie zum ersten Mal zu, dass ihre Ausbrüche nicht gut waren, sondern zerstörerisch.

Der Pastor schickte Margaret zu einem christlichen Therapeuten, mit dessen Hilfe sie in einem längeren Prozess ihre negativen Reaktionen erkannte, die Zusammenhänge verstand und ihr Verhalten nach und nach änderte.

Ginny wurde glücklicherweise innerhalb von zwei Tagen gefunden und machte später ebenfalls eine Therapie. Ginny ist inzwischen eine neunzehnjährige Studentin und hat jetzt eine gute Beziehung zu ihrer Mutter. Margaret sagt heute, dass der Tag, an dem sie

Ginnys Brief bekam, gleichzeitig der schlimmste und beste Tag ihres Lebens war.

Margaret machte ihrem Ärger mit lauten Worten Luft. Henry dagegen war sozusagen „ein Mann der Tat". Wenn er sich über irgendjemanden ärgerte, rastete er aus. Seine Familie hatte er nicht nur mit Flaschen und Telefonhörern bombardiert, er hatte auch schon Bleistifte zerbrochen oder Kugelschreiber herumgeworfen, wenn er Schecks ausschreiben musste. Wenn er sich über „idiotische Autofahrer" ärgerte, drückte er immer gleich auf die Hupe und gab eindeutige Handzeichen.

Seine Frau Judy hatte dieses Verhalten zum Teil bemerkt, bevor sie ihn heiratete, aber in dieser Zeit hatte sich sein explodierender Ärger nie gegen sie gerichtet. Aber schon sechs Monate nach der Hochzeit stieß er sie heftig gegen eine Wand. Judy wusste, dass sie so ein Verhalten nicht stillschweigend dulden konnte. Sie schrieb ihm den folgenden Brief und schickte ihn an seine Büroadresse:

„Lieber Henry, gestern Abend hast du etwas getan, was ich nie für möglich gehalten hätte. Du hast mich in deiner Wut gegen die Wand gestoßen. Ich habe schon vor unsere Heirat gesehen, wie du deinem Ärger freien Lauf gelassen hast, aber ich hätte nie gedacht, dass du dich einmal mir gegenüber so verhalten würdest. Jetzt weiß ich, dass ich mich getäuscht habe. Ich liebe dich sehr und glaube nicht, dass du mich wirklich verletzen willst. Aber darauf kann ich es nicht ankommen lassen. Ich schreibe dir, weil ich dir sagen möchte, dass, wenn du mich je wieder in deiner Wut anfasst, ich dich verlasse und so lange wegbleibe, bis mir ein Therapeut versichert, dass ich wieder sicher bei dir leben kann. Ich liebe dich, Judy."

Am Abend, nachdem Henry den Brief erhalten hatte, entschuldigte er sich bei Judy und versicherte ihr, dass so etwas nie wieder vorkommen werde. Sechs Monate später packte er sie jedoch in einem Wutausbruch an den Schultern und schüttelte sie. Judy sagte kein Wort, aber als Henry am nächsten Tag nach Hause kam, fand er den folgenden Brief: „Ich liebe dich zu sehr, als dass ich hier bleiben und mich verletzen lassen und zulassen könnte, dass du deine Selbstachtung zerstörst. Ich weiß, dass du über den gestrigen Vorfall nicht glücklich sein kannst. Ich komme erst zurück, wenn dein Therapeut mir versichert, dass du gelernt hast, mit deinem Ärger verantwortlicher umzugehen. In Liebe, Judy."

Judys promptes, freundliches und entschiedenes Verhalten war der Grund, weshalb Henry zuerst seinen Pastor und dann einen Therapeuten anrief. Er wusste, dass er nahe daran war, Judy zu verlieren. Ihm war auch klar, dass er lernen musste, seinen Ärger zu beherrschen. Nach drei Monaten Einzeltherapie und drei weiteren Monaten Ehetherapie kamen Judy und Henry wieder zusammen. Das war vor zehn Jahren. Seit dieser Zeit hat Henry seine Frau nie wieder tätlich angegriffen.

Misshandlungen und aggressives Verhalten

Margaret und Henry haben beide ein bestimmtes aggressives Verhalten entwickelt, um ihren Ärger zum Ausdruck zu bringen. So ein Verhalten bildet sich meistens über Jahre hinweg heraus und verändert sich normalerweise nicht – es sei denn, jemand, der dem Betreffenden wichtig ist, setzt diesen so unter Druck, dass er bereit ist, Hilfe in Anspruch zu nehmen. Wenn der Betroffene merkt, dass er eine wichtige Bezugsperson ernsthaft zu verlieren droht, wird er eher dazu bereit, Hilfe zu suchen.

Solche Hilfe gibt es, und destruktives und aggressives Verhalten kann verändert werden. Doch es verschwindet nicht einfach „von selbst" mit der Zeit. Familienmitglieder und Freunde müssen lernen, den zu explosiven Ausbrüchen neigenden Menschen für sein destruktives Verhalten zur Rechenschaft zu ziehen.

Explosives, zorniges Verhalten ist niemals konstruktiv. Es verletzt den Menschen, gegen den es gerichtet ist, und zerstört früher oder später die Selbstachtung desjenigen, der die Beherrschung verliert. Keiner kann sich gut fühlen, wenn ihm klar wird, dass er sich so verhalten hat. In der Hitze eines Wutausbruches sagt und tut man Dinge, die man später bereut. Ungebändigter Zorn, der sich in verbalen und körperlichen Ausbrüchen entlädt, wird am Ende Beziehungen zerstören. Der Mensch, der Zielscheibe solcher Ausbrüche ist, verliert den Respekt vor demjenigen, der die Beherrschung verliert, und wird bald keinen Wunsch mehr haben, mit ihm zusammen zu sein.

Vor einigen Jahren glaubte man in manchen psychologischen Kreisen, dass das Ausleben durch aggressives Verhalten eine positive Möglichkeit der Verarbeitung von Ärger sei, solange die Aggression sich nicht gegen einen Menschen richtete. Also wurden Menschen ermutigt, ihren Ärger, ihre Wut oder ihren Zorn an Kissen oder Sandsäcken oder Puppen auszutoben. Doch fast alle Forschungsarbeiten weisen heute darauf hin, dass das so ein Austoben von Ärgergefühlen durch aggressives Verhalten den Menschen innerlich nicht abkühlt, sondern im Gegenteil dazu beiträgt, dass dieser Mensch auch in Zukunft seinen Ärger aggressiv abreagiert.

Explosive Ausbrüche, egal ob Beschimpfungen oder körperliche Misshandlungen, sind keine akzeptable Art und Weise, mit Ärger umzugehen.

Implosiven Ärger erkennen

Merriam-Webster's New Collegiate Dictionary (6. Auflage) definiert das Wort *Implosion* als „ein inneres Bersten, im Gegensatz zur Explosion". Die Sprengung der Häuser in Chicago war eine Implosion. Bei einer Implosion werden die Sprengkörper im Innern des Gebäudes angebracht, so dass der Schutt und die Glassplitter innen bleiben. Das ist ein anschauliches Bild dafür, was mit einem Menschen geschieht, der seinen Ärger herunterschluckt und innerlich explodiert. Das Leben des Betreffenden bricht um diesen innerlichen Zorn herum zusammen.

Nach außen gerichteter Ärger – Schreien, Fluchen, Verurteilen, liebloses Kritisieren oder andere Formen des Ausbruchs – ist explosiver Ärger, und der ist meistens nicht zu übersehen und nicht zu überhören.

Implosiver Ärger dagegen wird gar nicht so leicht erkannt (manchmal noch nicht einmal vom Betroffenen selbst), weil er sich eben innerlich abspielt.

Menschen, die explosive Ausdrucksformen von Ärger ablehnen, rechnen meistens nicht damit, dass implosiver Ärger auf lange Sicht genauso zerstörerisch wirkt. So wie explosiver Ärger mit Raserei beginnt und leicht zu Gewalttätigkeiten führt, beginnt implosiver Ärger mit Schweigen und Rückzug und führt mit der Zeit zu Bitterkeit und dann zu Hass.

Implosiver Ärger hat drei Kennzeichen: Leugnen, Rückzug und Grübeln.

Das Leugnen: Wer auf seinen Ärger implosiv reagiert, bestreitet oftmals, dass er überhaupt Ärger empfindet. Für diese Reaktion sind besonders Menschen anfällig, denen man beigebracht hat, dass Ärger oder Zorn an sich schon etwas Schlechtes oder Sünde sei. Solche Menschen hört man dann z. B. sagen:

„Ich ärgere mich nicht, aber ich bin sehr frustriert."

„Ich bin nicht wütend, aber das nimmt mich ziemlich mit."

„Ich bin nicht zornig, aber ich bin enttäuscht."

„Ich bin nicht wütend, ich mag nur nicht, wenn man mir unrecht tut."

In fast all diesen Fällen ist es aber so, dass der Betreffende innerlich Ärger spürt.

Nehmen wir als Beispiel Barbara. Sie saß an einem schönen Oktobermorgen in meinem Büro und sagte: „Dr. Chapman, ich weiß, dass man als Christ nicht zornig werden darf, und das bin ich auch nicht, aber ich rege mich so über etwas auf, dass ich nicht weiß, was ich tun soll. Mein Bruder hat meine Eltern dazu überredet, ihr Haus zu verkaufen, und ihm das Geld zu geben, damit er sich ein Geschäft aufbauen kann. Er hat ihnen eine kleine Wohnung gesucht, ihnen versprochen, die Monatsmiete zu zahlen, so lange sie leben, und ihnen versichert, dass, wenn sie in ein Seniorenheim umziehen müssten, er bis dann die Kosten dafür auch bezahlen könnte. Das hat er alles in die Wege geleitet, ohne sich mit mir abzusprechen. Ich kenne meinen Bruder. Er hat die verrücktesten Ideen für seine Geschäfte. Innerhalb von zwei Jahren wird er alles Geld durchgebracht haben … und meine Eltern werden von Sozialhilfe leben müssen.

Als ich das hörte, rief ich ihn an, und er redete ganz offen und sachlich über die Angelegenheit. Er meinte, er habe gewusst, dass ich nichts dagegen hätte, weil wir beide schon früher davon gesprochen hatten, dass die Eltern irgendwann in eine kleinere Wohnung ziehen sollten. Das stimmte. Darauf sagte ich ihm, dass ich das verstehe und sicher sei, dass die Sache klappen würde. Doch je mehr ich darüber nachdenke, desto mehr rege ich mich auf."

Barbara spürt ganz offensichtlich intensiven Zorn. Weil sie jedoch Zorn für „unchristlich" hält, will sie das Kind nicht beim Namen nennen und gebraucht das Wort *aufregen*. Sie leugnet also, dass sie zornig ist. Die wirkliche Leugnung spielte sich jedoch schon in dem Gespräch mit ihrem Bruder ab. Darin hat sie ihm den Eindruck vermittelt, seine Handlungsweise sei in Ordnung, während sie sie in Wirklichkeit für falsch hielt. Er weiß nicht, dass sie sich ärgert, sie aber kocht beinahe vor Wut.

Wenn Barbara weiterhin so reagiert, wenn sie sich ärgert, dann werden die „Sprengkörper der Implosion" sich tief in ihr festsetzen, und nach einiger Zeit wird sie zusammenbrechen, und manches in ihrem Leben wird ins Wanken kommen.

Wenn wir unseren Ärger leugnen, nehmen wir ihm damit noch lange nicht seine zerstörerische Macht. Er ist und bleibt destruktiv. Ärger, den wir nicht wahrhaben wollen, hat zerstörerische Wirkungen auf den Körper und auf die eigene Seele.

Ärger verschwindet nicht einfach, wenn er geleugnet wird. Er nimmt im Gegenteil so lange zu, bis eine Leugnung nicht länger möglich ist.

Der Rückzug: Ein Mensch, der implosiv auf seinen Ärger reagiert, wird diesen oft, aber nicht immer leugnen. Auf alle Fälle aber ist Rückzug seine Hauptstrategie. Vielleicht gibt er vor sich selbst und anderen zu, dass er sich ärgert, aber er zieht sich dann von der Person oder Situation zurück, die diesen Ärger ausgelöst hat. Er leugnet seine Gefühle nicht, geht aber auf Abstand. *Wenn ich mich von dem anderen fern halte oder wenigstens nicht mit ihm spreche, wird mein Ärger vielleicht mit der Zeit verschwinden,* beruhigt sich ein solcher Mensch. Wenn der andere den stillen Rückzug bemerkt und fragt: „Stimmt etwas nicht?", wird der Betreffende antworten: „Nein. Was soll denn nicht stimmen?" Wenn er andere dann nachhakt: „Du bist irgendwie stiller als sonst. Du hast mich nicht gefragt, wie mein Tag war, und hast auch nichts von dir erzählt", entgegnet der Zurückgezogene dann etwa: „Ich bin nur müde. Ich hatte einen schweren Tag", während er aus dem Zimmer geht.

Folgen implosiven Ärgers

Dieser stille Rückzug kann einen Tag, aber auch Jahre dauern, doch je länger er dauert, desto sicherer wird er zu Groll und Bitterkeit.

Oft drückt sich dieser herunter geschluckte Ärger durch *passivaggressives Verhalten* aus, wie es die Psychologen nennen. Der Mensch verhält sich nach außen hin passiv und versucht den Anschein zu erwecken, als sei alles in Ordnung. Aber dann wird der Ärger auf andere Art zum Ausdruck gebracht, zum Beispiel, dass er der Person, über die er sich geärgert hat, eine Bitte abschlägt.

Howard verhielt sich seiner Frau Helen gegenüber passiv-aggressiv. Er ärgerte sich über Helen, weil sie kein Interesse an Sexualität hatte. Er weigerte sich, die Sache offen mit ihr anzusprechen. Doch als sie ihn bat, ihr beim Abwasch zu helfen, sah er einfach weiter fern und ignorierte ihre Bitte. Als sie ihn bat, am Samstag den Rasen zu mähen, plante er eine Kanufahrt mit seinem Sohn. Meistens war Howard sich gar nicht bewusst, was er da in seinem Ärger tat, aber er zahlte es seiner Frau heim.

Und Helen? Ihr mangelndes Interesse an Sexualität stellte sich ebenfalls als eine passiv-aggressive Handlungsweise heraus. Bei ihr hatte sich Ärger über ihren Mann aufgestaut, weil er sich ihr gegenüber nicht liebevoll verhielt und zu wenig Zeit mit ihr verbrachte. Sie sprach aber nicht über das, worüber sie sich ärgerte, sondern ihr Ärger staute sich in ihrem Innern an und drückte sich in ihrem Verhalten aus.

So wie bei Howard und Helen wird passiv-aggressives Verhalten zu einem Teufelskreis, denn es ruft wieder Ärger hervor und wiederum passiv-aggressives Verhalten. Wenn dieser Teufelskreis nicht durchbrochen wird, ist es nur eine Frage der Zeit, bis auch ihre Ehe implodiert.

Oft wird herunter geschluckter Ärger auch umgeleitet. Die Gefühle werden von der Person oder Situation, über die man sich geärgert hat, auf eine andere Person oder einen anderen Gegenstand gerichtet. Wir alle kennen den Mann, der auf seinen Vorgesetzten wütend ist, sich jedoch vor einer Konfrontation mit ihm fürchtet und lieber zu Hause der Katze einen Fußtritt versetzt, die Kinder anbrüllt und seine Frau beleidigt.

Dieser umgeleitete Ärger produziert bei den Menschen, die quasi zum Blitzableiter werden, weiteren Ärger und trägt nichts dazu bei, die Situation zu lösen, die den ursprünglichen Ärger hervorgerufen hat.

Die Menschen, die zum unfreiwilligen Blitzableiter werden, stehen der Situation dann fassungslos gegenüber. Derjenige, der seinen Ärger an Unbeteiligten auslässt, ist sich vielleicht nicht einmal bewusst, dass eine Verbindung besteht zwischen der schlechten Behandlung durch seinen Vorgesetzten und dem, was er selbst wiederum seiner Familie antut.

So ein umgeleiteter Ärger verarbeitet natürlich den ursprünglichen Ärger überhaupt nicht. Der bleibt im Inneren des Menschen bestehen und wartet gewissermaßen darauf, auf eine positive Weise angegangen zu werden.

Dieser verdrängte Ärger oder das klassische Herunterschlucken können zu körperlichem und seelischem Stress führen. Immer mehr Forschungen bestätigen, dass eine Verbindung besteht zwischen verdrängtem Ärger und hohem Blutdruck, Dickdarmentzündung, Migräneanfällen und Herzkrankheiten.

Für unsere seelische Gesundheit hat verdrängter Ärger noch viel deutlichere Folgen: Er führt zu Groll, zu Bitterkeit und oftmals zu Hass. Und das – nicht das Gefühl des Ärgers – wird in der Bibel verurteilt und als Schuld angesehen.

Das Grübeln: Ein drittes Zeichen für implosiven Ärger ist das Grübeln über die Ereignisse, die den Ärger, die Wut oder den Zorn hervorgerufen haben. Die Szene, die diese Gefühle ausgelöst hat, wird im Geist immer wieder abgespult, wie ein Videoband. Man sieht den Gesichtsausdruck des anderen, hört seine Worte, spürt seine innere Verfassung, man durchlebt immer wieder die Ereignisse, die alles ausgelöst haben. Allerdings wird stets die „eigene Version" und Deutung der Situation durchgespielt.

Wie konnte er so undankbar sein? Wie viele Jahre habe ich schon für die Firma gearbeitet! Und er ist erst seit fünf Jahren hier. Er hat keine Ahnung, was hier abläuft. Wenn er wüsste, wie wichtig ich für die Firma bin, würde er mich nicht so behandeln. Ich würde am liebsten alles hinschmeißen. Oder mich an den Vorstand wenden, damit er gefeuert wird.

Wieder und wieder wird das Band abgespult, während der Betreffende so richtig in seinem Ärger schwelgt. Doch – wohlgemerkt – das alles spielt sich nur im Kopf ab.

Das Problem wird nicht angepackt, und der Ärger selbst wird nicht verarbeitet – nicht mit dem, gegen den er gerichtet ist, und nicht mit einem Therapeuten, einem Seelsorger oder guten Freund.

So entwickelt sich Ärger zu Groll und Bitterkeit. Und wenn dieser Prozess nicht unterbrochen wird, wird der Betreffende womöglich bald eine Implosion in Form eines seelischen Zusammenbruchs, einer Depression oder in manchen Fällen eines Selbstmords erleben.

Es kann auch etwas anderes passieren, und das beobachten wir in letzter Zeit immer häufiger: Bei immer mehr Menschen, die ihren

Ärger einige Zeit verdrängen oder herunter schlucken, kommt es nicht zu einer Implosion, sondern zu einer überraschenden Explosion. In ihrer Verzweiflung werden sie gewalttätig gegenüber der Person, die ihnen unrecht getan hat. Das sehen wir immer wieder in den Nachrichten, wenn zum Beispiel der Angestellte, der vor einigen Monaten gefeuert wurde, den Vorgesetzten erschießt, dem er seine Entlassung vorwirft. Das Kind, das von seinen Eltern missbraucht wurde, wendet sich im Alter von fünfzehn Jahren gegen die Eltern und ermordet sie. Der ruhige Ehemann, der lange Jahre unter dem Pantoffel stand, wendet sich gegen seine Frau und zerstört ihr Leben. Bei den Nachbarn rufen solche Vorfälle ungläubiges Erstaunen hervor. Typischerweise heißt es dann gegenüber dem Reporter: „Er schien so ein netter Mann zu sein. Ich kann gar nicht glauben, dass er so etwas getan hat." Was der Nachbar nicht sehen konnte, war der herunter geschluckte Ärger, der durch langes Grübeln immer mehr Nahrung erhalten hat.

Implosiver Ärger wirkt sich genauso zerstörerisch aus wie explosiver. Deshalb warnt die Bibel immer wieder davor, Ärger und Zorn unverarbeitet zu lassen, also ihn zu verdrängen, herunter zu schlucken oder zum aggressiven Ausbruch werden zu lassen.

Der Apostel Paulus schreibt dazu: „Zürnt ihr, so sündigt nicht; lasst die Sonne nicht über eurem Zorn untergehen, und gebt nicht Raum dem Teufel" (Epheser 4, 26. 27). Paulus gibt uns die klare Anweisung, den Ärger schnell aufzulösen, ihn nicht bis in die Nacht hinein mit uns herum zu tragen und in unserem Herzen zu hegen.

Das Grundprinzip ist, Ärger nicht anstauen zu lassen, sondern das eigentliche Problem zu klären, damit wir nicht an dem anderen Menschen, an uns selbst und an Gott schuldig werden und dem Bösen Raum geben.

Der Apostel fordert uns weiter auf, uns nicht von unserem Ärger beherrschen zu lassen (siehe Epheser 4, 31; Kolosser 3, 8). Das heißt nicht, dass Ärger an sich Sünde ist; Sünde ist, wenn wir es zulassen, dass der Ärger gärt und sich in uns festsetzt. Salomo warnt so davor: „Ärger ruht im Herzen des Toren" (Prediger 7, 9). Das entscheidende Wort hier ist das Wort *ruhen*; Der Narr lässt den Ärger in seinem Herzen wohnen, er bietet dem Ärger Raum, sich zu entwickeln. Daraus kann man schließen, dass *ein weiser Mensch* dafür sorgt, dass er seinen Ärger schnell verabschieden kann. Ärger soll ein Besucher, nie ein Bewohner des menschlichen Herzens sein.

Jeder von uns kennt das Gefühl von Ärger, die – oft guten – Gründe dafür sind in den früheren Kapiteln genannt. Und es bringt uns weiter, den Ärger als hilfreiches Signal wahrzunehmen. Doch Leugnen, Rückzug oder Grübeln sind keine angemessene Reaktion auf unseren Ärger. Solches Verhalten steht im Widerspruch zu klaren Aussagen der Bibel. Bitterkeit ist die Folge angestauten Ärgers, und Bitterkeit wird in der Bibel immer als Sünde verurteilt, die die Beziehungen vergiftet (siehe zum Beispiel Apostelgeschichte 8, 23a; Römer 3, 14; Hebräer 12, 15).

Hüten Sie sich vor Hass

In den vielen Jahren meiner seelsorgerlichen Tätigkeit habe ich immer wieder Menschen sagen hören: „Ich hasse meinen Vater." Grund einer solchen Aussage war fast immer, dass sich derjenige von seinem Vater unrecht behandelt fühlte. Er hatte die Verletzung und den Ärger verdrängt und dann Groll und Bitterkeit gegen seinen Vater entwickelt, die zu Hass geworden sind. Ich habe von mehr als einer Frau gehört: „Ich hasse meinen Mann." Und Männer sagen dasselbe über ihre Frauen. Hass entwickelt sich nie über Nacht. Er ist das Ergebnis unverarbeiteten Ärgers, der sich im Herz eines Menschen festgesetzt und gegärt hat. Im Laufe der Zeit wird so aus einer Verletzung Bitterkeit und Hass. Fast alle Hasser wünschen dem Menschen, den sie hassen, Böses. Manchmal tun sie ihm am Ende selbst etwas Böses an.

Wenn jemand einem anderen, der ihm unrecht getan hat, Böses tut, dann maßt er sich damit etwas an, das Gottes Sache ist. Im Römerbrief heißt es: „Die Rache ist mein; ich will vergelten, spricht der Herr" (Römer 12, 19). Wenn wir uns an denen, die uns unrecht getan haben, rächen, werden wir die Situation nicht besser, sondern nur noch schlimmer machen.

Welche positiven Schritte können wir gehen, um implosiven Ärger zu entschärfen? Gestehen Sie es sich als Erstes vor sich selbst ein: „Es stimmt, in mir hat sich Ärger angestaut. Mir fällt es schwer, jemandem zu sagen, dass ich mich ärgere. Ich weiß, dass ich mir mit diesem Verhalten selbst schade." Solche Aussagen sind der erste Schritt zur Befreiung. Vertrauen Sie sich dann einem Freund oder jemandem aus Ihrer Familie an. Wenn Sie einem anderen Ihr Problem schildern und ihn um Rat bitten, hilft Ihnen das zu entscheiden, ob Sie denjenigen, dem sie böse sind, mit Ihrem Ärger konfrontieren sollen oder nicht. Vielleicht beschließen Sie, „die Anschuldigung fallen zu lassen", aber das ist dann eine bewusste Entscheidung, und Sie können Ihre Verärgerung loslassen. Wenn der Mensch, dem Sie Ihren Ärger offenbaren, Ihnen nicht die Unterstützung geben kann, die Sie brauchen, sehen Sie sich nach einem Pastor oder Therapeuten um, der dazu in der Lage ist. Sorgen Sie aber unbedingt dafür, dass Sie Ihre zerstörerischen Verhaltensmuster nach und nach loswerden.

Vielleicht haben Sie einen Freund, der seinen Ärger in sich zu verschließen scheint. Wie können Sie ihm helfen? „Vielleicht liege ich falsch, aber ich mache mir ernsthaft Sorgen um dich, und deshalb möchte ich dich etwas fragen", so könnten Sie ein Gespräch mit dem Freund beginnen (wohlgemerkt: mit einem Freund; einem anderen Menschen treten Sie mit der Frage zu nahe). „Könnte es sein, dass du dich sehr über jemanden ärgerst und deinen Ärger unterdrückst? Vielleicht ist es ja nicht so. Aber wenn es stimmt, würde ich dich gern dabei unterstützen, diesen Ärger positiv zu verarbeiten. Ich weiß, dass es nicht gut ist, Ärger in sich hineinzufressen. Möchtest du darüber reden?"

Klar, Sie gehen mit einer solchen Frage ein Risiko ein. Der andere macht Ihnen vielleicht deutlich, dass Sie das nichts angeht. Aber vielleicht öffnet er sich auch, und Ihre Nachfrage ist der erste Schritt, sein Problem ans Licht zu bringen. Wenn Sie ihm nicht weiterhelfen können, überlegen Sie mit ihm, wer weiterhelfen könnte. Ein wahrer Freund sieht jedenfalls nicht stillschweigend zu, wie sich der andere selbst zerstört.

In der Bibel finden wir die Herausforderung, Ärger auf positive und liebevolle Weise zu verarbeiten, statt mit Explosion oder Implosion zu reagieren. Zu explodieren oder zu implodieren wirkt sich nicht nur hochgradig zerstörerisch auf denjenigen aus, der sich ärgert, sondern auf alle Beteiligten, einschließlich der Menschen um sie herum.

Keine dieser Reaktionen ist einem Menschen, der sich Gott verantwortlich weiß, angemessen. Wenn Sie ein solches Verhalten bei sich selbst erkennen, bitte ich Sie dringend, sich einem Geistlichen, einem Therapeuten oder Freund anzuvertrauen. Sprechen Sie mit jemandem darüber, wie schwer Sie sich damit tun, mit ihrem Ärger gut umzugehen. Sie können sich nicht frei und mit ganzer Kraft für Gott einsetzen und Gutes tun, wenn Sie auf Ärgergefühle weiterhin mit Explosion oder Implosion reagieren.

Und was ist mit einem Menschen, der schweres Unrecht erlebt hat, und der seinen Ärger und Zorn darüber verdrängt hat und ganz verbittert geworden ist? Mit dieser Frage werden wir uns im nächsten Kapitel beschäftigen.

Von einer Seite → zur anderen

Achtung, nicht implodieren!

Obwohl man meinen könnte, dass explosive Reaktionen auf Ärger häufiger vorkommen, weil sie dramatischer wirken (und weil sie leichter zu sehen und zu hören sind), neigen die meisten Menschen doch eher zur Implosion. Im Gegensatz zur landläufigen Meinung können sich implosive Reaktionen genauso zerstörerisch auswirken wie explosive. Hier eine Zusammenstellung der Folgen implosiven Ärgers.

Das Wesen implosiven Ärgers	Verdrängter Ärger, der nie ausgedrückt wurde
Motivation	Angst vor Konfrontation, zu starkes Harmoniebedürfnis; Überzeugung, dass es falsch sei, Ärger zu empfinden oder auszudrücken
Symptome	Leugnen des Ärgers; Rückzug vom anderen; Grübeln
Übliche Aussagen	„Ich bin nicht wütend, aber ich bin frustriert." „Ich ärgere mich nicht, aber ich bin enttäuscht."
Folgen	Passiv-aggressives Verhalten; Ärger wird auf jemand anderen umgeleitet; körperlicher und seelischer Stress; kann zu Groll, Bitterkeit und Hass führen oder gar zur Explosion in Form einer Gewalttat.

Nachgehakt

1. Was sind typische Eigenschaften explosiven Ärgers? Erinnern Sie sich an ein Erlebnis, bei dem Sie „explodiert" sind. War Ihnen Ihr Verhalten bewusst? Haben Sie versucht, Ihren explosiven Ärger zu beherrschen? Wie? Hat Gebet dabei eine Rolle gespielt? Überlegen Sie sich Möglichkeiten, explosiven Ärger im Zaum zu halten.

2. Implosiver Ärger scheint das Gegenteil von explosivem Ärger zu sein; doch ein paar wesentliche Elemente sind gleich. Welche Merkmale hat implosiver Ärger? Stimmen Sie dem Verfasser zu, dass implosiver Ärger ein ebenso ernsthaftes Problem ist wie explosiver?

3. In der Bibel wird geschildert, in welchen Situationen Jesus zornig wurde. Eine bemerkenswerte Begebenheit ist seine Begegnung mit den Geldwechslern im Tempel (Matthäus 21, 12. 13). In welcher Weise unterscheidet sich Jesu Reaktion von explosivem Ärger?

4. *Richtiger Umgang mit Ärger*: Sie sind Aufseher in einem großen Lagerhaus. Zwei der jüngeren Angestellten, Frank und Juan, haben häufige Auseinandersetzungen mit anderen Kollegen; dadurch wird die Bearbeitung neuer Bestände sowie die Ausgabe von Bestellungen behindert. Die Streitereien gehen in der Regel um Bezahlung und Vorteile, die ältere Angestellte haben. Frank und Juan haben noch keinen Anspruch darauf, weil sie dazu noch nicht lange genug in der Firma sind. Sie haben als ihr Vorgesetzter schon einmal versucht, vernünftig mit den beiden zu reden, wurden jedoch von ihnen angeschrien, und das in Gegenwart anderer Mitarbeiter. Dieses Verhalten der beiden Männer hat die Arbeitsmoral und Effektivität ernsthaft untergraben, aber Sie scheuen sich, die beiden zu entlassen, da sie mit leitenden Angestellten der Firma verwandt sind, die die Familienbande über betriebliche Interessen zu stellen scheinen und Ihnen im Fall des Falles Schwierigkeiten machen könnten. Ihr eigener Vorgesetzter hat Sie aufgefordert, das Problem zu „lösen" mit dem Hinweis auf die verminderte Effektivität der Abteilung und der Anspielung auf eine negative Beurteilung Ihrer Leistungen. Wie gehen Sie mit dieser Situation um? Wie wollen Sie den explosiven Ärger der beiden Männer unter Kontrolle bekommen?

7. Kapitel

Wie man mit angestautem Ärger gut umgehen kann

Mike war äußerlich betrachtet ein gut aussehender, ruhiger und erfolgreicher Arzt. Doch seine Frau Julie hatte großen Kummer: Seit einem Jahr war er zu Hause nicht mehr so ausgeglichen wie früher und fuhr sie und die Kinder wegen jeder Kleinigkeit an.

„Ich bin es leid", sagte sie mir. „Ich weiß nicht, was in ihm vorgeht, aber ich weiß, dass es mir und den Kindern nicht gut tut, dauernd seine Vorwürfe anzuhören. Nichts können wir ihm recht machen."

Sie berichtete, dass die ersten Jahre ihrer Ehe sehr gut waren. Mike war ein liebevoller und fürsorglicher Ehemann. Selten kamen von ihm kritische Bemerkungen. Doch vor ungefähr zwei Jahren war eine Veränderung mit ihm vorgegangen: „Im letzten Jahr ist es noch schlimmer geworden", meinte Julie. Ich fragte, was vor zwei Jahren geschehen ist und die Veränderung in Mikes Verhalten hervorgerufen haben könnte.

„Ich kann mich an nichts erinnern", entgegnete Julie. „Seine Mutter ist um diese Zeit gestorben, aber sie war schon vier Jahre lang in einem Pflegeheim und hat im letzten Jahr ihres Lebens Mike kaum erkannt, ich glaube also nicht, dass ihr Tod etwas mit Mikes Verhalten zu tun hat."

„Er scheint seine Lebenslust verloren zu haben"

„Gibt es noch etwas in Ihrer Beziehung, was Ihnen Sorgen macht?", fragte ich.

„Mike scheint seine Freude am Leben verloren zu haben", meinte sie. „Er war früher immer so begeistert von seiner Arbeit und seiner Familie. Er war immer voller Pläne, was wir alles unternehmen könnten. So ist er heute nur noch selten. Es scheint ihn kaum etwas mehr zu interessieren."

Am Ende der Sitzung erfuhr ich, dass Mike wusste, dass seine Frau einen Therapeuten aufgesucht hatte, dass er damit einverstanden war und sogar selbst hatte mitkommen wollen. Doch Julie wollte allein kommen. „Wenn er dabei wäre, hätte mich das gehemmt, und ich wollte all dies nicht sagen, wenn er dabei ist, weil es ihn irgendwie schlecht dastehen lässt." Ich machte den Vorschlag, dass Mike zur nächsten Sitzung allein kommen solle, und dass ich danach gern mit beiden sprechen wolle. Damit war Julie einverstanden.

Als Mike und ich zwei Wochen später zusammensaßen, erzählte ich ihm kurz von dem Besuch seiner Frau, und dass ich den Wunsch habe, ihn persönlich zu sprechen, um zu hören, wie er die Situation sieht. „Wenn Sie beide einverstanden sind, würde ich danach gern mit Ihnen zusammen sprechen."

„Gut", sagte Mike. „Ich weiß, dass wir einige Probleme haben, und wir müssen sie angehen."

„Wenn Sie an die ersten Jahre Ihrer Ehe mit Julie denken, wie würden Sie diese Zeit beschreiben?", erkundigte ich mich.

„Wir führten eine gute Ehe. Wir haben viel zusammen unternommen. Wir waren gern zusammen, wir hatten viel Spaß miteinander. Als die Kinder kamen, versuchten wir uns trotzdem Zeit füreinander zu nehmen, obwohl sie viel Zeit beanspruchten. Ich denke, wir führten eine gute Ehe. Ich meine, das tun wir immer noch, aber die Dinge sind im letzten Jahr irgendwie aus dem Gleichgewicht geraten."

Mikes Geschichte

„Was hat Ihrer Meinung nach denn Ihre Ehe im letzten Jahr aus dem Gleichgewicht gebracht?", fragte ich.

„Ich stand bei der Arbeit unter großem Stress", sagte Mike, „und ich meine, die Kinder sind für Julie anstrengender geworden. Sie scheint die ganze Zeit müde zu sein. Ich vermute, wir stehen beide ziemlich unter Stress."

„Und wie wirkt sich Ihr Stress zu Hause aus?"

„Julie meint, ich sei kritischer ihr und den Kindern gegenüber."

„Stimmt das Ihrer Meinung nach?"

„Ich glaube schon. Ich sage eher, was ich denke und fühle, mehr als früher jedenfalls, und wirke sicher ziemlich kritisch. Ich bin leichter gereizt."

„Und wie wirkt sich Julies Stress aus?"

„Sie scheint sensibler zu sein. Sie ist leichter verletzbar. Sie scheint auch das Interesse an Sex verloren zu haben. Es scheint für sie nicht mehr wichtig zu sein."

„Wenn Sie sich bei Julie über Ihre Ehe beschwert haben, ging das dann auch um den sexuellen Bereich?"

„Ich glaube nicht. Zumindest nicht oft." Mike schüttelte den Kopf und sagte: „Ich weiß nicht. Seit einiger Zeit habe ich selbst das Interesse an Sex verloren. Ich habe fast keinen Schwung mehr. Meine Arbeit oder andere Dinge machen mir nicht mehr so viel Spaß. Das macht mir offen gestanden am meisten Sorgen."

„Wie lange fühlen Sie sich schon so?", fragte ich.

„Seit ungefähr einem Jahr. Es scheint in den letzten beiden Monaten schlimmer geworden zu sein."

„Darf ich Ihnen ein paar Fragen über Ihre Kindheit stellen?" Mike war damit einverstanden und berichtete mir, dass er einen jüngeren Bruder und eine Stiefschwester habe.

„Mein Vater hat meine Mutter verlassen, als ich noch ein Kind war", fuhr er fort. „Er heiratete wieder und hat aus dieser Ehe eine Tochter. Sie ist zehn Jahre jünger als ich, aber ihr stehe ich näher als meinem Bruder." Mit seinem Bruder habe er sich nicht gut verstanden, erklärte Mike: „Als Papa gegangen war, wollten wir beide der Mann im Haus sein. Wir haben wohl dauernd wegen irgendwas gestritten. Seit ich zum College und er zum Militärdienst ging, haben wir nicht mehr so viel Kontakt."

Sein Vater sei Alkoholiker gewesen, eröffnete er mir. „Als er noch bei uns wohnte, ging es gut mit ihm, wenn er nicht getrunken hatte. Doch wenn er betrunken war, wurde er gewalttätig. Ich habe keine guten Erinnerungen an meine Kindheit. Nachdem mein Vater uns verlassen hatte, haben wir ihn fünf Jahre lang nicht gesehen. Aber als ich dann ins College kam, wollte er mich unterstützen, was er auch tat. Danach haben wir uns hin und wieder getroffen, aber wir hatten nie eine wirklich vertraute Beziehung zueinander."

„Und wie war Ihre Beziehung zu Ihrer Mutter?"

„Mama hatte ihre eigenen Probleme", meinte er. „Vielleicht hat das Papa zum Trinken verleitet, ich weiß nicht. Sie war eher kritisch, kein warmherziger Mensch. Nachdem mein Vater gegangen war, arbeitete sie hart, um unseren Lebensunterhalt zu verdienen. Dafür achte ich sie, aber sie war sehr streng zu mir und meinem Bruder. Ich war froh, als ich endlich aufs College kam."

Mikes Mutter hatte nicht wieder geheiratet. Sie sei vor zwei Jahren gestorben, berichtete Mike. Sie hatte im Alter Alzheimer bekommen, und in den letzten drei Jahren vor ihrem Tod war ihr Gesundheitszustand rapide schlechter geworden. „Am Schluss wusste sie oft nicht einmal, wer ich war, als ich sie besuchte", sagte Mike.

„Meinen Sie, dass sich im Laufe der Jahre viel Groll gegen Ihre Mutter und Ihren Vater angestaut hat?", fragte ich.

„Ich weiß nicht, ob man das Groll nennen kann", meinte er. „Ich glaube, sie haben mir Leid getan. Sie hatten beide ein ziemlich leeres Leben."

„War die Zeit im College eine gute Zeit für Sie?", erkundigte ich mich.

„Ja und nein. Eher ja. Es war eine gute, aber auch eine schwierige Zeit. Leistungsmäßig war ich gut, aber in persönlichen Beziehungen habe ich manches getan, was ich später bereut habe. Das hat mir viel Schwierigkeiten gemacht. Um ehrlich zu sein, am Anfang meines Studiums ist ein Mädchen von mir schwanger geworden. Ich wollte, dass sie abtrieb, aber sie weigerte sich. Sie hat das Kind dann zur Adoption freigegeben, aber es war ein Riesentheater. Julie weiß davon, aber wir haben es nie den Kindern erzählt. Ich denke nicht, dass sie das wissen müssen."

Mike hatte sich mir gegenüber sehr verletzlich gezeigt. Und ich merkte, dass er sich langsam ungemütlich fühlte.

„Wenn Sie mit dem Wagen vor einer Ampel stehen, die Ampel auf Grün schaltet, und der Fahrer vor ihnen nicht sofort losfährt, hupen Sie dann?"

Mike lächelte, schwieg einen Augenblick und sagte dann: „Woher wissen Sie das?"

„Ich frage nur", meinte ich.

„Ich bekenne mich schuldig", entgegnete er. „Ich bin normalerweise bei der Arbeit und zu Hause eher ruhig. Das gilt auch für andere

Beziehungen. Ich gelte als ruhig und ausgeglichen. Aber wenn ich hinter dem Steuer sitze, kommt irgend so eine Feindseligkeit zum Ausbruch. Manche Leute verhalten sich einfach blöd, also brülle ich sie an, wenn ich allein bin. Wenn Julie und die Kinder im Auto sind, versuche ich mich zu beherrschen."

„Waren Sie schon immer ein Huper?", fragte ich.

„Ich glaube schon", meinte er lächelnd. „Das habe ich schon in der Highschool gemacht. Ja, ich war wohl immer schon so." Jetzt lachte Mike laut über sich selbst, und ich lachte auch.

„Ich möchte Ihnen etwas zum Nachdenken mitgeben", fuhr ich fort. „Ich glaube, dass Sie ein sehr zorniger Mann sind, dass Sie über einen sehr langen Zeitraum hinweg eine Menge Zorn in sich aufgestaut haben."

Mike schwieg einen Augenblick und sagte dann: „Ich habe mich nie für einen zornigen Menschen gehalten. Ich war im Gegenteil immer stolz darauf, meinen Ärger unter Kontrolle zu halten. Ich bin nicht so jemand, der Wutausbrüche hat. Ich habe schnell gelernt, dass es sich nicht auszahlt zu kämpfen. Ich sehe mich nicht als zornigen Menschen."

Ich nickte und sagte: „Vielleicht haben Sie Recht. Wir können ja beim nächsten Mal darüber reden."

Mikes Aufgabe

„Ich möchte Ihnen diese Woche eine Aufgabe mitgeben, die ein bisschen Zeit in Anspruch nimmt, ungefähr eine oder eineinhalb Stunden. Ich möchte Sie bitten, sich einmal mit etwas zum Aufschreiben zurückzuziehen. Denken Sie dann über Ihr Leben nach und stellen Sie sich dabei zwei Fragen: *Welche Menschen haben mir unrecht getan? Was haben sie getan?*

Machen Sie zwei Spalten, eine mit der Überschrift „Menschen", die andere: „Was sie mir angetan haben". Beginnen Sie mit Ihren frühesten Kindheitserinnerungen. Konzentrieren Sie sich auf Ihre Kindheit, Ihre Beziehung zu Ihrer Mutter, Ihrem Vater und Ihrem Bruder. Wenn sie alle Ihnen zu irgendeiner Zeit Unrecht zugefügt haben, was ganz normal wäre, schreiben Sie ihre Namen auf und die Art und Weise, wie Ihnen Unrecht geschehen ist. Wenn Sie sich an Einzelheiten erinnern, notieren Sie sie gleich mit. Wenn Ihr Bruder Sie zum Beispiel mit dem Tennisschläger auf den Kopf geschlagen hat, schreiben Sie: „Ned hat mich mit dem Tennisschläger geschlagen, als ich zehn war.“ Machen Sie diese Aufzeichnungen so genau wie möglich.

Wenn Sie mit Ihrer Familie fertig sind, denken Sie an Ihre Schulzeit. Gehen Sie auch hier zu den frühesten Erinnerungen zurück. Hat ein Lehrer oder Mitschüler Ihnen unrecht getan? Wenn das der Fall ist, notieren Sie den Namen des Betreffenden, und was er oder sie getan hat. Dann sehen Sie sich andere Beziehungen in Ihrer Kindheit an, Beziehungen in der Kirche, in der Nachbarschaft, in Ihren Jugendjahren, Freundinnen, mit denen Sie zusammen waren. Schreiben Sie alles auf, was Ihnen in den Sinn kommt. Gehen Sie danach Ihre Collegezeit durch. Denken Sie an Professoren, Kommilitonen, Freundinnen oder andere Beziehungen. Gehen Sie dann zu Ihrer ärztlichen Ausbildung, Ihrer Assistenzzeit und allen Stellen, an denen Sie bis jetzt gearbeitet haben.

Überdenken Sie dann Ihre Beziehung zu Julie und den Kindern. Beginnen Sie in der Zeit, in der Sie sich kennen gelernt haben, und gehen Sie im Geist Ihre Ehe durch.

Wie waren Ihre Beziehungen zu Ihren Verwandten, Arbeitskollegen und anderen? Versuchen Sie, sich an so viele Begebenheiten wie möglich zu erinnern. – Jetzt werden Sie verstehen, warum Sie dafür eine Stunde oder eineinhalb brauchen. Ich glaube, dass diese Aufgabe sehr hilfreich für Sie sein wird, daher möchte ich Sie bitten, sich die größte Mühe zu geben.“

Ich spürte, dass Mike nicht genau wusste, wohin dies alles führen sollte, aber er war von der Idee angetan und stimmte bereitwillig zu. „Ich möchte auch vorschlagen, dass wir beide uns noch einmal allein treffen, bevor Julie dazu stößt“, sagte ich.

„Gut“, meinte er. „Ich sage es ihr.“

Zwei Wochen später kam Mike in mein Büro mit drei Seiten voller Namen und Begebenheiten, die ihn im Laufe seines Lebens verletzt hatten. „Diese Aufgabe war sehr aufschlussreich“, meinte er. „Ich hatte vorher noch nie über diese Dinge nachgedacht und hätte nie geglaubt, dass ich mich an so vieles erinnern würde. Aber als ich einmal angefangen hatte, kamen mir so viele Situationen in den Sinn, dass ich mit dem Aufschreiben kaum nachkam. Es war auch ungewohnt für mich. Noch nie habe ich so viel Zeit darauf verwendet, über meine

Vergangenheit nachzudenken. Ich war immer damit beschäftigt, meine Ziele zu erreichen. Ich dachte immer: ‚Man kann die Vergangenheit nicht ändern. Warum sich also damit beschäftigen?'"

„Da ist was Wahres dran", bestätigte ich. „Aber zwei andere Dinge sind auch wahr. Das eine ist, dass wir aus der Vergangenheit lernen können, und das andere, dass unsere Vergangenheit oft beeinflusst, wie wir uns heute verhalten."

Ich nahm Mikes Liste, sah zuerst den Namen seines Vaters und las all das, was sein Vater ihm angetan hatte. Dann sah ich Mike an und fragte: „Haben Sie je mit Ihrem Vater über all das geredet?"

„Nein", sagte er. „Ich habe früh begriffen, dass man mit meinem Vater nicht reden kann, besonders dann nicht, wenn man anderer Meinung ist als er."

Ich nickte, sah wieder auf den Block vor mir und las das, was er neben den Namen seiner Mutter geschrieben hatte. Dann erkundigte ich mich: „Haben Sie einmal mit Ihrer Mutter über diese Dinge gesprochen?"

„Nein, ich wollte Mama nicht verletzen. Sie hat genug durchgemacht. Ich habe einfach versucht, in Frieden mit ihr zu leben."

Dann las ich den Namen seines Bruders auf dem Block und was er daneben notiert hatte. „Haben Sie darüber mal mit Ihrem Bruder geredet?"

„Als wir beide noch zu Hause waren, ja. Meistens haben wir uns darüber gestritten."

Ich las weiter, Namen und Erlebnisse mit Menschen, die Mike in seinem Leben unrecht getan hatten. Es standen vierunddreißig Namen und unzählige Erlebnisse auf dem Block. In zwei Fällen hatte Mike seinen Ärger in positiver Weise verarbeitet. In allen übrigen Fällen hatte er einfach „versucht zu vergessen" und sich auf die Zukunft zu konzentrieren.

Mit angestautem Ärger umgehen

„Verstehen Sie jetzt, weshalb ich in unserer letzten Sitzung vermutet hatte, dass sich bei Ihnen eine Menge Ärger aufgestaut hat?"

„Sie hatten sicher Recht", meinte Mike. „Aber woher haben Sie das gewusst?"

„Weil Sie zwei typische Verhaltensweisen gezeigt haben, die auf angestauten Zorn hinweisen", fuhr ich fort. „Die eine ist, dass Sie sich dauernd über das Verhalten von Julie und der Kinder beklagten. Julie meint, Sie würden sie und die Kinder ständig ‚anfahren'. Die andere ist Ihre Lethargie in den letzten Monaten. Um es mit Ihren Worten zu sagen, Sie scheinen Ihren Schwung verloren zu haben. Laut Julie interessieren Sie sich kaum mehr für das, wofür Sie sich früher begeistern konnten. Ich möchte Ihnen sagen, weshalb sich meiner Meinung nach Ihr Verhalten so verändert hat.

Sie haben in Ihrem Leben einige schwere Verletzungen davongetragen. Ich will damit nicht sagen, dass alle, die Ihnen unrecht getan haben, schlechte Menschen sind. Ich sage damit nur, dass eine ganze Reihe von Menschen in Ihrem Leben Dinge getan haben, die Sie tief verletzten. Wann immer uns jemand Unrecht zufügt, ist Zorn eine natürliche Regung. Mit diesem Zorn können wir konstruktiv umgehen, indem wir den Menschen, der uns verletzt hat, liebevoll mit seinem Handeln konfrontieren und eine Lösung für das Problem suchen.

Oft sind wir aufgrund verschiedener Umstände nicht dazu in der Lage. Kinder verarbeiten zum Beispiel selten auf diese Weise ihren Ärger auf ihre Eltern – normalerweise aus Angst, die Eltern würden sie nicht verstehen, und der Zorn würde die Sache nur noch schlimmer machen. Die Tatsache, dass Sie Ihre Eltern nicht mit Ihrem Ärger konfrontiert haben, ist eine normale Reaktion von Kindern und Jugendlichen.

Bei Ihrem jüngeren Bruder haben Sie Ihren Ärger einigermaßen verarbeitet, indem Sie sich miteinander gestritten und manchmal gerauft und so ihre Kämpfe ausgefochten haben. Doch das hat nicht zu einer Lösung der Situationen geführt, die Ihren Ärger verursacht hatten.

In den meisten anderen Fällen, die Sie hier beschrieben haben, haben Sie versucht, das Unrecht zu vergessen und zukunftsorientiert zu leben. Doch so leicht wird man seinen Ärger nicht los. Unrecht schmerzt einen immer wieder, wenn es nicht verarbeitet wird. Die Tatsache, dass Sie sich nach all den Jahren an manches noch so genau erinnern, zeigt, dass sie es nicht wirklich vergessen haben."

Mike hörte mir schweigend zu und nickte hin und wieder bestätigend.

Ich fuhr fort: „Wann immer wir über einen langen Zeitraum hinweg Unrecht ausgehalten haben, irgendwann kommt unsere emotionale Fähigkeit, dieses Unrecht zu ertragen, an eine Grenze. Dann können zwei Reaktionen auftreten:

Wir drücken unseren Ärger nicht gegenüber den Menschen aus, die ihn über die Jahre hinweg hervorgerufen haben, sondern richten ihn gegen andere Menschen, mit denen wir viel zu tun haben – in Ihrem Fall gegen Julie und die Kinder. Sie begannen also, Ihren Zorn auszudrücken, indem sie Ihre Familie ständig kritisierten. Das ist eine ganz andere Reaktionsweise als die, die Sie über die Jahre hinweg praktiziert haben.

Zweitens äußert sich Ihr Ärger in einer beginnenden Depression.

Der Sinn unseres Ärgers liegt darin, uns zu konstruktivem Handeln gegenüber der Person zu bewegen, die uns Unrecht zugefügt hat. Wenn wir das nicht tun, wird unverarbeiteter Zorn zu einer dunklen Wolke über unserem Leben. Wir haben so viel Unrecht erlitten, so viel Unrecht in unserem ganzen Leben durch unzählige Menschen und auf vielerlei Weise. Die Last all dieser Ungerechtigkeit beginnt sich uns aufs Gemüt zu legen.

Und dann werden wir gleichgültig gegenüber dem Leben und haben kein Interesse mehr an den Dingen, die uns früher Freude gemacht haben. Wenn jetzt keine positiven Schritte unternommen werden, wird der Betreffende immer aggressiver und/oder depressiver."

Während der letzten fünf Minuten hatte Mike immer wieder mit dem Kopf genickt. „Das alles leuchtet mir ein", meinte er. „Aber weshalb sind diese Anzeichen erst in letzter Zeit aufgetreten?"

„Ich glaube, dass der Tod Ihrer Mutter der äußere Anlass war", entgegnete ich. „Auch wenn sie in den letzten drei Jahren ihres Lebens krank und im Pflegeheim war, glaube ich doch, dass ihr Tod an tief liegende, unverarbeitete Gefühle gerührt und sie an die Oberfläche gebracht hat. Vorher war der unverarbeitete Zorn von vielerlei Aktivitäten überdeckt worden, die Ihr Bewusstsein vollkommen in Anspruch nahmen und auf das Erreichen von guten Zielen z. B. in Ihrem Beruf gerichtet waren."

„Wie eine verborgene Infektion", warf Mike ein, „die auf einen Auslöser wartet."

„Genau."

„Das erscheint mir sehr einleuchtend", sagte Mike. „Aber was kann ich jetzt tun? Ich kann doch nicht mehr mit all diesen Leuten reden.

Meine Mutter ist tot; mein Vater würde das nie verstehen. Manche der anderen sind auch tot, und wieder andere habe ich ganz aus den Augen verloren."

Jetzt war ich derjenige, der zustimmend nickte. „Das stimmt", meinte ich. „Deshalb mache ich Ihnen einen anderen Vorschlag. Was ich Ihnen nahe lege, wird nicht die Beziehung zu irgendwelchen dieser Personen wiederherstellen. Mit einigen haben Sie ja ohnehin keine Verbindung mehr. Aber mit Hilfe meines Vorschlags werden Sie Ihren Ärger positiv verarbeiten, und Sie können die beiden negativen Verhaltensweisen ablegen, die Ihnen in letzter Zeit zur Gewohnheit geworden sind."

Ich wusste, dass Mike Christ war und die biblische Grundlage meines Vorschlags verstehen würde. „Ich möchte Sie zunächst an zwei wesentliche Eigenschaften Gottes erinnern. Gott ist Liebe, und Gott ist gerecht. Gott geht es um das Wohlergehen seiner Geschöpfe, aber er ist auch gerecht und wird letztendlich allen Menschen Gerechtigkeit widerfahren lassen. Als Christen verstehen wir das. Darum geht es ja bei dem Kreuz – Christus nahm die volle Strafe für unsere Sünden auf sich. Und die Schuld aller, die glauben können, dass Gott vergeben und dennoch gerecht sein kann (Römer 3, 26).

Und an eine andere biblische Lehre möchte ich Sie erinnern: ‚Die Rache ist mein; ich will vergelten, spricht der Herr' (Römer 12, 19). Es ist niemals unsere Aufgabe, uns selbst zu rehabilitieren, indem wir Menschen für das Unrecht bezahlen lassen, das sie uns angetan haben. Sie werden entweder ihre Schuld vor Gott bekennen und seine Vergebung erfahren, die sich darauf gründet, was Christus für uns getan hat – oder sie werden einmal mit jenen Sünden vor Gott stehen, und er wird ihr letzter und endgültiger Richter sein."

Zeit mit Gott

„Ich möchte Ihnen Folgendes vorschlagen", sagte ich und sah Mike direkt in die Augen. „Ziehen Sie sich sobald wie möglich mit diesem Block an einen Platz zurück, wo Sie mit Sicherheit allein sind und eine Weile Ihre Ruhe haben, und gehen Sie in die Stille vor Gott. Lesen Sie jeden Namen und jede Verletzung laut vor. Sagen Sie dann zu Gott: ‚Du weißt, was mein Vater getan hat – dies und das und dieses und jenes. Und du weißt auch, wie falsch es von meinem Vater war, einem Kind so etwas anzutun, und du weißt, wie sehr mich dies alles verletzt. Ich habe diese kleinen und großen Vorfälle all diese Jahre in mir aufgestaut. Aber heute möchte ich meinen Vater und all diese Dinge loslassen und an dich abgeben.

Du bist ein gerechter und liebender Gott. Du weißt alles über meinen Vater. Ich weiß nicht, was ihn zu seinem Handeln bewogen hat. Du kennst seine Motive und das, was er getan hat. Und so gebe ich ihn in deine Hand, und lasse dich mit ihm verfahren, wie du willst. Handle an ihm, wie du willst, nach deiner Güte und Liebe. Ich gebe ihn in deine Hand und ebenso alles, was war. Ich weiß, dass du ihm vergeben wirst, wenn er sich dazu bekennt. Wenn er es nicht tut, wirst du mit ihm umgehen, wie es dir entspricht. Aber ich lasse heute all diese Erinnerungen los und überlasse sie dir.‘

Gehen Sie so Ihre ganze Liste durch, jeden Namen und jedes Unrecht, das an Ihnen begangen wurde, und geben Sie eines nach dem anderen an Gott ab. Wenn Sie das getan haben, danken Sie Gott, dass all diese Dinge jetzt in seiner Hand liegen.

Bitten Sie ihn dann, Ihr Leben mit dem Heiligen Geist zu füllen und Ihnen die Kraft zu geben, in Zukunft der Mann zu sein, der Sie nach Gottes Willen sein sollen.

Bitten Sie ihn auch um die Fähigkeit, Ihren Ärger und Zorn in Zukunft gleich in der rechten Weise anzugehen. Man wird Sie immer wieder verletzen, das passiert Ihnen wie jedem anderen Menschen. Selbst Julie wird Ihnen dann und wann unrecht tun, ebenso Ihre Kinder. Aber wir werden darüber sprechen, wie Sie diesen Zorn positiv verarbeiten können.

Bitten Sie Gott, Ihnen zu zeigen, wie Sie Ihren Ärger richtig verarbeiten können. Und als Zeichen, dass Sie all diese verletzenden Vorfälle an Gott abgegeben haben und sie nicht mehr in Ihrem Leben, sondern in seinen Händen sind, schlage ich Ihnen vor, dass Sie diese Listen am Schluss entweder verbrennen oder zerreißen.“

Zwei Wochen später kamen Mike und Julie wieder zu mir. Beide lächelten. Mike hatte ihr erzählt, was er getan hatte.

„Das war vor gut zwei Wochen“, meinte Julie. „Dies ist eine der tollsten Erfahrungen, die wir in unserem Leben gemacht haben. Ich habe das Gefühl, als hätte ich einen neuen Mann.“

„Ja, das war vor zwei Wochen“, sagte Mike. „Es war schwer, Julie all diese Dinge zu sagen; es war einfacher, alles Gott anzuvertrauen. Aber ich habe das Gefühl, als sei eine große Last von mir genommen."

„Diese Woche hat er keine einzige kritische Bemerkung gemacht", sagte Julie.

„Die Wut ist weg", entgegnete Mike. „Ich habe nicht mehr den Drang, dauernd herumzukritisieren, und ich spüre, wie meine Begeisterung und Lebenslust wieder zurückkehren."

Den Rest der Sitzung verwandten wir darauf, für Mike und Julie neue Richtlinien zu finden, wie sie in Zukunft positiver mit ihrem Ärger und Zorn umgehen könnten. Diese Richtlinien finden Sie im 3. Kapitel. Wir hatten noch zwei Sitzungen, in denen es um geringfügigere Probleme in ihrer Beziehung ging. Mike und Julie waren in ihrer Ehe an einem entscheidenden Punkt weitergekommen, was ihre eheliche Intimität sichtlich vertiefte und sie dazu befähigte, während der letzten zehn Jahre sogar vielen anderen Paaren zu helfen.

Wenn Ärger gärt und schwelt

Nach fünfundzwanzig Jahren Beratung und Seelsorge bin ich davon überzeugt, dass es Tausende von Mikes in der Welt gibt. Viele sind sehr erfolgreich in ihrem Beruf, und ihr verborgener Ärger macht ihnen viele Jahre lang nicht zu schaffen. Doch früher oder später wird unverarbeiteter Ärger sich entweder in aggressivem Verhalten äußern, normalerweise gegen Unschuldige, oder in tiefer, unverarbeiteter Depression, die den Betreffenden daran hindert, das, was in ihm steckt, für Gott und das Gute in der Welt einzusetzen. Doch bitte missverstehen Sie mich nicht: Nicht jede Depression rührt von unverarbeitetem Ärger her. Doch manchmal ist sie die Folgeerscheinung von Ärger oder Zorn, der über einen langen Zeitraum hinweg im Inneren angestaut wurde.

Wenn unser Ärger oder Zorn sich über lange Zeit angestaut hat, müssen wir ihn verarbeiten, um solche explosiven oder implosiven Reaktionen zu vermeiden. Der Prozess, den ich in diesem Kapitel anhand von Mikes Geschichte beschrieben habe, ist sicher auch für andere eine Hilfe. Viele Menschen sind sich, wie Mike, gar nicht bewusst, dass und wie vergangene Erfahrungen ihr gegenwärtiges Verhalten bestimmen. Wenn wir all das Unrecht auflisten, das uns über die Jahre hinweg zugefügt worden ist, ist das der erste Schritt, um unverarbeiteten Ärger zu erkennen. Dann können Sie sich fragen: Wie habe ich meinen Ärger über dieses oder jenes Ereignis verarbeitet?

Wenn Sie merken, dass Sie sich gar nicht oder ungenügend damit befasst haben, ist es nie zu spät, dies endlich zu tun. Den ersten Schritt haben Sie ja mit dem Nachdenken bereits gemacht.

Lassen Sie mich aber doch noch erwähnen, was ich auch zu Mike gesagt habe. Wenn wir unseren Ärger in dieser Weise mit Gott verarbeiten, werden dadurch nicht automatisch die Beziehungen zu den Menschen, die uns verletzt haben, wiederhergestellt. Es bewirkt jedoch eine seelische und geistliche Heilung in uns selbst. Und was gleichermaßen wichtig ist: Unser Leben wird in Zukunft anders sein.

Ob wir uns persönlich mit den Menschen auseinander setzen sollen, die uns vor vielleicht langer Zeit unrecht getan haben, ist eine Entscheidung, die Gebet und sorgfältiges Nachdenken erfordert. Es gibt viele Faktoren zu bedenken; die meisten habe ich im 3. Kapitel behandelt, als es darum ging, unseren Ärger mit der Person zu verarbeiten, die uns verletzt hat. Wo das möglich ist, besteht nicht nur die Hoffnung auf persönliche Heilung, sondern auch auf Heilung der Beziehung.

Wenn der betreffende Mensch noch lebt, und die Beziehung zu ihm noch wichtig ist, schlage ich vor, diese Möglichkeit im Gebet zu bedenken. In der Regel wird ein solcher Versuch zur Versöhnung eher gelingen, wenn man die Unterstützung eines vertrauenswürdigen Geistlichen, Therapeuten oder Freundes hat.

Zu einer solchen Wiederversöhnung gehört immer Vergebung. Das führt uns zum Thema des 8. Kapitels: „Ärger, Wut, Zorn – und die Vergebung“.

Von einer Seite → zur anderen

Wie man mit angestautem Ärger gut umgehen kann

Wenn Ärger oder Zorn jahrelang in uns schwelt, kann das schwerwiegende körperliche oder seelische Folgen haben. Doch wie Mike können auch Sie konstruktiv mit Ihrem unverarbeiteten Ärger umgehen. Es sind mindestens vier und manchmal bis zu sechs Schritte zu gehen, um angestauten Ärger zu verarbeiten.

Erstens: Erstellen Sie eine Liste all des Unrechts, das Ihnen über die Jahre hinweg zugefügt wurde.

Zweitens: Gehen Sie die Liste durch, und fragen Sie sich: Wie habe ich bei diesem Ereignis meinen Ärger verarbeitet?

Das wird Ihnen helfen, unverarbeiteten Ärger zu erkennen. Ganz gleich, wie lange ein betreffendes Ereignis zurückliegt, es ist nie zu spät, unverarbeiteten Ärger anzugehen.

Drittens: Geben Sie Ihren Ärger an Gott ab, und danken Sie ihm, dass er mit den Personen, die Ihnen unrecht getan haben, gerecht und liebevoll umgehen wird. Dieser Schritt gilt jenen, die nicht mehr leben oder mit denen aus anderen Gründen eine Aussöhnung nicht möglich ist.

Viertens: Überlegen Sie, ob Sie versuchen sollen, sich mit den Menschen, die noch leben, zu versöhnen, oder ob Sie die Sache „fallen lassen".

Wenn Sie sich zu Letzterem entschließen, bringen Sie das vor Gott zum Ausdruck. Bekennen Sie im Gebet Ihren Ärger und Ihre Bereitschaft, den betreffenden Menschen dem heiligen und gerechten Gott anzuvertrauen. Und dann überlassen Sie ihm Ihren Ärger. (Im 4. Kapitel erfahren Sie mehr über dieses „Loslassen".)

Wenn Sie sich entschließen, sich mit dem betreffenden Menschen auszusöhnen, schlage ich einen *fünften Schritt* vor: *Tun Sie das in Gegenwart eines einfühlsamen Dritten.*

Das kann ein Pastor sein, dem Sie vertrauen, ein Therapeut oder ein Freund. Dieser Dritte kann bei dem Gespräch ein Vermittler sein, erkennen, wann das Gespräch vom Thema abkommt, und die beiden wieder auf den wesentlichen Punkt zurückführen, und er wird als

Zeuge die beiden Parteien daran erinnern, wie wichtig und dringlich es ist, sich wieder zu versöhnen.

Mit der Versöhnung kommt der *sechste Schritt: Vergeben Sie dem anderen.*

Versöhnung erfordert fast immer Vergebung, in der Regel durch Sie, doch manchmal auch seitens des anderen, den Sie vielleicht unbeabsichtigt verletzt haben.

Diese Schritte zur Vergebung werden wir im 8. Kapitel behandeln.

Nachgehakt

1. Die meisten Menschen haben schon angestauten Ärger erlebt oder spüren ihn immer noch, Ärger, der nicht angemessen verarbeitet wurde. Oft ist das Problem zu schmerzlich oder zu schwierig, um es mit dem anderen zu lösen. Denken Sie an angestauten Ärger, der Ihnen Mühe gemacht hat. Worum ging es? Über wen haben Sie sich geärgert? Warum konnte der Ärger nicht früher aufgelöst werden? Wenn der Ärger verarbeitet wurde, wie ist das geschehen? Teilen Sie sich ggfs. gegenseitig Ihre Erfahrungen mit, und suchen Sie nach Gemeinsamkeiten in Ihren Geschichten.

2. Eltern spielen oft eine große Rolle, wenn es um die Entwicklung und/oder Verarbeitung angestauten Ärgers geht. Wie können es sich Eltern leichter machen, angestauten Ärger auf ihre Kinder zu verarbeiten? Wie können Sie es sich als erwachsenes Kind leichter machen, angestauten Ärger auf Ihre Eltern zu verarbeiten? Unter welchen Bedingungen kann eine Versöhnung stattfinden? Welche Bedingungen behindern eine solche Versöhnung zwischen Eltern und Kindern?

3. Gesetzt den Fall, Sie hegen angestauten Ärger, ohne sich dessen bisher bewusst zu sein. Woran könnten Sie erkennen, dass das der Fall ist? Welche Anzeichen deuten auf angestauten Ärger hin? Und wie könnten Sie ihn verarbeiten?

4. *Richtiger Umgang mit angestautem Ärger*: Ihr Vater ist ehemaliger Basketballtrainer einer Highschool. Trotz Ihrer großen Begeisterung für Sport und Basketball im Besonderen hat Ihr Vater sich nie die Zeit genommen, Sie zu einem guten Spieler zu machen. Stattdessen hat er sich auf Ihre Freunde konzentriert, die „das Zeug dazu hatten“. Viele von ihnen haben auch im Collegeteam weitergespielt, und einer ist sogar Basketballprofi geworden. Sie schafften es zwar, ins Team Ihres Vaters aufgenommen zu werden, saßen aber die meiste Zeit auf der Bank. Jetzt, wo Ihr eigener Sohn sich für Sport interessiert, sind Sie entschlossen, sich nicht so unmöglich wie Ihr Vater zu verhalten. Sie sind wütend auf ihn und sehen es nicht gern, wenn er mit seinen Enkeln zusammenkommt. Wie können Sie mit diesem Ärger gut umgehen?

8. Kapitel

Ärger, Wut, Zorn – und die Vergebung

Marie hat soeben erfahren, dass ihr Mann, mit dem sie seit zehn Jahren verheiratet ist, eine Affäre mit einer jungen Frau in seinem Büro hat. Sie ist verletzt und wütend.

Phil hat monatelang an einer neuen Idee gearbeitet, von der er glaubt, dass sie seiner Firma Tausende von Dollar im Jahr einspart. Letzten Monat hatte er einem Kollegen von seiner Idee erzählt. Zwei Wochen später stellte dieser Kollege der Firmenleitung eine leicht veränderte Version von Phils Idee vor. Phil wurde dabei mit keinem Wort erwähnt. Phil merkte das erst zwei Wochen später, als sein Vorgesetzter ihm diesen Plan darlegte und seine Meinung dazu hören wollte. Phil ist außer sich vor Zorn.

Rahel, eine Schülerin, wollte bei einer bekannten Gardetanzgruppe als „Funkenmariechen" mittanzen und hatte den ganzen Sommer trainiert, um aufgenommen zu werden. Als der entscheidende Tag vorüber war, hatte sie das Gefühl, gut abgeschnitten zu haben. Eine Woche später stellte sich heraus, dass sie trotzdem nicht in die engere Wahl gekommen war. Sie war am Boden zerstört. Vier Tage danach erfuhr sie, dass Lisa, die sie für ihre Freundin gehalten hatte, dem Verantwortlichen erzählt hatte, dass Rahel Drogen nehmen würde. Rahel kochte vor Wut.

Unterschiedliche Menschen, unterschiedliche Situationen. Doch Marie, Phil und Rahel sind gute Beispiele für ein Grundprinzip. Berechtigter Ärger wird immer durch Ungerechtigkeit hervorgerufen. Marie war von ihrem Mann betrogen worden. Phils Kollege hat ihn ausgetrickst. Rahels Freundin Lisa hatte eine Lüge über sie erzählt. Alle drei empfinden berechtigten Ärger – als Reaktion auf tatsächliches Unrecht.

Im ersten Kapitel habe ich ausgeführt, dass wir die Fähigkeit zum Ärger haben, weil wir moralische Wesen sind. Selbst die verschlagensten Menschen wissen, was richtig und falsch ist. Ärger ist unsere emotionale, geistliche und körperliche Reaktion auf Ungerechtigkeit. Und Ungerechtigkeit ist etwas, das in der Bibel als Sünde gilt.

Wir reagieren also emotional, geistlich und körperlich, wenn jemand an uns schuldig wird.

Trennung und Vergebung durch Gott

Wenn ein Mensch an einem anderen schuldig wird, schafft das zwischen den beiden immer eine Distanz. Davon wird in der Bibel immer wieder berichtet, beginnend mit Adam und Eva, die sich vor ihrem Sündenfall an der Gemeinschaft mit Gott im Garten Eden erfreuten, sich aber danach vor ihm versteckten und sich voneinander entfremdeten. Adam beschuldigte Eva, Eva die Schlange – nicht gerade ein Bild häuslichen Friedens.

Später ließ Gott sein Volk durch den Propheten Jesaja warnen: „Eure Verschuldungen scheiden euch von eurem Gott, und eure Sünden verbergen sein Angesicht vor euch, dass ihr nicht gehört werdet" (Jesaja 59, 2).

Von Gottes Liebe sind wir nie getrennt, aber Schuld, Sünde trennt uns von der Gemeinschaft mit ihm. Sünde entfremdet uns von Gott. Im Neuen Testament heißt es: „Der Sünde Sold ist der Tod." Tod ist die krasseste Form der Trennung. Das ist natürlich nicht das, was Gott für seine Geschöpfe will, daher geht der Paulus-Satz weiter: „Die Gabe Gottes aber ist das ewige Leben in Christus Jesus, unserm Herrn" (Römer 6, 23).

Gott möchte mit seinen Menschen Gemeinschaft haben. Darum geht es bei dem Kreuz Christi. Gott bietet uns seine Vergebung und die Gabe des ewigen Lebens an.

Gottes Vergebung erlebt der Mensch, der mit Buße und Glauben an Christus auf die Einladung Gottes, sich wieder mit ihm zu versöhnen, antwortet (siehe Apostelgeschichte 2, 37-39).

Buße bedeutet wörtlich „Umkehr". Wenn wir Gottes Vergebung annehmen und gewissermaßen wieder in seine Familie aufgenommen werden wollen, müssen wir uns vom Unrecht und anderer Sünde abkehren. Wir kehren um und gehen gewissermaßen einen neuen Weg, wenn wir es annehmen, dass Christus die Strafe für unsere Sünden übernommen hat und uns so Gottes Vergebung und die Gabe des ewigen Lebens schenkt. Dass das in einem Menschen geschieht, ist das Werk des Heiligen Geistes, durch den Gott einen Menschen innerlich anspricht.

Die Bibel beschreibt die Neulinge im Glauben als „neugeborene Kinder", die innerlich wachsen und sich entwickeln sollen. Gottes Ziel ist, dass seine Kinder – die Menschen, die wieder zu ihm gehören – werden wie Christus (siehe 1. Petrus 2, 2-5, 9-12; Römer 8, 29). Das geschieht jedoch nicht auf einen Schlag. Das Ganze ist ein Prozess, und weil unser altes Wesen ja nicht einfach ausgelöscht ist, besteht immer die Möglichkeit, dass wir uns hin und wieder von Gottes guten Absichten mit uns abwenden und nicht mehr den Lehren Jesu folgen. Das biblische Wort dafür ist wieder Sünde.

Ein liebender Gott wird all denen vergeben, die ihre Sünde eingestehen. „Wenn wir aber unsere Sünden bekennen", schreibt der Apostel Johannes, „so ist er (Gott) treu und gerecht, dass er uns die Sünden vergibt und reinigt uns von aller Ungerechtigkeit" (1. Johannes 1, 9).

Das ist also das Entscheidende: Damit wir wieder Gemeinschaft mit Gott haben können, müssen wir unsere Sünden bekennen, Gott dafür danken, dass Christus die Strafe für uns bezahlt hat, und Gottes Vergebung annehmen. In dem Augenblick, wo wir das tun, erleben wir die liebevolle Umarmung unseres himmlischen Vaters. Die Distanz ist überwunden. Um mit Johannes' Worten zu sprechen, leben wir nun im Licht und haben Gemeinschaft mit Gott, „und das Blut Jesu, seines Sohnes, macht uns rein von aller Sünde" (1. Johannes 1, 7).

Bevor wir weitergehen, wollen wir klären, was das Wort *Vergebung* bedeutet. Im Hebräischen und im Griechischen (in den Ur-Sprachen der Bibel) gibt es für *Vergebung* nicht nur einen, sondern verschiedene Begriffe – das hilft uns, die Bedeutung von Vergebung besser zu verstehen. Diese Begriffe sind *bedecken, wegnehmen, verzeihen und dankbar sein für.*

Gott nimmt unsere Sünde weg, so wird Vergebung vielleicht am häufigsten erklärt. In den Psalmen klingt das aus dem Mund eines erleichterten Menschen dann so: „So fern der Morgen ist vom Abend, lässt er unsere Übertretungen von uns sein" (Psalm 103, 12). Gottes Vergebung befreit den Menschen vom Gericht Gottes – von der Strafe, die der Sünder verdient hat.

Weiter schreibt der Psalmist: „Er handelt nicht mit uns nach unsern Sünden und vergilt uns nicht nach unsrer Missetat" (Psalm 103, 10).

Der Prophet Jesaja spricht vom „Tilgen" der Übertretungen, und dass Gott „ihrer nicht mehr gedenkt" (Jesaja 43, 25).

Gottes Vergebung sorgt also dafür, dass unsere Sünden nicht länger als Barriere zwischen Gott und uns stehen. Vergebung hebt die Distanz auf und lässt wieder eine offene Gemeinschaft mit Gott zu.

Wesentliche Merkmale der Vergebung: Bekennen und Reue

Ich habe bewusst so ausführlich über Gottes Vergebung uns gegenüber gesprochen, weil die Bibel betont, dass wir uns gegenseitig vergeben sollen – „wie auch Gott euch vergeben hat in Christus" (Epheser 4, 32).

Gottes Vergebung ist also ein Modell dafür, wie wir uns gegenseitig vergeben sollen. In diesem göttlichen Modell gibt es zwei wesentliche Elemente:

Bekennen und Reue – bei demjenigen, der schuldig geworden ist, und

Vergebung – durch denjenigen, an dem er schuldig geworden ist.

In der Bibel ist das nie voneinander getrennt. So lautete Gottes Ruf an das Volk Israel: „Kehre zurück, du abtrünniges Israel, … so will ich nicht zornig auf euch blicken. Denn ich bin gnädig, … und will nicht ewiglich zürnen. Allein erkenne deine Schuld, dass du wider den Herrn, deinen Gott, gesündigt hast und bist hin- und hergelaufen zu den fremden Göttern … Kehrt um, ihr abtrünnigen Kinder, spricht der Herr, denn ich bin euer Herr!" (Jeremia 3, 12-14).

Nie ist Gott bereit, sich mit Israel zu versöhnen, wenn das Volk weiterhin in Sünde lebt. Es kann keine Versöhnung ohne Reue und

Buße geben. Im Neuen Testament bringt Jesus das Gleiche zum Ausdruck, wenn er sagt: „Jerusalem, Jerusalem, die du tötest die Propheten und steinigst, die zu dir gesandt sind! Wie oft habe ich deine Kinder versammeln wollen, wie eine Henne ihre Küken versammelt unter ihre Flügel; und ihr habt nicht gewollt! Siehe, ‚euer Haus soll euch wüst gelassen werden'" (Matthäus 23, 37.38).

Gott kann sich nicht mit denen versöhnen, die sich nicht zu ihm kehren wollen. Es gibt keinen Hinweis in der Bibel darauf, dass Gott je einem Menschen vergeben hat, der nicht seine Schuld bereut und sich im Glauben ihm wieder zugewandt hat.

Vielleicht mag hier jemand einwenden: Aber Jesus hat doch am Kreuz gebetet: „Vater, vergib ihnen; denn sie wissen nicht, was sie tun!" (Lukas 23, 34). Wurde dieses Gebet vom Vater nicht erhört? Meine Antwort lautet: „Ja, aber nicht sofort." Ihnen wurde nicht sofort vergeben, und sie führten erst einmal sogar die schreckliche Tat der Kreuzigung des Sohnes Gottes zu Ende.

Dass sie Gottes Vergebung nicht sofort erfuhren, geht aus Petrus' Pfingstpredigt (Apostelgeschichte 2) hervor. Petrus richtete seine Worte an die, die verantwortlich für die Kreuzigung Christi waren, als er sagte: „Ihr Männer von Israel, hört diese Worte: Jesus von Nazareth, von Gott unter euch ausgewiesen durch Taten und Wunder und Zeichen, die Gott durch ihn in eurer Mitte getan hat, wie ihr selbst wisst – diesen Mann … habt ihr durch die Hand der Heiden ans Kreuz geschlagen und umgebracht. Den hat Gott aufgeweckt. … Auch mit vielen andern Worten bezeugte er das und ermahnte sie" (Apostelgeschichte 2, 22-24, 40).

Petrus richtete seine Predigt offenbar an die, die tatsächlich an der Kreuzigung Christi beteiligt gewesen waren. Auf diese Predigt reagierten mehr als dreitausend Menschen und nahmen Christus als ihren Retter an (Vers 41).

Im weiteren Verlauf der Apostelgeschichte lesen wir von zahlreichen anderen, die Christus annahmen. Im 6. Kapitel lesen wir in Vers 7: „Die Zahl der Jünger wurde sehr groß in Jerusalem. Es wurden auch viele Priester dem Glauben gehorsam." Offensichtlich erkannten viele von denen, die Jesus ans Kreuz geschlagen hatten, ihn erst nach dem Pfingstereignis als den Messias und erfuhren Gottes Vergebung.

Jesu Gebet am Kreuz: „Vater, vergib ihnen; denn sie wissen nicht, was sie tun!" ist ein Zeichen seiner Bereitschaft und seines tiefen Wunsches, dass diese Menschen, die an ihm schuldig geworden sind, die Vergebung Gottes erfahren.

Um diese *Bereitschaft zu vergeben* geht es für denjenigen, an dem jemand schuldig geworden ist. Tatsächlich zur Vergebung durch Gott kam es bei denen, für die Jesus gebetet hat, genau in dem Moment, als sie ihrerseits Buße getan und zum Glauben an Christus den Messias gekommen waren.

Den anderen zur Buße bewegen

Wir sollen uns gegenseitig so vergeben, wie Gott uns vergibt. Das soll unser „Modell" sein. Bekennen und Reue seitens des schuldig Gewordenen und Vergebung seitens desjenigen, dem Unrecht geschehen ist – ohne das eine oder das andere gibt es keine echte Versöhnung.

Wie sieht das im Alltag aus – etwa bei den drei Menschen, die wir am Anfang dieses Kapitels kennen gelernt haben? Maries Mann, mit dem sie seit zehn Jahren verheiratet ist, war ihr untreu geworden und hatte eine sexuelle Beziehung zu einer jungen Frau, die er an seiner Arbeitsstelle kennen gelernt hatte. Marie empfindet tiefe Verletzung und Zorn. Was soll sie tun? – Phils Kollege hat ihn betrogen, indem er Phils Erfindung als seine eigene ausgab. Phil ist sehr zornig. Was soll er tun? – Rahel kochte vor Wut, als sie herausfand, dass ihre angebliche Freundin sie wegen Drogenmissbrauchs angeschwärzt und so verhindert hatte, dass Rahel in die Gardetanzgruppe aufgenommen wurde. Was soll Rahel tun?

Von Jesus haben wir für solche Situationen eine klare Anweisung: „Wenn dein Bruder sündigt, so weise ihn zurecht; und wenn er es bereut, vergib ihm. Und wenn er sieben Mal am Tag an dir sündigen würde und sieben Mal wieder zu dir käme und spräche: Es reut mich!, so sollst du ihm vergeben" (Lukas 17, 3.4).

Achten Sie auf die Reihenfolge der Ereignisse. Zuerst wurde eine Sünde begangen – Ihr Bruder, Ihre Schwester, Freund oder Freundin behandelt Sie ungerecht. Sofort spüren Sie gerechtfertigten Zorn. Ihre erste Reaktion ist klar: Sie sollen den Menschen, der gegen Sie gesündigt hat, zurechtweisen. Wie schon an anderer Stelle gesagt, bedeutet das, jemanden auf eine Sache anzusprechen. Kurz: Sie konfrontieren den anderen – liebevoll und positiv – mit seiner Sünde.

Dazu ist es in der Regel das Beste, seine Gefühle etwas abkühlen zu lassen, bevor man den anderen zurechtweist. Natürlich kann man nicht völlig ruhig bleiben, wenn man so sehr verletzt worden ist wie Marie, Phil und Rahel. Aber es ist wichtig, dass Sie darauf achten, bei Ihrer Zurechtweisung nicht selbst schuldig zu werden. Der andere ist wie Sie ein Mensch, der seine Würde daher hat, dass Christus für ihn gestorben ist. Sie sollten ihm mit Achtung und christlicher Nächstenliebe begegnen, und Ihr tiefster Wunsch sollte es sein, dass dieser Mensch sich zu seiner Schuld bekennt und sie bereut, so dass Sie ihm vergeben können. Wie Jesus bereit war, denen zu vergeben, die ihn töteten, können wir mit der Hilfe des Heiligen Geistes dazu bereit werden, denen zu vergeben, die uns tiefen Schmerz zugefügt haben.

Der nächste Schritt ist, dass jemand, der einen anderen verletzt hat, dies bereut. Das heißt, er muss seine Schuld bekennen und seinen Wunsch zum Ausdruck bringen, dass Derartiges in Zukunft nicht mehr vorkommen soll. Wenn das geschieht, sollen wir nach Jesu Willen diesem Menschen vergeben. Er wird nicht mehr bestraft, und wir sollen wieder neu die Beziehung zu ihm aufnehmen. Und wir können beginnen, wieder Vertrauen aufzubauen. Wir weigern uns damit, das ungute Tun des anderen wie eine Mauer zwischen uns beiden stehen zu lassen, und wir lassen nicht zu, dass unsere Gefühle des Verletztseins und der Enttäuschung unser Verhalten ihm gegenüber bestimmen. Wir vergeben ihm in gleicher Weise, wie Gott uns vergeben hat, und hoffen dabei, dass auch der andere uns vergibt, wenn wir an ihm schuldig werden.

Allerdings werden durch die Vergebung nicht alle Folgen der Sünde beseitigt. Als David gegen Batseba und ihren Mann sündigte, hat Gott ihm vergeben, als er seine Schuld bekannte. Aber die negativen Folgen von Davids Sünde verfolgten ihn sein ganzes Leben lang. Dasselbe gilt für unsere Sünde. Fehler und Schuld haben Konsequenzen. Lassen Sie mich das verdeutlichen. Gesetzt den Fall, ich habe mich sinnlos betrunken und fahre in diesem Zustand Auto. Ich komme von der Straße ab, rase gegen einen Pfosten, breche mir das Bein, und mein Auto ist ein Schrotthaufen. Ich kann nun Gott meine Sünde bekennen, und, noch bevor ich aus dem Wagen aussteige, seine Vergebung erfahren. Aber – mein Bein ist trotzdem gebrochen, der Pfosten beschädigt und mein Wagen hat einen Totalschaden, auch wenn mir Gott vergeben hat (und die Beziehung zu ihm dadurch wieder „repariert“ ist).

Wenn meine Frau dann am Ort des Geschehens erscheint, muss ich mich damit auseinander setzen, dass ich auch ihr Schaden zugefügt habe. Wenn ich ihr das bekenne und sie bereit ist, mir zu vergeben, habe ich jetzt Gelegenheit, mir wieder ihr Vertrauen zu erwerben. Aber auch sie wird leiden; auch sie wird es treffen, wenn wir einige Zeit kein Auto haben, wenn die Kosten für die Kfz-Versicherung wegen meines Unfalls in die Höhe schnellen, wenn mir der Führerschein entzogen wird und sie mich zur Arbeit fahren muss.

Mir ist von meiner Frau und von Gott vergeben worden, aber ich muss weiterhin die Folgen meines Handelns tragen, z. B. wenn sich die Nachricht von meinem Unfall in meiner Nachbarschaft verbreitet. Nein, Vergebung nimmt nicht alle Folgen der Sünde weg. Ich muss für mein Handeln die Verantwortung übernehmen und ich muss versuchen, aus meinen Fehlern zu lernen.

Durch die Vergebung werden nicht alle Folgen der Sünde automatisch beseitigt – das gilt auch für meine eigenen schmerzlichen Gefühle. Ich weiß es und das schmerzt mich: Meine Frau mag mir wohl vergeben, aber wenn sie über mein Tun nachdenkt, ist sie vielleicht wieder enttäuscht und ärgert sich.

Dass sie noch einige Zeit so fühlt, obwohl sie mir vergeben hat, hat einen Grund: Vergebung ist kein Gefühl; sie ist eine Verpflichtung, einen Menschen anzunehmen, auch wenn er schuldig geworden ist. Vergebung ist die Entscheidung, auf „Gerechtigkeit“ zu verzichten, also Gnade vor Recht ergehen zu lassen. Darum geht es, wenn wir einem Menschen, z. B. unserem Partner, vergeben wollen. Vergebung bedeutet auch nicht, dass ich nie wieder an die Situation denke. Da jedes Ereignis in unserem Leben im Gehirn gespeichert ist, ist die Wahrscheinlichkeit groß, dass es immer wieder einmal in unser Bewusstsein dringt.

Wie gehen wir nun damit um? Wenn wir einem Menschen vergeben wollen, geben wir diese Erinnerung zusammen mit den verletzten Gefühlen an Gott ab, bekennen ihm, was wir denken und fühlen, danken ihm aber dafür, dass dies durch seine Gnade vergeben worden ist. Dann bitten wir ihn um die Kraft, für den anderen heute etwas Gutes und Liebevolles tun zu können. Wir nehmen uns vor, uns auf die Zukunft zu konzentrieren und gestatten unserem Geist nicht, sich mit vergangenem Unrecht zu befassen, das nun vergeben ist.

Wenn ein Mensch nicht bereut

Was aber, wenn der andere keine Reue zeigt? Wenn es ihm nicht Leid tut, was geschehen ist? Soll ich ihm dann trotzdem vergeben?

In der Bibel finden wir die klare Antwort Jesu: „Sündigt aber dein Bruder an dir, so geh hin und weise ihn zurecht zwischen dir und ihm allein. Hört er auf dich, so hast du deinen Bruder gewonnen. Hört er nicht auf dich, so nimm noch einen oder zwei zu dir, damit jede Sache durch den Mund von zwei oder drei Zeugen bestätigt werde. Hört er auf die nicht, so sage es der Gemeinde. Hört er auch auf die Gemeinde nicht, so sei er für dich wie ein Heide und Zöllner“ (Matthäus 18, 15-17).

Das Prinzip der Gemeindezucht, das hier von Jesus ausgeführt wird, gilt auch für den Umgang mit den Menschen, zu denen wir in Beziehung stehen. Dieses Prinzip beantwortet die Frage, was wir tun sollen, wenn der andere auch nach unserer liebevollen Konfrontation sein Tun nicht bereut. Wenn der andere auf unser erstes Gespräch nicht positiv reagiert, sollten wir für ihn beten und einen weiteren Versuch unternehmen, und zwar in Gegenwart ein oder zweier anderer Personen, um damit den Kreis der Eingeweihten in die betreffende Sache auszudehnen. Wenn der Betreffende darauf nach einer gewissen Zeit noch immer nicht positiv reagiert, muss die Sünde der größeren Gemeinschaft mitgeteilt werden, je nachdem normalerweise der erweiterten Familie und in einigen Fällen der Gemeindefamilie. Bereut der andere dann immer noch nicht, soll er oder sie „wie ein Heide“ behandelt werden. Im Abschnitt in Matthäus 18 geht es vorwiegend um Beziehungen zu anderen Gläubigen, doch das Prinzip ist auf alle anwendbar, die eine Beziehung durch Schuld zerstören. Ein Heide war im damaligen Sprachgebrauch ein Außenseiter, ein Ungläubiger. Ob der Schuldige nun tatsächlich ungläubig ist oder ein unbußfertiger Sünder, spielt keine Rolle. Der Umgang mit ihm ist der gleiche: Wir behandeln ihn als einen, der die Gemeinschaft zwischen uns zerstört hat. Den Menschen wie einen Heiden zu behandeln heißt, ihn nicht als vertrauten Freund zu betrachten. Wir sollten weiterhin für ihn beten, ihm mit Freundlichkeit begegnen, ihn mit Würde und Respekt behandeln. Denn hier ist ein Mensch, für den Christus gestorben ist, ein Mensch, mit dem wir gern wieder versöhnt sein würden. Aber wir können nicht so tun, als existiere das begangene

Unrecht nicht. Tatsache ist, dass die Schuld eine Barriere zwischen Ihnen beiden aufgerichtet hat, und die wird nicht allein mit der Zeit verschwinden.

Wenden wir uns wieder Marie zu, deren Mann eine außereheliche Affäre hat. Marie erfährt davon. Sie stellt ihren Mann deswegen zur Rede. Nun kann er auf unterschiedliche Art reagieren. Er könnte ihre Behauptung leugnen, bis er davon überzeugt ist, dass sie Beweise hat. Er könnte die Beziehung zu der jungen Arbeitskollegin zugeben und versprechen, sie abzubrechen. Er könnte seiner Frau auch gestehen, dass er die junge Frau liebt und die Scheidung wünscht, damit er sie heiraten kann. Er könnte die Sache bekennen und tatsächlich die Beziehung zu der anderen Frau sofort abbrechen. – Nur diese letzte Möglichkeit macht Vergebung möglich. Ernsthaftes Bekennen und echte Reue ist die Voraussetzung, wenn Marie ihm von ganzem Herzen vergeben und er die Vergebung annehmen können soll. Wenn echte Reue und echte Vergebung stattfinden, können die beiden gemeinsam an der Wiederherstellung ihrer ehelichen Beziehung arbeiten.

Und was ist mit Phil? Wenn er seinen Kollegen zur Rede stellt und ihm das Unrecht vor Augen hält, das dieser begangen hat, hat sein Kollege ebenfalls mehrere Möglichkeiten, darauf zu reagieren. Er könnte einwenden, dass die Erfindung, die er eingereicht hat, sich von Phils ursprünglicher Idee deutlich unterscheide und er nichts Unrechtes getan habe. Er könnte behaupten, dass eine Idee nicht länger das persönliche Eigentum eines Einzelnen sei, wenn er sie jemand anderem mitteilt, und dass Phil eben dumm war, ihm seine Idee zu erzählen, wenn er nicht wollte, dass sie von jemand anderem eingereicht würde. Oder er könnte zugeben, dass sein Vorgehen falsch war, dass es ihm zu schaffen gemacht hat, und dass er zu dem Vorgesetzten gehen und die Wahrheit sagen wird, wenn Phil bereit ist, ihm zu vergeben. – Nur die letzte Reaktion wird echte Vergebung ermöglichen. Erst wenn der Kollege bereit ist, sein unrechtes Handeln einzugestehen, kann er Vergebung erwarten. Vergebung setzt voraus, dass Unrecht geschehen ist. Wenn angeblich kein Unrecht geschehen ist, besteht auch kein Bedarf nach Vergebung.

Sollen wir dem anderen vergeben, damit wir nicht selbst bitter werden?

Vielleicht wenden Sie ein, dass Phil seinem Kollegen um seiner selbst willen vergeben solle. Er solle nicht zulassen, dass sich sein Zorn in Bitterkeit gegen den Kollegen auswachse, er solle diesem vielmehr vergeben und seinen Zorn loslassen.

Dem letzten Teil dieser Aussage würde ich voll und ganz zustimmen – Phil sollte seinen Zorn loslassen, bevor er zu Bitterkeit wird. Doch der erste Teil der Aussage ist aus biblischer Sicht unmöglich. Vergebung ist wie Kommunikation etwas Wechselseitiges. Vergebung ist ein Geschenk, das nicht geöffnet werden kann, bis der Schuldige bereit ist, einzugestehen: „Ich will es, und ich brauche es."

Ich bin nicht gerade glücklich, wenn ich höre, dass Christen einander ermahnen, man müsse dem Sünder vergeben, selbst wenn der nicht bereit ist, seine Schuld zu bekennen und zu bereuen. Wie viele christliche Frauen haben sich in eine unzumutbare Situation bringen lassen, indem sie ermutigt worden sind, ihren Männern zu vergeben, die außereheliche Affären haben, obwohl sie diese nicht bereuen. Ich verstehe die Absicht, die hinter dem entsprechenden Rat steht. Da meint es jemand gut und möchte, dass die Frau frei wird von Zorn, Bitterkeit und vielleicht Hass, die sich in ihrem Herzen gegen ihren Mann angestaut haben und ihre seelische und körperliche Gesundheit zerstören. Der Ratgeber möchte sie von all dem befreit sehen, ihr vielleicht auch ermöglichen, in der Gemeinschaft mit Gott zu leben, und verhindern, dass Bitterkeit über die Sünde ihres Mannes ihr ganzes Leben zerstört. Diese Absicht ist durchaus lobenswert, aber eine unbiblische Vergebung ist nicht die Lösung des Problems. Die Lösung sieht anders aus.

Zwei entscheidende Schritte: An Gott abgeben, eigene Sünde bekennen

Ich glaube, dass die Lösung dieser Situation in zwei entscheidenden Schritten liegt: Erstens: *Geben Sie den Menschen, der gegen Sie gesündigt hat, in Gottes Hand.* Lassen Sie Gott sich um ihn kümmern, anstatt es ihm selbst „heimzahlen“ zu wollen. Die Bibel lehrt, dass das letzte Urteil und dass Rache eine Sache Gottes ist, vor dem jeder Mensch sich am Ende verantworten muss, und nicht eine Sache des Menschen (siehe Römer 12, 19). Davon abgesehen: Allein Gott kennt den anderen durch und durch, nicht nur sein Handeln, sondern auch seine Beweggründe. Gott allein ist Richter. Der Mensch, der von Bitterkeit gegen einen anderen verzehrt wird, der ihn ungerecht behandelt hat, kann und soll ihn an seinen allwissenden himmlischen Vater loslassen. Gott ist voll und ganz in der Lage, zu seiner Zeit das zu tun, was für den Betreffenden richtig ist und ihm gerecht wird.

Der Apostel Paulus hat uns ein Beispiel gegeben, als er zu dem jungen Timotheus sagte: „Alexander, der Schmied, hat mir viel Böses angetan, der Herr wird ihm vergelten nach seinen Werken. Vor dem hüte du dich auch; denn er hat sich unsern Worten sehr widersetzt“ (2. Timotheus 4, 14, 15). Paulus hat Alexander nicht vergeben, weil dieser keine Reue gezeigt hatte, und außerdem warnte er Timotheus vor ihm. Paulus beschönigte die Sache nicht, er bot Alexander offensichtlich keine billige Vergebung an, sondern er handelte verantwortlich, indem er ihn in die Hand Gottes gab. Ich glaube nicht, dass Paulus nach dieser Entscheidung noch schlaflose Nächte wegen Alexander verbrachte. Sein Ärger war verarbeitet – durch die bewusste Übergabe des Sünders an einen gerechten und gnädigen Gott.

Petrus schreibt, dass Jesus ähnlich handelte. Nach seinem Bericht über die Leiden Christi heißt es: „ … der nicht widerschmähte, als er geschmäht wurde, nicht drohte, als er litt, er stellte es aber dem anheim, der gerecht richtet“ (1. Petrus 2, 23). Als Mensch nahm Jesus sich nicht das Recht heraus, an denen, die ihm unrecht getan hatten, Rache zu nehmen. Er übergab vielmehr die ganze Situation in Gottes Hand in dem Wissen, dass Gott gerecht richten würde. Oft, wenn uns Unrecht geschieht, glauben wir, dass wir selbst die Sache verfolgen und Gerechtigkeit fordern müssten, sonst werde es doch keiner tun. Tatsache ist, dass Gott in einer viel besseren Position zu richten ist als wir. Sie können den Freund und das Unrecht, das er Ihnen zugefügt hat, an Gott loslassen in der Gewissheit, dass Gott an Ihrer Stelle das Bestmögliche tun wird. Seien Sie gewiss, ihm ist noch mehr an Recht und Gerechtigkeit gelegen als Ihnen.

Der zweite wichtige Schritt ist, dass derjenige, dem Unrecht zugefügt worden ist, *seine eigenen Sünde bekennt.* Ärger oder Zorn an sich ist keine Sünde, aber oft lassen wir zu, dass unser Ärger „auswuchert“ und zu sündigem Tun führt, wie einer Explosion oder Implosion (siehe 6. Kapitel). So laden wutentbrannte Leute, die ihren ehemaligen Vorgesetzten erschießen, Schuld auf sich, sie tun selbst Unrecht und vergrößern dadurch noch das Problem. Auch wenn wir den, der uns unrecht getan hat, beschimpfen oder körperlich angreifen, laden wir Schuld auf uns. Und halten wir uns immer vor Augen: Ärger, der in unserem Innern schwelt, wird oft zu Bitterkeit und Hass, die beide in der Bibel als Sünde bewertet werden.

Wie gesagt, Ärger soll ein Besucher sein, sich aber niemals bei uns einnisten. Das zu verhindern bzw. sich davon zu befreien, ist eine biblische Herausforderung: „Legt ab Zorn, Grimm, Bosheit, Lästerung, schandbare Worte aus eurem Munde“ (Kolosser 3, 8). Wenn Sie und ich von unserer Verletzung, unserem Ärger oder Zorn besessen sind, dann verlieren wir das Wesentliche aus den Augen und konzentrieren uns nicht mehr auf Gott, sondern geben uns einer fehlgeleiteten Leidenschaft hin und machen uns damit schuldig. Was uns dann gut tut und weiterbringt, ist die Hilfe und Führung Gottes, ganz besonders, wenn uns durch einen Freund oder ein Familienmitglied Unrecht geschehen ist.

An diesem Punkt spielt das Gebet eine entscheidende Rolle. Das folgende Gebet kann Ihnen helfen, diese beiden Schritte zu gehen, um den Aufruhr in Ihrem Innern zu beenden.

Vater, du kennst den Schmerz, die Verletzung, den Ärger, den Zorn, die Bitterkeit, die ich ________ gegenüber empfinde. Du weißt, was er (sie) mir angetan hat. Du weißt auch, dass ich mich sehr um Versöhnung bemüht habe, aber er ist nicht bereit, sich seinem unrechten Tun zu stellen. Du kennst seine Reaktion auf meine Bemühungen, und du weißt, wie sein Leben aussieht. Ich erkenne, dass ich keinen Einfluss auf ihn habe. Ich kann nicht erzwingen, was ich gern hätte. Also gebe ich ________ in deine Hand, in dem Bewusstsein, dass du ein gerechter und guter Gott bist und dass du ihm Gerechtigkeit widerfahren lässt. Ich vertraue darauf, dass du zu seinem Besten handelst.

Ich bekenne auch, dass dieses Unrecht mich allmählich auffrisst. Ich bin förmlich besessen von meiner Wut, Verletzung und Enttäuschung. Ich empfinde Bitterkeit gegen diesen Menschen und manchmal auch gegen dich, weil du dies zugelassen hast. Ich bekenne dir, dass das unrecht ist, und ich danke dir, dass Christus die Strafe für mich übernommen und bezahlt hat. Ich möchte für diese falsche Einstellung deine Vergebung annehmen.

Ich bete darum, dass dein guter Geist mein Herz und meinen Verstand erfüllt und mir hilft, deine Gedanken zu denken und nur das zu tun, was in meiner Situation hilfreich ist.

Ich möchte nicht mein Leben ruinieren, weil der andere an mir schuldig geworden ist, und ich weiß, dass du das auch nicht willst. Leite mich heute, wenn ich in deinem Wort lese. Lass mich tiefer mit Menschen ins Gespräch kommen, die mit dir leben, und hilf mir, unter ihnen gute Freunde zu finden. Lass mich gute Bücher über das Leben mit dir entdecken. – Und hilf mir durch das alles, dass ich mein Leben wieder in deine Hand gebe.

Ich glaube dir, dass du weißt, was mir und anderen wirklich gut tut. Ich möchte dir nachfolgen. Ich möchte deine Ziele verfolgen. Dieser Tag soll für mich ein neuer Anfang sein. Amen.

So ein ernst gemeintes Gebet kann den Blick und alle Energien wieder in die richtige Richtung lenken, nämlich darauf, die Gemeinschaft mit Gott und seine Weisheit zu suchen. Wir hoffen – nach wie vor –, dass der andere seine Schuld bekennt und bereut, und sind bereit, ihm zu vergeben und an der Wiederherstellung der Beziehung zu arbeiten. Unabhängig davon leben wir unser Leben weiter, sind im Einklang mit Gott und wissen, dass Gottes Absichten mit unserem Leben nicht dadurch vereitelt werden, dass uns jemand anderes etwas angetan hat. In der Bibel heißt es sogar, dass Gott selbst aus Unrecht, das uns zugefügt wurde, noch etwas Gutes wachsen lassen will (siehe Römer 8, 28.29).

Das ist der beste Weg, den Sie gehen können, auch wenn das die Gemeinschaft mit dem Menschen, der Ihnen unrecht getan hat, nicht wiederherstellt – das geht eben nur, wenn der andere auch bereut. Aber dieser Weg befreit Sie dazu, Ihr Leben weiterzuleben und Ihre Zeit und Energie wieder konstruktiv zu nutzen.

Vergebung für unsere Sünden erbitten

In diesem Kapitel ging es in erster Linie darum, uns mit Familienmitgliedern und Freunden auseinander zu setzen, die an uns schuldig geworden sind, und zu versuchen, uns mit ihnen zu versöhnen. Zum Thema Versöhnung gibt es da aber noch ein Wort Jesu für den anderen Fall, dass *wir* an jemandem schuldig geworden sind: „Darum: wenn du deine Gabe auf dem Altar opferst und dort kommt dir in den Sinn, dass dein Bruder etwas gegen dich hat, so lass dort vor dem Altar deine Gabe und geh zuerst hin und versöhne dich mit deinem Bruder und dann komm und opfere deine Gabe“ (Matthäus 5, 23.24).

Wenn wir an einem anderen schuldig geworden sind, sollen wir diese Schuld bekennen und bereuen, und zwar sobald wir erkennen, dass wir einem anderen etwas Böses gesagt oder angetan haben. Ob ich also an einem anderen Menschen schuldig geworden bin oder jemand anderes an mir, es ist meine Verantwortung, die Initiative zur Versöhnung zu ergreifen. Wenn ich einem anderen unrecht getan habe, ist er mir höchstwahrscheinlich böse. Wenn er mir Unrecht zugefügt hat, bin ich es, der sich ärgert. All das ist zu einem gut: Ärger soll uns nach Gottes Willen zu konstruktivem Handeln motivieren. Das heißt, wir sollen dafür sorgen, dass die Angelegenheit möglichst bald geklärt und wieder gutgemacht wird, und das Verhältnis mit dem anderen wiederhergestellt wird.

Von einer Seite → zur anderen

Der Weg zur Vergebung

Wenn jemand Ihren Ärger hervorgerufen hat, und dieser Ärger berechtigt ist, das heißt, wenn er auf einem tatsächlichen Unrecht beruht, kann Versöhnung durch Vergebung geschehen. Der Weg zur Vergebung vollzieht sich in drei Schritten.

Erstens: Weisen Sie den anderen zurecht, das heißt, machen Sie ihn auf das Unrecht aufmerksam. Dies soll in Liebe geschehen, in der Hoffnung und der Bereitschaft, dass Sie der Person danach vergeben. Gehen Sie diesen Schritt erst, wenn Ihre Gefühle sich etwas abgekühlt haben.

Zweitens: Warten Sie, ob der andere sein unrechtes Tun bereut. Dazu gehört ein Bekenntnis, dass Unrecht geschehen ist und der ausgesprochene Wunsch, dass dergleichen in Zukunft nicht mehr vorkommen wird. Wenn der andere das tut, sollen wir ihm nach dem Willen Jesu vergeben.

Drittens: Machen Sie sich klar, dass Sie mit manchen Konsequenzen (für eine gewisse Zeit) leben müssen, selbst wenn Sie dem anderen vergeben und die Beziehung wiederhergestellt wird. Die Beziehung braucht Zeit zum Heilen, besonders nach einem Vertrauensbruch. Vielleicht können Sie dem anderen helfen, allmählich die Beziehung zu festigen, doch Sie können die Folgen seines Handelns womöglich nicht ganz beseitigen. In manchen Fällen bleiben dauerhafte gesellschaftliche, seelische oder körperliche Folgen bestehen. Auch wenn Sie dem anderen vergeben, spüren Sie vielleicht immer noch Enttäuschung, Ärger oder Zorn, wenn Ihnen das betreffende Ereignis in den Sinn kommt. Denken Sie dann daran, dass Vergebung kein Gefühl ist. Es ist eine andauernde Verpflichtung, diesen Menschen anzunehmen, trotz allem, was er getan hat. Vergeben Sie ihm noch einmal bewusst, wenn solche Gefühle aufkommen.

Nachgehakt

1. Es gibt in der menschlichen Gesellschaft viel Ungerechtigkeit. Die Folgen spüren wir unterschiedlich stark, je nachdem, wie persönlich uns ein Ereignis betrifft. Ein Betrugsskandal in der Regierung macht uns ärgerlich, wird uns aber vermutlich nicht so sehr zusetzen, wie wenn ein Freund oder Familienmitglied uns betrügt. In welcher Weise beeinflusst die Distanz zur Quelle des Ärgers Ihre Fähigkeit, dem schuldigen Teil zu vergeben? In welcher Weise beeinflusst der Abstand zur Quelle des Ärgers Ihre Fähigkeit, damit umzugehen?

2. Reue ist ein wesentliches Element, wenn wir Gottes Vergebung erfahren wollen. Wie können Sie Buße tun, wenn Sie gegen Gott gesündigt haben? Denken Sie über eine Situation nach, in der Sie um die Vergebung Gottes gebeten haben. Haben Sie Ihr unrechtes Tun bekannt und bereut? Ist Ihnen das leicht gefallen? Wie haben Sie gemerkt, dass Gott Ihnen vergeben hat?

3. Die Vergebung unter Menschen sollte sich an der Vergebung Gottes orientieren: Bekennen und Buße seitens des Sünders und Vergebung seitens dessen, dem Unrecht zugefügt wurde. Denken Sie darüber nach, wann Sie jemand anderen um Vergebung gebeten haben. Inwiefern lässt sich Ihre Erfahrung mit Gottes Anforderungen für Vergebung vergleichen, oder wie unterscheidet sie sich davon? Ist es leichter oder schwerer, Schuld vor einem anderen Menschen zu bekennen und zu bereuen als vor Gott? Warum?

4. *Richtiger Umgang mit Ärger:* Sie haben einen Sohn im Teenageralter. Immer wieder haben Sie mit ihm über die Gefahren von Alkohol und Drogen gesprochen, und er hat Ihnen versprochen, sich davon fern zu halten. Heute erfuhren Sie von der Polizei, dass er wegen Besitz und Einnahme eines verschreibungspflichtigen Medikaments verhaftet worden ist. Bei einem Gespräch mit ihm kommt heraus, dass er bereits seit einem Jahr Drogen nimmt. Wie gehen Sie mit Ihrem Zorn um? Wie können Sie Ihrem Sohn vergeben?

9. Kapitel

Ärger, Wut, Zorn – und die Ehe

„Ich kann mich nicht entsinnen, vor meiner Ehe jemals ausgerastet zu sein." Vielleicht erinnerte Mike sich an diesem Punkt nicht mehr so genau an die Jahre vor seiner Ehe, aber eines war für ihn ganz klar: Susan brachte ihn zur Weißglut. „Wenn sie bestimmte Dinge sagt oder mir einen ganz bestimmten Blick zuwirft, werde ich fuchsteufelswild."

Nach weiterem Nachfragen fand ich heraus, dass es gewisse Bemerkungen waren, über die er sich ärgerte: „Mähst du den Rasen, oder muss ich meinen Vater bitten herzukommen?" oder: „Glaubst du, dass ich jetzt noch den Müll raustrage, nachdem ich schon gekocht und das Geschirr gespült habe? Könntest du nicht auch etwas Verantwortung im Haushalt übernehmen?"

Solche rhetorischen Fragen trafen Mikes Selbstachtung im Kern und ärgerten ihn.

Dieser „bestimmte Blick", der Mike wütend machte, kam zustande, wenn Susan ihren Kopf zur rechten Seite legte und ihn kühl musterte. „Dieser Blick", meinte er, „ist schlimmer als tausend vernichtende Worte. Ich lese dann in ihren Augen den Satz: ‚Ich bereue, dass ich dich geheiratet habe.'"

Diese Deutung von Susans Blick machte deutlich, dass das Schwinden seiner Selbstachtung der entscheidende Punkt war, um den es bei seinem Ärger ging. Die meisten Menschen wollen geliebt, angenommen und geschätzt werden. Wenn jemand uns kritisiert, reagieren wir in der Regel mit Verteidigung. Auch wenn Susan Mikes Verhalten, nicht seine Person kritisiert hatte, fühlte er sich getroffen. Mike spürte Zorn tief in sich, weil eine Stimme tief in seinem Innern sagte: „Es ist nicht recht von ihr, mich so niederzumachen."

Am Tonfall von Susans Stimme konnte man wahrscheinlich hören, dass auch sie wütend war. Sie war der Überzeugung, dass Mike sich nicht genügend an den Haushaltspflichten beteiligte. SIE spült Geschirr und trägt den Müll weg, ER sieht fern – das entspricht nicht gerade ihrer Vorstellung von einem liebenden Ehemann.

Selbst wenn alles zum Besten steht – auch bei verheirateten Paaren ärgert sich immer wieder einmal der eine über den anderen. Das ist nichts Schlechtes, tragisch ist nur, dass Tausende von Paaren nie gelernt haben, mit ihrem Ärger dann konstruktiv umzugehen. So ergehen sie sich dann in Beschimpfungen, die die Situation nur noch verschlimmern, oder sie leiden schweigend und ziehen sich voneinander zurück. Bei wie vielen Familien ist an Geburtstagen oder zu Weihnachten die Stimmung verdorben, weil die Eltern sich dauernd in den Haaren liegen – allein aus dem Grund, dass sie nicht gelernt haben, konstruktiv mit ihrem Ärger umzugehen! Wie viele Ferientage sind die reinste Qual, weil den ganzen Tag über „dicke Luft" ist!

Leider haben die meisten verheirateten Erwachsenen nie gelernt, wie man angemessen damit umgeht, wenn man sich ärgert. Die Ehe wird zum Schlachtfeld, und jeder beschuldigt den anderen, mit der Streiterei angefangen zu haben. Wenn ein Paar nicht lernt, konstruktiv mit seinem Ärger umzugehen, wird es kaum eine befriedigende Ehe führen können. Ich sage „kaum", weil Liebe und unkontrollierter Ärger nicht nebeneinander bestehen können. Der Liebe geht es um das Wohlergehen des Partners, während unkontrollierter Ärger verletzen und zerstören will.

Ärger in der Ehe – und die Partner-Strategie

Nun können Ehepartner lernen, verantwortungsvoll mit ihrem Ärger umzugehen. Das ist sogar dringend notwendig, wenn ihre Ehe auf Dauer bestehen soll. Ich sage nicht, dass dieser Lernprozess leicht ist, aber er ist notwendig, und jedem Paar kann er gelingen. Um mit Ärger in der Ehe gut umzugehen, möchte ich Ihnen hier eine Partner-Strategie in sechs Schritten vorstellen, die auf den Prinzipien beruht, die ich im 3. Kapitel ausgeführt habe:

Erstens: Gestehen Sie sich Ihren Ärger ein. Im Laufe der Ehe wird es immer wieder Situationen geben, in denen Sie sich ärgern. Oft ist dieser Ärger berechtigt, da man sich gegenseitig immer wieder einmal unrecht tut. In manchen Fällen handelt es sich jedoch um entstellten Ärger, der z. B. durch ein Missverständnis entstanden ist. Jeder von uns wird immer wieder einmal die eine oder andere Form von Ärger empfinden. Das gehört zu unserem Menschsein und dem Zusammenleben von Menschen. Ärger an sich ist keine Sünde, sondern im Gegenteil Zeichen dafür, dass wir ein Gespür für Fairness und Gerechtigkeit haben. Also brauchen wir weder uns selbst noch den anderen zu verurteilen, weil wir uns über ihn ärgern, noch müssen wir den Ärger leugnen.

Wenn wir einander das Recht zugestehen, ärgerlich zu sein, gestehen wir uns das Recht zu, Mensch zu sein. Das ist der Ausgangspunkt, um positiv damit umzugehen.

Zweitens: Sagen Sie dem Partner, wenn Sie sich über ihn ärgern. Wenn Sie sich übereinander ärgern, dann lassen Sie den anderen wissen, was Sie empfinden. Sonst muss Ihr Partner aus Ihrem Verhalten seine Schlüsse ziehen – und das sind dann nicht immer die richtigen. Ganz abgesehen davon, dass solche „Ratespiele" Zeit- und Kraftverschwendung sind.

Wenn Sie sich über Ihren Partner ärgern, dann wohl häufig deshalb, weil er etwas gesagt oder getan hat, das Ihnen unangemessen erscheint, oder weil er etwas nicht gesagt oder getan hat, was Sie erwartet hatten. Sie haben das Gefühl, Ihr Partner habe Ihnen unrecht getan. Er hat Sie unfreundlich, unfair oder unangemessen behandelt. In diesem Verhalten können Sie keine Liebe erkennen. Das unangemessene Handeln Ihres Partners hat eine Schranke zwischen Ihnen beiden aufgerichtet. – Sprechen Sie das an. Das muss Ihr Partner wissen! Er kann nicht ein Problem lösen, von dem er gar nichts weiß.

Wir müssen es als Erstes erfahren, wenn unser Partner sich über uns ärgert und warum. Das Paar, das sich dazu verpflichtet, sich das immer zu sagen, hat einen großen Schritt zur produktiven Verarbeitung von Ärger getan

Drittens: Verbale und körperliche Ausfälligkeiten gegen den Partner sind keine angemessene Reaktion auf Ärger. Solche Ausdrucksformen von Wut sind destruktiv und deshalb immer (!) unangemessen. Das heißt nicht, dass es Ihnen und Ihrem Partner, nachdem Sie eine solche Vereinbarung getroffen haben, nie wieder passiert, dass Sie die Beherrschung verlieren. Wenn das aber geschieht, verpflichten Sie sich, dies als Reaktions-Falle einzugestehen. Wutausbrüche jeglicher Art machen die Situation immer nur noch schlimmer, und bevor wir uns konstruktiv mit dem befassen können, was den Ärger ursprünglich ausgelöst hat, müssen erst einmal die „Scherben" weggeräumt werden, die so ein Wutanfall hinterlassen hat.

Eine praktische Möglichkeit, diese negative explosive Reaktion zu vermeiden, ist folgende: Wenn einer von Ihnen explodiert, geht der andere aus dem Zimmer, und wenn der Partner ihm folgt, geht er ganz aus dem Haus. Wenn Ihr Partner Sie mit seinem Geschrei bis nach draußen verfolgt, gehen Sie zu einem Nachbarn oder laufen Sie um den Block. Wenn Sie beide diese Strategie „für den Fall der Fälle" verabredet haben, weiß jeder von Ihnen, dass es an der Zeit ist, mit dem Gebrüll aufzuhören, wenn der andere weggeht, und erst einmal in Ruhe über die Sache nachzudenken. Wenn Sie zurückkehren, wird der andere sich dann hoffentlich beruhigt haben und sagen können: „Es tut mir Leid, dass ich so ausgerastet bin. Ich glaube, ich war so verletzt und wütend, dass ich die Beherrschung verloren habe. Bitte vergib mir." Dann können Sie Ihrem Partner seinen momentanen „Fehltritt" vergeben und sich mit der Sache beschäftigen, die überhaupt erst seinen Ärger hervorgerufen hat.

Viertens: Lassen Sie sich eine Erklärung geben, bevor Sie ein Urteil fällen. Wenn Sie sich über Ihren Partner ärgern, ist Ihr erster Eindruck, dass sein Verhalten falsch ist. Diese Einschätzung sollten Sie jedoch als vorläufig betrachten, bis Sie seine eigene Darstellung hören. Oft deuten wir das, was der Partner sagt oder tut, schon einmal falsch. So hat er zum Beispiel vergessen, Milch zu holen, obwohl er sich einen Zettel geschrieben hatte. Sie interpretiert das als Verantwortungslosigkeit und ärgert sich. Aber es könnte auch so sein: Es hat keine Milch mehr gegeben, er hat einen Kollegen heimgefahren und ist nicht an dem Laden vorbeigekommen, oder er wusste, dass sie die Milch nicht sofort brauchte, und will sie kaufen, wenn er später den Sohn vom Fußball abholt. Wenn sie sich vornimmt, erst seine Version anzuhören, wird sie ihr Urteil, er sei verantwortungslos, als vorläufig ansehen, bis sie die Sache aus seiner Sicht hört.

Bob meinte, er habe seine Frau am Telefon sagen hören, er sei spät dran, und das wäre belastend. Er ist ärgerlich, weil er sich bemüht hat, ein paar Abende in der Woche rechtzeitig heimzukommen und es nicht sehr spät war. Als er sie um eine Erklärung bat, kam heraus, dass sie in Wirklichkeit über das Baby einer Freundin geredet hatte, das zwei Wochen zu spät geboren wurde.

Wenn schon in dem, was wir sagen und tun, viele Möglichkeiten zum Missverständnis liegen, wie viel leichter passiert es, dass wir die Motive des anderen falsch deuten! Die Beweggründe eines Menschen, auch wenn wir ihn gut kennen, spielen sich eben in seinem Inneren ab, und wir können sie erst dann wirklich kennen, wenn der andere sie uns selbst mitteilt. Oft schieben wir unserem Partner Motive unter, die jeglicher Grundlage entbehren.

Jonathan machte es genau richtig, als er seine Frau ansprach: „Vielleicht liegt hier ein Missverständnis vor, und daher bitte ich dich um eine Erklärung. Du hast anscheinend einen Scheck über 300 Dollar an ein Kaufhaus ausgestellt. Ich war der Meinung, wir hätten vereinbart, dass keiner von uns über 100 Dollar ausgibt, ohne das vorher mit dem anderen abzusprechen, jedenfalls solange, bis wir unsere Schulden bezahlt haben." Er war von Bettys Antwort überrascht.

„Ach, das kann ich dir erklären. Unsere Abteilung hat zusammengelegt, um Alexandra ein Abschiedsgeschenk zu ihrer Pensionierung zu machen. Sie haben mich gebeten, es in der Mittagspause zu besorgen. Also habe ich einen Scheck ausgestellt, und jeder von ihnen hat mir nachher seine 20 Dollar gegeben. Die sind in meinem Portemonnaie – und die kommen jetzt hier in unsere kleine Kasse."

Jonathans Ärger schwand dahin, als er die 280 Dollar abzählte. Dann lächelte er, als er daran dachte, wie er noch vor einem halben Jahr reagiert hätte, bevor er und Betty an einem Partnerschafts-Seminar teilnahmen und dort lernten, konstruktiv mit Ärger umzugehen. Er konnte sich richtig vorstellen, wie ihm die Zornesröte ins Gesicht geschossen wäre, und er Betty lautstarke Vorwürfe gemacht hätte.

„Ich mache tatsächlich Fortschritte", sagte er laut.

„Wovon sprichst du eigentlich?", fragte Betty.

„Ich musste gerade daran denken, wie ich vor dem Seminar reagiert hätte." Jonathan lächelte jetzt. „Ich wäre ziemlich wütend geworden und hätte dich gar nicht um eine Erklärung gebeten. Hinterher, wenn du mir den Sachverhalt erklärt hättest, wäre ich mir dann ziemlich dumm vorgekommen. Also, ich ziehe unser neues System bei weitem vor!" Jonathan und Betty haben gelernt, wie wichtig es ist, erst die Erklärung des anderen für sein Verhalten zu hören, bevor man ein endgültiges Urteil fällt.

Fünftens: Suchen Sie nach einer Lösung. Im Fall von Jonathan und Betty löste sich Jonathans Ärger nach Bettys Erklärung auf. Das ist nicht in allen Fällen so einfach. Nehmen wir einmal an, Betty hätte tatsächlich gegen ihre Abmachung gehandelt und 300 Dollar ausgegeben, nachdem sie vereinbart hatten, dass keiner mehr als 100 Dollar ausgibt, ohne die Ausgabe mit dem anderen zu besprechen. Ihre Erklärung hätte vielleicht so ausgesehen: „Aber das war doch ein richtiges Schnäppchen. Ich habe 200 Dollar gespart, und wir brauchen das Teil. Ich dachte, du wärst damit einverstanden."

Dann hätte Jonathan so reagieren können:

„Das bin ich nicht", erklärt er darauf. „Es wäre schön, wenn wir so etwas hätten, aber wir brauchen es nicht wirklich. Wir sind bisher auch ohne es ausgekommen, und wir können es uns nicht leisten, noch 300 Dollar mehr Schulden zu haben. Wir haben eine Vereinbarung getroffen, und du hast sie gebrochen. Und das ist meiner Meinung nach falsch."

Betty dazu: „Deine Reaktion überrascht mich. Ich hatte wirklich nicht geglaubt, dass du dagegen wärst. Ich dachte, du wolltest es so gern haben wie ich."

„Das möchte ich ja auch. Ich hätte es gern, aber wir können es uns nicht leisten. Und wir haben gemeinsam beschlossen, unsere Ausgaben zu beschränken, und ich glaube, daran müssen wir uns halten."

„Wenn du darauf bestehst, kann ich es zurückbringen", bemerkt dann Betty. „Ich würde es gern behalten wollen, aber ich werde es wieder wegbringen, wenn du willst."

„Das ist keine Frage des Wollens", meint Jonathan. Seine Stimme ist fest und bestimmt, aber nicht laut. Er hat seine Gefühle unter Kontrolle und erklärt seiner Frau: „Ich würde es auch gern behalten, aber wir können es uns jetzt nicht leisten. Ich wollte, es wäre anders, aber du kennst unsere Situation so gut wie ich."

„Gut", sagt Betty. „Dann bringe ich es zurück."

„Schön. Du weißt, dass ich dich liebe, und irgendwann werden wir es kaufen", fügt Jonathan hinzu und legt ihr die Hand auf die Schulter.

„Ich weiß, dass du mich lieb hast. Es fällt mir schwer, aber es sieht ja doch so aus, als sei dieser Kauf eine falsche Entscheidung gewesen. Gut, dass du mich an unsere Abmachung erinnerst."

Falls Sie fragen: Ist das nicht extrem idealistisch? – Meine Antwort lautet: Nein. Nicht für Paare, die gelernt haben, verantwortungsvoll mit ihrem Ärger umzugehen, und die einander in Liebe zugetan sind.

Sechstens: Versichern Sie sich einander Ihrer Liebe. Wenn Sie Ihren Ärger verarbeitet haben, sagen Sie einander, dass Sie sich lieben und dass Ihnen am Wohl des anderen liegt. Damit bringen Sie zum Ausdruck: „Ich lasse nicht zu, dass dieses Vorkommnis uns trennt." Sie haben jeder die Version des anderen gehört, das Problem wurde gelöst, Sie haben aus der Erfahrung gelernt und gehen nun miteinander Ihren Weg weiter.

Wo tatsächlich Unrecht geschehen ist, wo jemand unfreundlich, lieblos oder ungerecht gehandelt hat, erfordert die Lösung des Problems Bekenntnis und Reue seitens dessen, der schuldig geworden ist, und Vergebung seitens des anderen. Wenn das geschehen ist, wird sich der Ärger auflösen. Er hat dann seinen Zweck erfüllt, nämlich, jeden von uns für sein Verhalten verantwortlich zu machen.

Spüren Sie unberechtigterweise Ärger, der durch ein nur vermeintliches Unrecht hervorgerufen wurde, was sich später als Missverständnis herausstellt, wird das Problem gelöst, wenn Sie vom anderen eine Erklärung erbitten und dann erkennen, dass Ihre ursprüngliche Deutung des Ereignisses falsch war. Wenn Sie dagegen den Unterschied zwischen berechtigtem und entstelltem Ärger nicht kennen, werden Sie – fälschlicherweise – annehmen, dass Ihr Ärger immer berechtigt ist und die Handlungsweise des anderen immer falsch.

Diese (oft unbewusste) Annahme wird den Ärger dann nicht auflösen, sondern im Gegenteil dafür sorgen, dass der Partner sich ärgert, der ja weiß, wann Ihr Ärger unberechtigt ist.

Wenn Sie beharrlich darauf bestehen, dass Sie im Recht sind, wird das Ihren Partner zum Zorn reizen, der dann ebenfalls verarbeitet werden muss.

Es ist leicht einzusehen, wie schnell unverarbeiteter Ärger zum Bumerang wird und sich zu einem immer größeren Problem in einer Ehe ausweitet. Für eine erfolgreiche Ehe gibt es nur wenig Wichtigeres als zu lernen, verantwortlich mit Ärger umzugehen. Ich glaube, dass jedes Paar, das sich ernsthaft an diese sechs Prinzipien hält, mit der Zeit lernt, Ärger positiv zu verarbeiten.

Es ist traurig, dass Ehen durch unkontrollierten Ärger zerstört werden. Christen müssen meiner Meinung nach Vorreiter sein, wenn es darum geht, verantwortlich mit Ärger, Wut und Zorn umzugehen. Es ist mein aufrichtiger Wunsch, dass dieses Buch möglichst vielen Paaren hilft, das in den Griff zu bekommen, was sich zu einem großen Problem in vielen Ehen ausgeweitet hat. Ich lege allen verheirateten Paaren dringend ans Herz, sich zu diesen sechs Prinzipien zu verpflichten, und am besten noch heute mit einem Gespräch darüber anzufangen.

Den Anfang finden

Um Paaren zu helfen, in dieser Sache einen Anfang zu machen, habe ich oft die folgende Übung vorgeschlagen. Schreiben Sie folgende Worte auf eine Karte:

„Ich habe mich geärgert. Und ich bin immer noch ärgerlich. Aber – keine Angst! Das ist jetzt kein Angriff, sondern ein Signal: Ich brauche nämlich deine Hilfe. Können wir miteinander reden?"

Hängen Sie diese Karte an Ihren Kühlschrank oder einen anderen Platz, den Sie oft im Blickfeld haben. Wenn Sie sich das nächste Mal über Ihren Partner ärgern, holen Sie die Karte, zeigen sie ihm, und lesen Sie sie ihm dann so ruhig wie möglich vor.

Wenn der andere im Moment nicht mit Ihnen sprechen kann oder will, setzen Sie gemeinsam einen Zeitpunkt für ein Gespräch fest. Hören Sie bei diesem Gespräch der Erklärung des anderen gut zu, und versuchen Sie, eine Lösung für das Problem zu finden, das Ihren Ärger ausgelöst hat.

Mit den kurzen Worten auf der Karte haben Sie zugegeben, dass Sie ärgerlich sind. Sie haben dem anderen versichert, dass Sie nicht ausfällig werden, und haben den Wunsch ausgesprochen, durch ein Gespräch die Situation zu klären und eine Lösung zu finden.

Wenn Sie sich zusammensetzen, um über die Situation zu reden, beginnen Sie das Gespräch ungefähr so: „Ich weiß, dass ich da vielleicht etwas missverstehe, und deshalb wollte ich mit dir reden. Ich will dir sagen, was ich empfinde und warum. Wenn du dann die Situation aufklären kannst, tue das bitte, weil ich deine Hilfe brauche, um dieses Problem zu verarbeiten." Ein solcher Gesprächsanfang schafft eine Atmosphäre, die nicht bedrohlich ist und in der Sie über das sprechen können, worüber Sie sich geärgert haben.

In jeder Ehe wird es immer wieder Ärger geben. Die Gründe dafür werden in diesem Buch mehrfach genannt. Ich glaube, dass Ärger ein Freund ist, nicht ein Feind. Das christliche Ehepaar, das Ursprung und Zweck des Ärgers versteht, kann mit Hilfe des Heiligen Geistes diesen biblisch begründeten Ansatz praktizieren, um seinen Ärger auf konstruktive Art zu verarbeiten. Das ist eine der wichtigsten Lektionen, die Sie lernen können, und wesentlicher Bestandteil einer glücklichen Ehe.

Wenn Sie Kinder haben, hat das auch weitreichende Folgen auf deren Leben, wenn Sie lernen, positiv mit Ihrem Ärger umzugehen – was uns zum Thema des nächsten Kapitels führt: Wie man Kindern beibringt, mit Ärger umzugehen.

Von einer Seite → zur anderen

Wie Sie mit Ärger, Wut und Zorn auf Ihren Partner umgehen

Im Folgenden werden sechs Schritte vorgestellt, wie Sie mit Ärger auf Ihren Partner umgehen können. Über diese Schritte sollten Sie einmal an einem ruhigen Tag reden, damit Sie diese Schritte miteinander verabreden können und anwenden können, wenn Ärger in der Luft liegt. Denn dann kann ein Plan, auf den Sie sich gemeinsam geeinigt haben, Ihnen helfen, sich zu beruhigen und ein vernünftiges Gespräch miteinander zu führen.

1. *Gestehen Sie sich ein, dass Sie sich ärgern.* Ob Ihr Ärger berechtigt oder entstellt ist, verurteilen Sie sich nicht dafür, dass Sie in Ärger geraten sind. Stehen Sie dazu, und denken Sie daran, dass Ärger an sich keine Sünde ist.

2. *Sagen Sie dem Partner, wenn Sie sich über ihn ärgern.* Bringen Sie Ihr Gefühl klar und deutlich zum Ausdruck, und lassen Sie Ihren Partner nicht einfach aus Ihrem Verhalten seine (womöglich falschen) Schlüsse ziehen. Sie und Ihr Partner müssen wissen, wenn der andere sich ärgert und warum.

3. *Verbale und körperliche Ausfälligkeiten gegen den Partner sind keine angemessene Reaktion, wenn Sie sich ärgern.* Eine solche Explosion wird die Dinge nur noch schlimmer machen.

4. *Lassen Sie sich eine Erklärung geben, bevor Sie ein Urteil fällen.* Denken Sie daran, dass Ihr erster Eindruck nur vorläufig und manchmal falsch ist. Sehr leicht können wir die Worte und Taten unseres Partners missverstehen. Lassen Sie sich also die Situation aus der Sicht des anderen erklären. Er kann Ihnen vielleicht wertvolle Informationen geben, die Ihre bisherige Sicht der Dinge verändern wird.

5. *Suchen Sie nach einer Lösung.* Mit zusätzlichen Informationen Ihres Partners und einer neuen Sichtweise können Sie nach einer Lösung suchen, die für Sie beide befriedigend ist. In manchen Fällen ist es erforderlich, dass der andere sich zu seiner Schuld bekennt und sie bereut – wenn eine echte Schuld vorliegt. Oder Sie müssen erkennen, dass Ihr Ärger unberechtigt und womöglich selbstsüchtig ist. Wenn Sie selbst der schuldige Teil sind, müssen vielleicht Sie ein Bekenntnis ablegen und den anderen um Vergebung bitten. Wie auch immer die Dinge liegen, versuchen Sie, sich wieder miteinander zu versöhnen.

6. *Versichern Sie sich einander Ihrer Liebe.* Wenn sich Ihr Ärger aufgelöst hat, erklären Sie sich gegenseitig mit Worten Ihre Liebe zueinander und dass Ihnen am Wohl des anderen liegt.

Nachgehakt

1. Eine eheliche Beziehung ist ein überaus fruchtbarer Boden für Ärger. Die negativen Folgen sind hier besonders gravierend, weil es sich um eine sehr intime Beziehung handelt. Führen Sie fünf Dinge an, die Ihr Partner tut oder getan hat und die Ihren Ärger hervorrufen. Das können Kleinigkeiten sein, dass er beispielsweise seinen Mantel nicht an die Garderobe hängt, bis hin zu schwerwiegenden Verletzungen, wie einer Lüge. Sind diese Probleme gelöst worden? Ist einer oder Sie beide noch immer ärgerlich?

2. Sehen Sie sich noch einmal die Sechs-Schritte-Strategie an, die gerade zusammengefasst wurde. Denken Sie an eine Situation, wo es zu Ärger in der Ehe kommen könnte, wie etwa zu hohe Geldausgaben eines Partners. Überlegen Sie anhand dieses Falls jeden einzelnen Schritt, und was Sie jeweils tun würden, um Ihren oder den Ärger Ihres Partners aufzulösen.

3. Wie funktioniert diese Strategie im Fall von entstelltem Ärger? Überlegen Sie einen anderen Fall, wo der Ärger eines Partners durch entstellte Fakten oder Umstände hervorgerufen wird, wenn zum Beispiel ein Partner zu viel Zeit im Büro verbringt und der andere glaubt, dem Partner sei die Arbeit wichtiger als er. Ist hier ein anderer Verarbeitungsprozess oder eine andere Lösung notwendig?

4. *Richtiger Umgang mit Ärger:* Sie sind fünf Jahre verheiratet. Sie ärgern sich oft über Ihren Partner, weil er nicht so kontaktfreudig ist wie Sie und nicht gern zu Festen oder anderen gesellschaftlichen Anlässen geht. Sie glauben, dass Ihre Freunde viel Spaß und Vergnügen haben, während Sie zu Hause versauern. Wie können Sie mit Ihrem Ärger umgehen?

10. Kapitel

Ärger, Wut, Zorn – und die praktische Kindererziehung

Ruth, eine allein erziehende Mutter, bereitet das sonntägliche Mittagessen vor. Die sechsjährige Melissa und der achtjährige Robert spielen währenddessen im Kinderzimmer. Zumindest glaubt das die Mutter. Doch plötzlich klingt das Spiel eher wie Kriegsgeschrei. Als Ruth ins Kinderzimmer kommt, sieht sie, wie Robert seine Schwester mit einem Stoffbären auf den Rücken schlägt. Melissa beginnt zu weinen.

„Sie hat mir das Buch weggenommen", sagt Robert.

„Hab ich nicht", behauptet Melissa.

Ruth packt Robert am Arm, gibt ihm einen kräftigen Klaps auf den Po und sagt: „Geh in dein Zimmer, und komm erst wieder heraus, wenn ich dich rufe." Dann wendet sie sich an Melissa: „Wie oft habe ich dir schon gesagt, dass du die Sachen deines Bruders in Ruhe lassen sollst."

„Hab ich doch", entgegnet Melissa. „Ich wollte mich nur aufs Sofa setzen, da hat er mich gehauen."

„Ich will nichts mehr davon hören", sagt Ruth. „Ich kann noch nicht mal Essen kochen, ohne dass ihr beide streitet. Du gehst jetzt in dein Zimmer, und ich rufe dich, wenn das Essen fertig ist."

„Immer gibst du mir die Schuld", beklagt sich Melissa, während sie sich in ihr Zimmer zurückzieht.

Ruth weiß, dass irgendetwas schief gelaufen ist, aber sie ist sich nicht sicher, wie sie die Sache richtig stellen soll.

Als Eltern müssen wir uns klar darüber sein, dass Kinder genauso Ärger empfinden wie wir. Auch ihr Ärger kann durch tatsächliches Unrecht verursacht sein – oder eben entstellter Ärger sein. Vielleicht hat Melissa Robert tatsächlich das Buch weggenommen und ihm damit Unrecht zugefügt, aber seine Reaktion war nicht hilfreich. Es ist offensichtlich, dass Melissa nicht nur das Gefühl hatte, dass ihr Bruder sie unfair behandelte, sondern auch, dass das Urteil ihrer Mutter ungerecht war. Ruth war nicht in der Lage, konstruktiv mit ihrem eigenen Ärger umzugehen, daher konnte sie auch ihren Kindern nicht beibringen, wie man das macht.

Es gibt nur wenige wichtigere Dinge in der Kindererziehung, als unseren Kindern beizubringen, wie sie konstruktiv mit Ärger umgehen können. Doch viele Eltern fühlen sich dazu kaum in der Lage. Wenn wir beobachten, dass unsere Kinder unserer Meinung nach unangemessen auf Ärger reagieren, geraten wir oft in Panik und reagieren negativ – und versäumen so eine Erziehungsmöglichkeit. Da ich selbst einmal genauso panisch reagiert habe, schreibe ich dieses Kapitel mit großer Sympathie für Eltern, die sich immer noch mit dieser elterlichen Verantwortung schwer tun.

Tatsache ist, dass alle Kinder immer wieder einmal Ärger empfinden. Das brauchen sie nicht erst zu lernen. Unsere Aufgabe besteht darin, ihnen beizubringen, wie sie mit diesem Ärger positiv umgehen können.

Weil Eltern die engste Beziehung zu ihren Kindern haben, haben sie auch den größten Einfluss darauf, welches Verhaltensmuster das Kind im Umgang mit Ärger entwickelt. Das sollte uns ermutigen, weil es uns eine Möglichkeit eröffnet, unseren Kindern positives Rüstzeug im Umgang mit Ärger mitzugeben. Auf der anderen Seite kann diese Vorstellung auch beängstigend sein, denn wenn wir an diesem Punkt scheitern, werden unsere Kinder als Erwachsene benachteiligt sein.

In Gesprächen mit Eltern kristallisiert sich immer wieder heraus, dass die meisten gerne wissen wollen, wie sie ihren Kindern in diesem wichtigen Entwicklungsbereich helfen können. Ich möchte Sie hier mit den Prinzipien vertraut machen, die ich vielen Eltern in Beratungsgesprächen und auf Seminaren vorgestellt habe. Sie sind einfach zu verstehen, aber nicht unbedingt einfach anzuwenden. Diese Grundsätze in die Praxis umzusetzen, wird nicht nur Ihre ganze Aufmerksamkeit, sondern auch den Beistand des Heiligen Geistes erfordern. Doch diese Hilfe steht uns zur Verfügung, wenn wir bereit sind, biblischen Prinzipien zu folgen.

Liebe als Grundlage

Ich möchte mit dem beginnen, was ich für das Wesentliche halte: *Konzentrieren Sie sich darauf, das Bedürfnis Ihres Kindes nach emotionaler Liebe zu befriedigen.* Weshalb komme ich auf das Thema Liebe, wo wir doch über Ärger sprechen? Weil Liebe die Grundlage einer gesunden Eltern-Kind-Beziehung ist. Wenn das Kind sich nicht von den Eltern geliebt fühlt, wird es nicht nur mehr Ärger empfinden, sondern alle Bemühungen der Eltern, dem Kind einen guten Umgang damit zu zeigen, werden vermutlich zurückgewiesen. In dem Buch *Die fünf Sprachen der Liebe für Kinder,* das ich gemeinsam mit dem Psychiater Ross Campbell geschrieben habe, habe ich betont, wie wichtig es ist, das Bedürfnis des Kindes nach Liebe zu befriedigen. Wenn der „emotionale Liebestank" des Kindes nicht mit elterlicher Liebe gefüllt ist, wird der leere Tank selbst zu einer Quelle des Ärgers werden. Tief im Herzen eines Kindes sagt eine Stimme immer wieder: „Eltern sollten Kinder lieb haben." Wenn das Kind diese Liebe nicht spürt, hat es das Gefühl, unfair behandelt zu werden, und das ruft Ärger hervor.

Die fünf Sprachen der Liebe – sich bewusst Zeit für das Kind nehmen, es loben, ihm etwas schenken, ihm Hilfe und Unterstützung bieten, ihm Zärtlichkeit geben – müssen regelmäßig zu den Kindern gesprochen werden. Jedes Kind hat eine Hauptsprache der Liebe. Als Eltern können wir unseren Kindern am besten zeigen, dass wir sie lieben, wenn wir ihre Hauptsprache der Liebe herausfinden und diese noch öfter sprechen als die übrigen vier Sprachen.

Ich möchte an dieser Stelle betonen, dass diese Ausdrucksformen von Liebe bedingungslos sein müssen. Viele Eltern schenken – ohne es zu merken – ihren Kindern nur dann Liebe, wenn sie in guter Stimmung sind oder wenn die Kinder das tun, was die Eltern von ihnen erwarten. Solche Eltern glauben, dass die Kinder ihren Wünschen dann entsprechen, wenn sie ihnen mit Liebesentzug drohen. Das funktioniert jedoch fast nie. Und wenn es der Fall ist, rebelliert das Kind fast immer in seinem Innern.

Eltern brauchen mit dem Verhalten ihres Kindes nicht einverstanden zu sein, um es an sich zu drücken, es auf den Rücken zu klopfen oder ihm einen Arm um die Schulter zu legen. Sie können sagen: „Du hast gestern ganz toll Fußball gespielt", auch wenn das Zimmer des Sohnes aussieht, als hätte eine Bombe eingeschlagen. Ein Vater kann mit seinem Sohn einen Hamburger essen gehen und Zeit für ihn haben, auch wenn der Junge die häuslichen Regeln verletzt und eine Vase zerbrochen hat, als er in der Wohnung mit dem Ball spielte. Eine Mutter kann ihrer Tochter ein neues Kleid schenken, auch wenn diese ihre Hausaufgaben nicht fertig gemacht hat. „Aber werden meine Kinder dadurch nicht zur Verantwortungslosigkeit erzogen?“, werden manche Eltern einwenden. Die Antwort lautet: „Solche Liebe führt gerade zu Verantwortungsbewusstsein.“ Wenn das Kind spürt, dass Sie es lieben, und dass diese Liebe nicht von seinem Verhalten abhängig ist, schafft das eine andere Beziehung, und das Kind wird Ihren Bitten oder Anordnungen grundsätzlich weit eher nachkommen, und zwar ohne zu rebellieren. Wenn Sie Ihre Kinder bedingungslos lieben und den Liebestank immer wieder auffüllen, haben Sie bereits eine der Hauptquellen für inneren Ärger in der Kindheit und Jugend beseitigt.[1]

Die Botschaft, die unsere Kinder hören und spüren müssen, lautet: „Ich habe dich lieb, egal was du tust. Mir gefällt nicht alles, was du tust, und ich bin nicht immer damit einverstanden, aber ich werde dich immer lieb haben.“ Kinder, die die Geborgenheit der elterlichen Liebe spüren, werden viel eher in der Lage sein, kluge Lebensentscheidungen zu treffen. Wenn sie falsche Wege gehen, werden sie eher aus ihren Fehlern lernen und in der Zukunft anders handeln. Wenn man einem Kind zeigen will, wie es konstruktiv mit Ärger umgehen kann, ist nichts wichtiger, als es bedingungslos zu lieben.

Ich möchte auch betonen, dass ein Kind immer das Bedürfnis nach Liebe hat. Liebe ist wie Essen, man kann sie nicht auf Vorrat geben – sie muss täglich zum Ausdruck gebracht werden. Wir füllen nicht den Liebestank unserer Kinder und nehmen dann Urlaub. Der Liebestank wird so schnell leer wie der Magen. Kluge Eltern werden die Hauptsprache der Liebe ihres Kindes herausfinden und ihm davon täglich eine gehörige Portion vermitteln, sowie auch immer wieder eine Dosis der übrigen vier Sprachen der Liebe.

Wenn diese Grundlage gelegt ist, gibt es meiner Ansicht nach drei Methoden, mit deren Hilfe wir unseren Kindern beibringen können, positiv mit Ärger umzugehen. Ich möchte sie hier in der Reihenfolge

[1] Gary Chapman und Ross Campbell, Die fünf Sprachen der Liebe für Kinder, Francke, Marburg

ihrer Wichtigkeit behandeln. Doch möchte ich betonen, dass sie alle wichtig sind; keine kann einfach ausgelassen werden. Wenn sie nach diesen drei Methoden vorgehen, können meiner Erfahrung nach alle Eltern ihren Kindern beibringen, konstruktiv mit Ärger umzugehen.

Vorbild sein

Scott und Diana sind Eltern von Matt, vierzehn, und Mona, achtzehn Jahre alt. Sie sitzen an einem schönen Oktobernachmittag in meinem Büro. Weiße Wolken gleiten über den blauen kalifornischen Himmel, und die leuchtend gelben Blätter vor meinem Fenster tanzen in der Brise. Doch Scott und Diana haben keinen Blick für die Wolken oder die Blätter; ihre Augen sind auf meinen grauen Teppich gerichtet. Scott beginnt, ihre Geschichte zu erzählen.

„Dr. Chapman, was unseren Sohn betrifft, fühlen wir uns als Versager. Unsere Tochter hat uns nie Schwierigkeiten gemacht, aber mit unserem Sohn hatten wir immer Probleme. Das Hauptproblem sind seine Wutanfälle. Dieses Jahr war es am schlimmsten. Vielleicht, weil er jetzt ein Teenager ist."

„Es ist, als hätte er keinen Respekt vor uns", fügt Diana hinzu. „Er schreit mich die ganze Zeit an, nichts kann ich ihm recht machen. Und jetzt beginnt er auch seinen Vater anzuschreien. Wir brauchen dringend Hilfe."

Nach diesen Informationen stellte ich ein paar Fragen an die Eltern. „Wie reagieren Sie normalerweise auf Matts Gebrüll?", fragte ich Scott.

„Meistens bleibe ich ruhig und versuche ihm zuzuhören und mich mit ihm auseinander zu setzen. Doch nach einer Weile wird er so unlogisch, dass ich die Beherrschung verliere und ihn auch anbrülle. Ich weiß, dass das falsch ist, aber ich weiß nicht, was ich sonst tun soll."

„Und wie reagieren Sie normalerweise?", fragte ich Diana.

„Wir haben uns schon immer angeschrieen", meinte sie. „Ich bin der Meinung, dass er nicht so mit uns reden darf. Ich donnere dann Matt an, und wenn er weg ist, brülle ich Scott an. Ich werfe ihm vor, dass er nichts dagegen unternimmt, dass Matt so mit uns umgeht. Ich bin ein Versager. Vielleicht bin ich es, die Hilfe braucht."

Dianas Offenheit zu einem so frühen Zeitpunkt unseres Gesprächs überraschte mich. Sie war ganz offensichtlich am Ende. Sie spielte mir nichts vor. Sie suchte aufrichtig nach Hilfe.

„Ich bin froh, dass Sie heute zu mir gekommen sind. Der erste Schritt besteht immer darin, Hilfe zu suchen. Ich möchte Ihnen versichern, dass viele andere Ehepaare schon in einer ähnlichen Lage waren, und ich glaube, dass es eine Lösung für dieses Problem gibt. Ich möchte Ihnen am Anfang einige Fragen stellen, die Ihnen vielleicht merkwürdig vorkommen. Doch ich glaube, dass sie uns weiterbringen werden. Sind Sie damit einverstanden?"

Das waren die beiden, und so bat ich zuerst Scott, sich an seine Kindheit zu erinnern und mir zu berichten, wie seine Eltern reagiert hatten, wenn sie sich übereinander geärgert hatten.

„Mein Vater war derjenige, der wütend war", sagte er. „Natürlich nicht die ganze Zeit. Er war im Grunde ein guter Mann, aber hin und wieder verlor er die Beherrschung und schrie Mutter und mich an."

„Und wie haben Sie und Ihre Mutter darauf reagiert?"

„Wir sagten beide keinen Piep mehr", entgegnete er. „Wenn Papa anfing zu schreien, wussten wir, dass es keinen Sinn hatte, dagegen zu halten. Ich glaube, meine Mutter hatte gelernt, dass das die Sache nur noch schlimmer machen würde. Wenn er also laut wurde, verfiel sie in Schweigen, und im Grunde tat ich dasselbe. Papa polterte noch eine Weile so weiter und verließ dann das Zimmer. Und am nächsten Tag tat er so, als sei gar nichts geschehen. Die Sache kam nie mehr zur Sprache. Glücklicherweise geschah das nicht allzu oft, und im Grunde verlief meine Kindheit ziemlich ruhig und glücklich."

„Wie war es bei Ihnen zu Hause, Diana? Wie sind Ihre Eltern mit Ärger umgegangen?"

Sie lächelte und sagte: „Ich bin in einer italienischen Familie aufgewachsen. Bei uns ging es immer laut zu. Jeder schrie den anderen an, aber wenn es vorbei war, war es vorbei. Keiner trug dem anderen etwas nach; jeder sagte seine Meinung, und das war's dann."

„Dazu möchte ich etwas sagen", meinte ich. „Scott, Sie haben doch gesagt, dass Sie, wenn Matt wütend wird, erst einmal besonnen reagieren, aber nach einer Weile die Beherrschung verlieren und ihn ebenfalls anschreien. Stimmt das?"

„Ja", antwortete er und nickte zustimmend. „Ich beginne irgendwann, Matt anzubrüllen. Das habe ich bei meinem Vater nie getan."

„Und Diana, wenn ich Sie richtig verstanden habe, haben Sie gesagt, dass Sie und Matt sich schon immer gegenseitig angeschrieen haben. Es spielt sich also dasselbe ab wie in Ihrer Ursprungsfamilie."

„Ja, außer dass Matt nie aufhört. Mit ihm ist es nie einfach vorbei."

„Der Grund, warum ich Ihnen diese Fragen stelle", sagte ich, „ist folgender: Die meisten von uns lernen den Umgang mit Ärger, indem sie beobachten, wie ihre Eltern mit Ärger umgehen. Und normalerweise identifizieren wir uns mit dem Elternteil, dessen Persönlichkeit unserer eigenen am ähnlichsten ist. Ich habe Sie nicht danach gefragt, Scott, aber ich vermute, dass Sie mehr Ihrer Mutter als Ihrem Vater gleichen. Stimmt das?"

„Ganz sicher", meinte er.

„Ihre grundlegende Reaktion auf Wutausbrüche ist also, dass Sie sich ruhig verhalten. Erst, wenn Sie bis zum Äußersten gereizt werden, explodieren Sie und reagieren wie Ihr Vater. Ihre Eltern gingen sehr unterschiedlich mit Ärger um. Ihre Mutter zog sich schweigend zurück, und Ihr Vater tobte und schrie. Sie hatten also zwei Rollenvorbilder. Sie identifizierten sich am meisten mit Ihrer Mutter, aber gelegentlich reagierten Sie auch wie Ihr Vater.

Diana, bei Ihnen zu Hause brüllten sich die Eltern gegenseitig an, wenn sie wütend waren. Das war ihre Art, mit Ärger umzugehen. Und diesem Muster folgen nun auch Sie als Erwachsene. Der Unterschied in Ihrer Ehe besteht natürlich darin, dass Scott meistens nicht zurückschreit; er verhält sich ruhig, und so sagen Sie Ihre Meinung, während er schweigt."

„Ja, und das macht mich nur noch wütender", sagte Diana. „Ich wünschte, er würde mich auch anbrüllen."

„Doch wenn ich Sie recht verstanden habe, wollen Sie nicht, dass Matt Sie anschreit."

„Bei Matt ist es etwas anderes", sagte sie. „Er ist unser Kind; er ist nicht mein Mann. Kinder sollten ihre Eltern nicht anschreien."

„Haben Sie Ihre Eltern angeschrieen?", erkundigte ich mich. Diana schwieg einen Moment und meinte dann: „Ja, ich glaube schon."

Diana und Scott sind ein gutes Beispiel für die tiefe Wirkung, die das elterliche Vorbild hinterlässt. Wahrscheinlich ohne je darüber zu sprechen, haben ihre Eltern ihnen unterschiedliche Muster im Umgang mit Ärger beigebracht. Und diese Muster haben sie nun als Erwachsene übernommen. Das Ergebnis ist jedoch, wie sie selbst zugeben, nicht sehr effektiv. In ihrem Bemühen, Matt beizubringen, konstruktiv mit Ärger umzugehen, suchen sie bewusst nach neuen Informationen, wie sie mit ihrem eigenen Ärger konstruktiver umgehen können.

Viele Eltern können sich mit Diana und Scott identifizieren. Oft denken Erwachsene nicht bewusst an ihren eigenen Umgang mit Ärger, bis sie die Reaktion ihrer Kinder erleben. Kinder spiegeln meistens das wider, was sie von ihren Eltern gelernt haben. Typischerweise, wie im Fall von Matt, reagieren Kinder auf Ärger in derselben Weise wie der Elternteil, der ihnen in der Persönlichkeitsstruktur am ähnlichsten ist. Matt hat schon als Kind erlebt, dass sich Diana, wenn sie sich über sein Verhalten ärgerte, mit lautstarkem Geschimpfe Luft machte. Nun bringt Matt seine Gefühle ähnlich zum Ausdruck.

Glücklicherweise können Erwachsene lernen, destruktive Verhaltensmuster zu verändern und neue, gesündere Muster des Umgangs mit Ärger zu entwickeln. Ich arbeitete in mehreren Sitzungen mit Diana und Scott und half ihnen, die Überlegungen zu verstehen, die ich in diesem Buch ausgeführt habe. Es war schön zu beobachten, wie sie lernten, sich gegenseitig ihren Ärger offen, liebevoll und nicht verurteilend zu sagen.

Matt konnte nun immer wieder beobachten, wie die Eltern anders miteinander redeten und sich gegenseitig zuhörten, wenn es um Dinge ging, über die sie sich geärgert hatten. Er sagte mir später: „Ich merkte, dass etwas Merkwürdiges vor sich ging, aber ich wusste nicht was. Noch nie hatte ich sie so offen miteinander reden hören, ohne dass geschrieen wurde."

Später erzählten Diana und Scott Matt, was die Atmosphäre so verändert hatte: Dass sie erkannt hatten, dass ihr Umgang mit Ärger nicht sehr positiv war und dass sie beschlossen hatten, eine Beratungsstelle aufzusuchen. Dass sie lernten, wie sie besser mit ihrem Ärger umgehen konnten. Matt schien das gut zu finden, obwohl er in diesem Moment nicht viel dazu sagte. Sie merkten jedoch, dass er es verstanden hatte, denn eines Abends, als Diana ein wenig nervös wurde, meinte er: „Mama, ich glaube, du musst jetzt die Karte holen und sie Papa vorlesen." Worauf Diana ihn anschaute und sagte: „Ich glaube, du hast Recht, Matt. Danke."

An einem Abend zwei Monate später hielten sie es erst für einen seiner Scherze, als Matt mit der Karte in der Hand ins Zimmer kam und sagte: „ Ich habe mich geärgert. Und ich bin immer noch ärgerlich. Aber – keine Angst! Das ist jetzt kein Angriff, sondern ein Signal: Ich brauche eure Hilfe. Können wir miteinander reden?“ Sie brachen beide in Lachen aus. Matt lächelte und sagte. „Nein, ich meine es ernst. Ich bin wütend, und ich muss mit euch darüber sprechen.“ Sie schalteten den Fernseher aus, schenkten Matt ihre ungeteilte Aufmerksamkeit, und ihr Sohn nutzte zum ersten Mal die Gelegenheit, seinen Ärger so zu verarbeiten, wie sie es ihm vorgemacht hatten.

Die meisten Kinder werden positiv reagieren, wenn sie merken, dass ihre Eltern erkannt haben, dass sie anders mit Ärger umgehen müssen als bisher. Wenn sie dann tatsächliche Veränderungen sehen, wird das ihr Gefühl der Sicherheit verstärken und sich positiv auf ihren eigenen Umgang mit Ärger auswirken.

Dem Kind zeigen, wie es geht

Eltern, die ihre Verantwortung ernst nehmen, ihrem Kind zu zeigen, wie es positiv mit Ärger umgehen kann, können ihm noch auf eine zweite Art helfen: Begleiten Sie Ihr Kind ganz bewusst durch seine Wutanfälle. Eltern müssen sich klarmachen, dass man von Kindern nicht erwarten kann, vernünftig mit Ärger umzugehen, bis man es ihnen beigebracht hat. So wie ein Kind lernen muss, Geschirr zu spülen, das Bett zu machen und Fahrrad zu fahren, muss es auch lernen, wie man mit Ärger umgeht. Dazu gehört, dass wir die gegenwärtige Entwicklungsstufe des Kindes akzeptieren und ihm helfen, schrittweise innerlich zu wachsen.

Ein Kind hat nur zwei grundlegende Möglichkeiten, seinen Ärger zum Ausdruck zu bringen: mit Worten und durch sein Verhalten. Beides kann positiv und negativ ausfallen. Ein Kind kann seinen Ärger ausdrücken, indem es den anderen schubst, stößt, schlägt, ihn mit Gegenständen bewirft, an den Haaren zieht oder indem es selbst mit dem Kopf gegen die Wand schlägt. Das sind ganz offensichtlich negative Reaktionen. Aus dem Zimmer gehen, laut bis 100 zählen, einen Spaziergang um den Block machen sind reife Reaktionen, die dem Kind Zeit geben, innerlich abzukühlen und seinen Ärger konstruktiv zu verarbeiten.

Bei der verbalen Reaktion wird ein Kind verurteilende Äußerungen herausschreien, es wird fluchen oder schimpfen – alles sehr destruktive Muster, seinem Ärger mit Worten Ausdruck zu verleihen. Auf der anderen Seite kann ein Kind lernen, wie es den Eltern zu verstehen gibt, dass es ärgerlich ist, und wie es um eine Gelegenheit bittet, darüber zu sprechen. Das ist eine sehr positive Möglichkeit, den Ärger verbal zum Ausdruck zu bringen. Dabei ist eines nicht zu vergessen: Aufgabe der Eltern ist es, das Kind an der Stelle abzuholen, wo es gerade steht und ihm zu helfen, nach und nach (!) konstruktivere Muster im Umgang mit Ärger zu entwickeln.

Manche Eltern haben Schwierigkeiten zu akzeptieren, dass das dann nicht immer perfekt funktioniert. Sie möchten, dass ihr Kind in diesem Bereich immer absolut vernünftig ist und gestehen ihm nicht zu, dass es sich auch einmal unreif verhält. Eltern, die z. B. ihr Kind anfahren: „Halt den Mund. So lasse ich nicht mit mir reden. Wehe, du schreist mich noch mal an! Hast du mich verstanden?!“, erwarten vom Kind zuviel, sie erwarten nämlich Vollkommenheit. Das ist aber unrealistisch. Hier erwarten Eltern vom Kind offensichtlich einen Grad an Reife, den sie selbst nicht erreicht haben. Ein junger Mann sagte einmal zu mir: „Meine Eltern brüllen mich dauernd an, und mir verbieten sie, sie anzuschreien.“

Wenn Ihr Kind Sie im Ärger anschreit, hören Sie ihm zu! Stellen Sie ihm mit ruhiger (!) Stimme Fragen, und lassen Sie es seinem Ärger Luft machen. Je mehr Fragen Sie stellen und je intensiver Sie zuhören, desto wahrscheinlicher ist es, dass auch das Kind seine Lautstärke drosselt. Konzentrieren Sie sich auf die Ursache des Ärgers, nicht auf die Art und Weise, wie dieser zum Ausdruck gebracht wird. Versuchen Sie zu verstehen, was das Kind als unfair oder falsch empfindet. Sie brauchen mit seiner Wahrnehmung der Situation nicht einverstanden zu sein, aber Sie sollten es ausreden lassen und ihm bis zum Schluss aufmerksam zuhören. Wenn das Kind glaubt, ihm sei Unrecht geschehen, wird sein Ärger erst schwinden, wenn es das Gefühl hat, dass Sie seine Klage gehört und verstanden haben. Sie sind die Eltern und entscheiden letztendlich, was in der Sache unternommen wird, aber das Kind muss das Gefühl haben, dass Sie seine Empfindungen und Gedanken für wichtig halten. Lassen Sie nicht zu, dass die Art und Weise, wie das Kind seinen Ärger zum Ausdruck bringt, Sie von dem ablenkt, was es Ihnen sagen will.

Nachdem Sie dem Ausbruch Ihres Kindes zugehört haben, könnten Sie am Abend oder am nächsten Tag sagen: „Ich finde es gut, dass du mir gesagt hast, wie du dich über diese Situation ärgerst. Wir sind vielleicht nicht immer einer Meinung, aber du sollst wissen, dass ich immer verstehen möchte, wie du dich fühlst. Ich bin keine perfekte Mutter, und manchmal treffe ich nicht gerade die beste Entscheidung. Aber ich möchte wirklich das tun, was für dich am besten ist. Ich hoffe, dass wir beide lernen, unsere Gefühle ruhiger auszudrücken, aber egal, wie du es mir sagst, ich möchte immer erfahren, was du fühlst und denkst."

Wenn Sie vorher immer mit Ihrem Kind herumgestritten haben, können Sie anders anfangen: „Ich habe über uns beide nachgedacht und gemerkt, dass ich kein guter Zuhörer bin. Wenn du deine Gefühle lautstark zum Ausdruck bringst, rede ich mich am Ende auch in Rage. Ich möchte aber ein besserer Zuhörer werden. In Zukunft werde ich versuchen, dir mehr Fragen zu stellen und deine Gefühle zu verstehen, weil mir deine Gedanken und Gefühle wirklich wichtig sind."

Wenn Eltern bessere Zuhörer werden, fühlen sich ihre Kinder besser verstanden. Ihr Sohn wird womöglich nicht mit der Entscheidung, die Sie am Ende treffen, einverstanden sein, aber er wird Sie achten, weil Sie ihn als Menschen ernst genommen haben. Wenn Sie ihrer Tochter zuhören und mit ruhiger Stimme Fragen stellen, wird sie mit der Zeit lernen, ruhiger über ihren Ärger zu sprechen, und Ihre lautstarken Wortgefechte werden der Vergangenheit angehören.

Wenn Ihr Kind im Ärger negative Verhaltensweisen zeigt, wenn es andere stößt, schubst oder mit Gegenständen wirft, konzentrieren Sie sich auch hier zuerst auf den Ärger selbst, dann erst auf die Verhaltensweise. Sie könnten zum Beispiel sagen: „Ich sehe, dass du sehr wütend bist. Ich würde gerne hören, was dich so aufregt, aber wir können nicht darüber sprechen, während du __________. Sollen wir einen kleinen Spaziergang machen und darüber reden?" Mit diesen Worten zeigen Sie dem Kind, dass Sie seinen Ärger ernst nehmen, und Sie bringen zum Ausdruck, dass Sie die Angelegenheit mit ihm besprechen möchten, während Sie ihm gleichzeitig freundlich, aber bestimmt klarmachen, dass Sie erst mit ihm reden können, wenn es das destruktive Verhalten einstellt.

Oft ärgern sich die Eltern über das „unmögliche" Verhalten des Kindes und reagieren dann selbst genauso destruktiv wie das Kind.

Schließlich fühlen sich beide Parteien schlecht, aber es ist nichts geschehen, um das Problem zu lösen, das ursprünglich den Ärger des Kindes ausgelöst hat.

Offensichtlich haben Kind und Eltern eine Menge über den richtigen Umgang mit Ärger zu lernen, und ich will auch nicht behaupten, dass das eine leichte Aufgabe ist. Eltern, die nie gelernt haben, mit ihrem eigenen Ärger gut umzugehen, können sich vielleicht nur schwer meinen Vorschlägen anschließen. Aber bedenken Sie Folgendes:

* Das Kind ist, weil es eben ein Kind ist, unreif. Es ist noch im Entwicklungsstadium. So ist auch sein Umgang mit Ärger noch nicht immer reif und vernünftig.

* Eltern sind älter und hatten zumindest mehr Zeit, um reifer zu werden. Wenn wir selbst keine reife Reaktion auf unseren Ärger gelernt haben, geben wir es zumindest zu, dass das unser Problem ist, nicht das unseres Kindes.

Wenn wir Eltern lernen, gesünder mit unserem eigenen Ärger umzugehen, werden wir auch in der Lage sein, unseren Kindern zu helfen, ihren Ärger konstruktiv anzugehen. Kinder brauchen dringend unsere elterliche Anleitung.

Ein wütendes Kind muss angehört werden, denn seiner Meinung nach haben die Eltern es unfair behandelt, es beschämt, enttäuscht oder sind in irgendeiner Weise ungerecht mit ihm umgegangen. Wenn Eltern die Klagen des Kindes nicht anhören und zu verstehen versuchen, warum das Kind so fühlt, wird das Kind seinen Ärger herunterschlucken, und er wird sich in späterem Verhalten zeigen. Die Psychologen nennen das passiv-aggressives Verhalten. Das Kind verhält sich nach außen hin passiv, aber in seinem Innern wächst die Wut und führt schließlich zu aggressivem Verhalten, was sich dann in schlechten Noten, Experimentieren mit Drogen, sexuellen Aktivitäten, Hausaufgaben „vergessen“ oder einem anderen Verhalten entlädt, von dem das Kind weiß, dass es die Eltern aufregt. Wenn Eltern die große Gefahr verstehen würden, die in solchem passiv-aggressiven

Verhalten liegt, würden sie sich alle Mühe geben, ihrem Kind genau zuzuhören, wenn es wütend ist, versuchen, es zu verstehen und eine Lösung zu finden.

Das heißt nicht, dass Vater und Mutter immer den Bitten des Kindes entsprechen müssen. Der Ärger des Kindes ist oftmals entstellt, das heißt, es ist ihm in Wirklichkeit gar kein Unrecht geschehen. Vielleicht bringt hier eine Erklärung von Vater oder Mutter schon die Lösung. Wichtig ist, dass das Kind das Gefühl hat, dass Sie die ganze Sache ernst nehmen und dass Ihr Verhalten Ihre aufrichtige Liebe zu ihm widerspiegelt.

Jede Erfahrung mit Ärger gibt den Eltern Gelegenheit, das Kind durch diesen Wutausbruch hindurchzubegleiten, sich mit der Angelegenheit zu beschäftigen und eine Lösung zu finden. Mit jedem Mal, wo das gelingt, wird das Kind seinen Ärger beim nächsten Mal vernünftiger zum Ausdruck bringen können. Es wird immer weniger notwendig sein, zu schreien und brüllen, weil die Eltern ihm aufmerksam zuhören, und das Kind sicher sein kann, dass es ein offenes Ohr findet. Wenn Eltern sich so verhalten, bringen sie den Kindern auf äußerst wirksame (weil glaubwürdige) Art und Weise bei, verantwortlich mit Ärger umzugehen.

Dem Kind erklären, was es wissen muss

Die meisten Eltern wollen ihrem Kind einiges dadurch beibringen, dass sie ihm „Instruktionen geben". Das klingt dann ungefähr so: „Ich möchte dir einige Dinge sagen, die du vielleicht noch nicht weißt." Ohne Frage wissen die meisten Eltern viele Dinge, die ihre Kinder noch lernen müssen, und das Kind durch Regeln und Anweisungen anzuleiten kann eine wertvolle Methode der Kommunikation sein. Erklären Sie ihm alles, was es Ihrer Meinung nach wissen muss.

Aber achten Sie unbedingt darauf, dass Liebe immer die klare Grundlage dafür ist. Bedingungslose Liebe schafft den fruchtbaren Boden, damit im Herzen Ihres Kindes manches Gute wachsen kann. Wenn das Herz des Kindes nicht durch bedingungslose Liebe, positives Vorbild und liebevolle Anleitung seitens der Eltern vorbereitet ist, werden Erklärungen, Regeln und Anweisungen wahrscheinlich auf unfruchtbaren Boden fallen. Doch wenn das Herz des Kindes so vorbereitet ist, können solche Gespräche ein ausgezeichnetes Mittel sein, dem Kind beizubringen, wie es positiv mit Ärger umgehen kann.

Es gibt verschiedene Methoden und Möglichkeiten, mit deren Hilfe Eltern ihren Kindern erklären können, wie sie gut mit Ärger umgehen können, je nach Alter und Reife des Kindes.

Bei einem kleinen Kind hat es sich bewährt, biblische Geschichten über Ärger und Zorn zu lesen und mit dem Kind darüber zu sprechen. Geschichten wie die von Kain und Abel, Josef und seinen elf Brüdern, Jona und seinem Ärger auf Gott, Jesus und seinem Zorn auf die Geldwechsler im Tempel geben dem Kind wertvolle Einsichten zum Verständnis von Ärger.

Auch die Weisheiten im Buch der Sprüche verraten viel über das Wesen des Ärgers und enthalten ausgezeichnete Regeln für einen gesunden Umgang mit Ärger.

Das Auswendiglernen von Bibelworten ist eine gute Methode für manche Kinder. Zum Beispiel diese Verse, alle aus dem Buch der Sprüche:

„Nur ein Dummkopf lässt seinem Zorn freien Lauf, ein Verständiger hält seinen Unmut zurück" (Sprüche 29, 11).

„Wer schnell aufbraust, ruft Streit hervor; und ein Jähzorniger lädt viel Schuld auf sich" (Sprüche 29, 22).

„Wer jähzornig ist, richtet viel Schaden an" (Sprüche 14, 17).

„Wer seine Gefühle beherrscht, hat Verstand. Der Jähzornige stellt nur seine Unvernunft zur Schau" (Sprüche 14, 29, sämtlich: Übersetzung Hoffnung für alle).

Wenn Sie diese Worte auf Kärtchen schreiben und sie mit Ihren Kindern auswendig lernen, säen Sie Samen der Weisheit bei ihnen und sich selbst. Ein weiterer guter Vers zum Auswendiglernen steht im Epheser-Brief (Kapitel 4, 26.27): „Wenn ihr zornig seid, dann macht es nicht noch schlimmer, indem ihr unversöhnlich bleibt. Lasst die Sonne nicht untergehen, ehe ihr euch vergeben habt. Gebt dem Teufel keine Chance, Unfrieden zu stiften" (Hoffnung für alle).

Bei älteren Kindern könnte das Lesen und Gespräch über dieses Buch eine ausgezeichnete Möglichkeit sein, Ärger zu verstehen und positiv zu verarbeiten. Sie können das Kind auch anregen, wie ein Journalist zu recherchieren und einen Artikel über das Thema Ärger zu schreiben – also in der Stadtbücherei Bücher zum Thema zu suchen und zu lesen, das Internet zu durchforsten, Eltern und Großeltern zu interviewen: Was sehen sie als Ursache von Ärger an, und wie kann man konstruktiv mit ihm umgehen? Das wäre ein interessantes Projekt für einen Teenager oder ein älteres Kind.

Ein ungezwungenes Gespräch ist ebenfalls eine gute Möglichkeit, um zu erklären, wie es seinen Ärger in den Griff kriegt. Ein offenes Gespräch, bei dem das Kind Fragen stellen und seine Meinung äußern kann, könnte bei einem älteren auch zu einem Austausch darüber führen, wie Sie beide in der Vergangenheit mit Ärger umgegangen sind, und welche positiven Veränderungen geschehen müssen. In einem solchen Familiengespräch könnten die Eltern dem Kind zu verstehen geben, welche Schwierigkeiten sie selbst im Umgang mit Ärger hatten oder haben – als sie noch Kinder waren, und jetzt als Erwachsene. Eine solche Offenheit seitens der Eltern schafft für Kinder oder Jugendliche eine Atmosphäre, in der sie ihre eigenen Probleme zum Ausdruck bringen oder Fragen stellen können.

Eine solches Gespräch könnte eingeleitet werden, indem Sie dem Kind berichten, was Sie kürzlich gelesen haben. Zum Beispiel: „Neulich habe ich einen Artikel/ ein Buch über Ärger gelesen. Darin stand, dass viele Eltern sich gar nicht bewusst sind, wie oft sie bei ihren Kindern die Beherrschung verlieren und Dinge sagen, die die Kinder verletzen; die Eltern erinnern sich hinterher oft noch nicht mal daran. Ich frage mich, ob das vielleicht auch auf mich zutrifft." Und womöglich bekommen Sie dann zu hören: „Na ja, Mama, wenn du es schon selbst sagst …"

Wenn Sie Ihren eigenen Ärger zum Gesprächsthema machen statt den des Kindes, machen Sie es dem Kind leichter, darauf zu reagieren. Es kann Ihnen sagen, wie es Sie als Mensch sieht und die Art, wie Sie mit Ärger umgehen. Solche Gespräche können für das Kind äußerst lehrreich sein und auch den Eltern Einsichten vermitteln. Beim Gespräch mit Ihrem Kind ist es wichtig, dass Sie nicht den Eindruck erwecken, als hätten Sie die Patentantwort auf alles, was mit Ärger zu tun hat. Das Kind weiß, dass das nicht so ist – es hat ja bereits einige Jahre mit Ihnen verbracht. Viel besser ist es, ehrlich zu sein. Sie sagen dem Kind, dass Sie wissen, dass Sie selbst noch auf dem Weg sind, dass Sie selbst in Zukunft besser mit Ihrem Ärger umgehen wollen, und dass Sie gleichzeitig verstehen wollen, worüber Ihr Kind sich ärgert. Das Kind ist normalerweise bereit, nachsichtig mit den Eltern zu sein, solange diese sich nicht als „Alleswisser" aufspielen.

Kinder sind in der Regel bereit, uns zu vergeben, wenn wir uns selbst einmal nicht angemessen verhalten haben, wenn wir unsererseits unsere Fehler eingestehen können. „Tut mir Leid, dass ich heute Nachmittag die Beherrschung verloren habe. Ich habe meinen Ärger nicht beherrscht und sehr unfreundlich mit dir geredet. Manches von dem, was ich gesagt habe, meine ich gar nicht so. Ich möchte dir sagen, dass ich gemerkt habe, dass ich mich falsch verhalten habe. Ich habe Gott gebeten, mir zu vergeben, und nun möchte ich auch dich um Verzeihung bitten." Ein so ehrliches Bekenntnis wird sehr dazu beitragen, dass Ihr Kind wieder Respekt vor Ihnen hat. Das Kind weiß ja bereits, dass die Reaktion unangemessen war.

Wenn wir als Erwachsene so etwas nicht eingestehen, verlieren wir ein Stück weit die Achtung vor uns selbst, und das Kind womöglich auch. Wenn wir aber ehrlich damit sind, wird die Achtung wiederhergestellt. Wenn wir selbst verantwortlich mit unserem Scheitern umgehen, sehen die Kinder nicht nur rechten und unangemessenen Umgang mit Ärger. Wir bringen ihnen damit auch bei, wie sie selbst ihr Fehlverhalten bekennen können.

Für Eltern, die sich näher mit diesem Thema beschäftigen wollen, empfehle ich Ross Campbells Buch *Bevor der Kragen platzt – Vom Umgang mit Ärger in der Erziehung*. Hier wird auch näher eingegangen auf passiv-aggressives Verhalten und Kinder mit speziellen Problemen wie dem Aufmerksamkeits-Defizit-Syndrom und dem Aufmerksamkeits-Defizit-Syndrom bei hyperaktiven Kindern.

Von einer Seite → zur anderen

Ärger, Wut, Zorn – und die praktische Kindererziehung

Es gibt drei grundlegende Methoden, mit deren Hilfe wir unseren Kindern beibringen können, positiv mit ihrem Ärger umzugehen. Ich nenne sie hier in der Reihenfolge ihrer Wichtigkeit, obwohl sie allesamt notwendig sind.

Erstens: Leben Sie angemessenes Verhalten vor. Kinder ahmen Verhalten und Reaktionen nach, die sie bei ihren Eltern beobachten. Kinder reagieren auf Ärger in ähnlicher Weise wie der Elternteil, der ihrer eigenen Persönlichkeit am ähnlichsten ist. Wenn Eltern destruktive Verhaltensmuster zeigen, können sie lernen, anders und gesünder auf Ärger zu reagieren. Wenn Kinder bei ihren Eltern tatsächlich positive Verhaltensänderungen sehen, verstärkt das ihr Gefühl der Sicherheit und Geborgenheit und hat einen positiven Einfluss auf ihren eigenen Umgang mit Ärger.

Zweitens: Begleiten Sie Ihre Kinder ganz bewusst durch ihre Wutanfälle. Holen Sie das Kind auf seiner gegenwärtigen Entwicklungsstufe ab und helfen Sie ihm, sich allmählich reifere Verhaltensweisen anzueignen. Hören Sie dem Kind zu, damit Sie verstehen, was es als unfair oder falsch empfindet. Als Eltern entscheiden letztendlich Sie, was in der Sache unternommen wird, aber das Kind muss merken, dass Sie seine Empfindungen und Gedanken für wichtig halten. Lassen Sie sich nicht vom Verhalten des Kindes in Rage bringen, so dass Sie ähnlich destruktiv auf das Verhalten des Kindes reagieren. Jede Erfahrung mit Ärger gibt den Eltern Gelegenheit, das Kind durch seinen Wutausbruch hindurchzubegleiten, sich mit der Angelegenheit zu beschäftigen und eine Lösung zu finden.

Drittens: Erklären Sie Ihrem Kind, was es wissen muss. Das muss auf der Grundlage bedingungsloser Liebe, eines positiven Rollenvorbildes und liebevoller Anleitung geschehen.

Nachgehakt

1. Kinder erleben Ärger ähnlich wie Erwachsene, ihnen fehlt aber in der Regel die Reife und das Wissen, konstruktiv damit umzugehen. Was können Sie tun, um Kindern ein besseres Verständnis für den Umgang mit Ärger zu vermitteln? Wie können Sie den Kindern am besten beibringen, ihre Reaktionen auf Ärger positiv zu verändern?

2. Rufen Sie sich die drei Methoden in Erinnerung, mit deren Hilfe wir Kindern beibringen können, konstruktiv mit Ärger umzugehen: 1. Leben Sie angemessenes Verhalten vor. 2. Begleiten Sie Ihre Kinder ganz bewusst durch ihre Wutanfälle und 3. Erklären Sie dem Kind, was es wissen muss.
   Denken Sie über die Bedeutung nach, die die Eltern bei jeder dieser Methoden haben. Warum spielt das Verhalten der Eltern eine so große Rolle, wenn das Kind lernen soll, positiv mit seinem Ärger umzugehen? Wie entscheidend ist es, dass beide Eltern in den Erziehungsprozess eingebunden sind?

3. Da Kinder von unserem Vorbild lernen, ist es sehr wichtig, immer ein gutes Rollenvorbild für unsere Kinder zu sein. Wenn Ihre Kinder vor Wut explodieren, sollten Sie dieses Verhalten dann dem Kind oder sich selbst zuschreiben? Oder jemand anderem? Wer oder was ist das Rollenvorbild des Kindes, und wie wirkt es sich auf sein Verhalten aus? Denken Sie darüber nach, wie wichtig es ist, dem Kind zuzuhören, wenn es seinem Ärger Ausdruck verleiht. Was können Sie durch das Zuhören lernen? Was lernt das Kind aus der Tatsache, dass Sie ihm zuhören?

4. *Richtiger Umgang mit Ärger:* Sie haben zwei Töchter, elf und dreizehn Jahre alt. Beide benehmen sich in der Regel gut, können aber extrem eifersüchtig aufeinander sein. Das jüngere Mädchen erledigt seine Aufgaben im Haushalt, ohne dass es dauernd dazu ermahnt werden muss. Das ältere Mädchen muss dagegen stärker überwacht werden und vergisst häufig, seine Pflichten zu erledigen. Gelegentlich haben Sie aufgrund verschiedener Umstände das ältere Mädchen von den häuslichen Pflichten befreit. Diese Gründe erscheinen Ihnen selbst einleuchtend, aber Ihre jüngere Tochter ist sehr aufgebracht darüber. Sie bringt Ihren Ärger gegen Sie und die ältere Schwester durch böse Worte und Wutanfälle zum Ausdruck. Die ältere Schwester zahlt mit gleicher Münze zurück. Wie können Sie diese Situation entspannen?

11. Kapitel

Ärger, Wut, Zorn – auf Gott

Julia hatte schon keine Tränen mehr, als sie in mein Büro kam, aber sie war voller Unruhe und Zorn. Jennifer, ihr ältestes Kind und ihre einzige Tochter war vor drei Monaten bei einen Unfall durch einen betrunkenen Autofahrer ums Leben gekommen. Der tiefe Schmerz über die verlorene Tochter war für Julia schier unerträglich. Als sie dann nach dem ersten Schock in den Alltag und in die neue schmerzhafte Realität zurückkehrte, trauerte sie besonders schwer, weil zu ihrem tragischen Verlust noch Wut und Zorn kamen.

In solchen Situationen gehen Ärger, Wut, Zorn und Kummer oft Hand in Hand. Julia war wütend auf den betrunkenen Autofahrer, der ihre Tochter auf dem Gewissen hatte. Sie war voller Ärger auf das Justizsystem, das ihn ihrer Meinung nach zu einer viel zu geringen Strafe verurteilte, und sie war wütend auf ihren – inzwischen entfremdeten – Ehemann, der Jennifer das „viel zu kleine“ Auto gekauft hatte. „In diesem kleinen Auto hatte sie keine Chance“, sagte Julia. „Es war eine Todesfalle.“

Als ich zuhörte, wie Julia ihren Gedanken und Gefühlen freien Lauf ließ, spürte ich tiefes Mitgefühl. Aber es war ein guter Schritt, dass Julia mir ihr Herz ausschüttete, um ihren Kummer und Ärger zu verarbeiten. In dem Bestreben, die eigentliche Zielscheibe ihres Ärgers aufzudecken, fragte ich Julia, die, wie ich wusste, eine tiefgläubige Christin war: „Welche Gefühle haben Sie bei alledem Gott gegenüber?“

„Ich sage es ungern, Dr. Chapman, aber um ehrlich zu sein, ich bin furchtbar wütend auf Gott. Ich habe das Gefühl, als hätte er mich verlassen. Er hätte Jennifers Leben verschonen können. Sie war so jung und begabt. Warum hat Gott das zugelassen? Ich verstehe das nicht.“

Manche Christen sind angesichts einer Tragödie wütend auf Gott. Julia meinte im Laufe des Gespräches: „Ich habe versucht, für Gott zu leben und ihm treu zu sein. Warum passiert dann so etwas?" Julia durchlebte das, was Hiob vielleicht ähnlich durchgemacht hat, denn auch er war „fromm und rechtschaffen" und hatte einiges zu erleiden (siehe Hiob 1, 8; 2, 3). Als Gott zuließ, dass Hiob seinen Reichtum, seine Familie und seine Gesundheit verlor, empfand dieser rechtschaffene Mann wohl auch starken Ärger gegen Gott. „Gott hat mich übergeben dem Ungerechten und hat mich in die Hände der Gottlosen kommen lassen." Er verlor seinen Lebenswillen und verfluchte sogar den Tag seiner Geburt. „Denn nur wenige Jahre noch, und ich gehe den Weg, den ich nicht wiederkommen werde. Mein Geist ist zerbrochen, meine Tage sind ausgelöscht; das Grab ist da. … Meine Tage sind vergangen; zerrissen sind meine Pläne, die mein Herz besessen haben" (Hiob 3, 1ff.; 16, 11.22; 17, 1.11). Wie Julia verstand auch Hiob nicht, warum Gott eine solche Tragödie in seinem Leben zuließ.

Wie empfindet Gott unseren Ärger?

Wenn wir uns mit Hiob und anderen biblischen Gestalten beschäftigen, die innerlich mit Gott ringen, weil sie sich ärgern, merken wir, dass Gott das nicht verurteilt. Vielmehr tritt er in solchen Situationen in einen Dialog mit diesen Menschen ein und hilft ihnen, ihren Ärger zu verarbeiten. Damit gibt es dann nicht immer gleich eine Erklärung dafür, warum „guten Menschen" schlimme Dinge geschehen. Das Buch Hiob ist ein langer Dialog zwischen Hiob und seinen „Freunden" und zwischen Hiob und Gott. Die Freunde behaupteten, Hiobs Tragödie müsste Gottes Gericht über seine Sünden sein. Doch Hiob wusste, dass das nicht so war, und verneinte das beharrlich.

Nachdem Gott mitfühlend Hiobs Klage zugehört hatte, verurteilte er ihn nicht. Gott erinnerte Hiob daran, dass seine Wege für den Menschen nicht immer verständlich sind. Er erinnerte ihn daran, dass er der allmächtige Schöpfer und Erhalter der ganzen Welt ist und letztendlich ein Gott der Gerechtigkeit, dem man vertrauen kann.[2]

[2] Gottes ausführliche Reden dazu finden sich in Hiob 38-41. Hiob reagierte schließlich mit Vertrauen und tat Buße für seinen Stolz (Hiob 42, 1-6)

Am Schluss brachte Gott seinen Ärger über Hiobs Freunde zum Ausdruck; er klagte sie an, weil sie Hiob verurteilt hatten, und forderte sie auf, für ihr Unrecht Buße zu tun und Hiob zu bitten, für sie zu beten. „Mein Knecht Hiob soll für euch Fürbitte tun, denn ihn will ich erhören, dass ich nicht töricht an euch handle“ (Hiob 42, 8).

Hiobs letzte Reaktion war Vertrauen auf Gott, auch wenn er sein Handeln nicht verstand. Durch diese Erfahrung vertiefte sich Hiobs Beziehung zu Gott. „Ich hatte von dir nur vom Hörensagen vernommen, aber nun hat mein Auge dich gesehen.“ Und dann heißt es: „Und der Herr segnete Hiob fortan mehr als einst“ (Hiob 42, 5.12).

„Warum hat Gott nicht eingegriffen?"

Gott hat tiefes Mitgefühl mit seinen Menschen, wenn sie Zeiten der Trauer und des Ärgers durchleben. Er ist nur allzu gern bereit, zuzuhören, wenn wir unserem Ärger Luft machen und ihm unser Leid klagen. Es ist keine Sünde, uns über Gott zu ärgern. Wir streben nach Gerechtigkeit, und wann immer wir etwas als ungerecht empfinden, fühlen wir Ärger oder Zorn. Weil wir wissen, dass Gott allmächtig ist und das betreffende Ereignis hätte abwenden können, richtet sich unser Ärger unter Umständen auch gegen Gott. „Warum hat Gott nicht eingegriffen?“ ist eine Frage, die manche leidenden Christen stellen.

Theologisch wissen wir, dass wir seit dem Sündenfall nicht mehr im Paradies ohne Leid und Tod leben, sondern „jenseits von Eden“. Wir wissen, dass das der letzte Grund für all unseren Schmerz ist und dass Gott selbst nichts Unrechtes tut, aber emotional empfinden wir womöglich doch Ärger.

Wenn ich über diese Frage nachdenke, kommen mir zwei Möglichkeiten in den Sinn, denn natürlich kann Gott etwas tun. Zunächst könnte er alle sündigen Menschen auslöschen, und somit all den Schmerz, der durch ihr unrechtes Handeln hervorgerufen wird. Damit würde er jedoch die gesamte Menschheit vernichten, weil keiner von uns ohne Schuld ist. In der Bibel heißt es: „Sie sind allesamt Sünder“ (Römer 3, 23).

Die zweite Möglichkeit wäre, dass Gott einschreitet und durch ein Wunder die Folgen alles Bösen abwendet. Gott könnte verhindern, dass Bomben explodieren, er könnte die Motoren aller betrunkenen

Autofahrer abwürgen, alle Keime und Viren vernichten, alle Stürme stillen, alle Feuer löschen, sobald sich nur ein Funke entzündet, alle Kugeln in Luft auflösen, alle verstummen lassen, die ein verletzendes Wort aussprechen wollen, alle, die andere belästigen, und alle Lüstlinge mit zeitweiliger Blindheit schlagen. Das klingt wunderbar, raubt dem Menschen jedoch die Freiheit und macht aus ihm einen Roboter, der nur gute Taten tun darf. Offensichtlich ist Gott Freiheit wichtig, und Freiheit braucht die Entscheidungsmöglichkeit zu gehorchen oder ungehorsam zu sein. Es kann keine Freiheit geben ohne die Möglichkeit zum Bösen, und das Böse hat immer negative Folgen.

Neben den Ungerechtigkeiten, die durch böses Tun hervorgerufen werden, haben Menschen mit persönlichen Lebensumständen zu kämpfen, unter denen sie leiden. „Warum ist mein Sohn an Krebs gestorben, während andere Jugendliche weiterleben?“ „Warum musste mein Ehepartner so früh sterben, während mein gottloser Nachbar weiterlebt?“ „Warum gibt Gott nicht besser Acht auf seine Kinder?“ Solche Fragen erinnern uns daran, dass unsere Sichtweise begrenzt ist. Die Bibel enthüllt nicht alle Gedanken und Pläne Gottes, aber sie lässt uns etwas von seinen Perspektiven wissen:

In den Anfechtungen, die uns Kummer bringen, wird unser Glaube gestärkt und als echt erwiesen, schreibt Petrus. Gott will aus allem – also auch aus den Widrigkeiten des Lebens – Gutes schaffen und uns durch jede Erfahrung hindurch Christus ähnlicher werden lassen, schreibt Paulus. Unsere Schwierigkeiten können dazu dienen, uns reifer werden zu lassen, schreibt Jakobus. Und unsere Probleme und unser Umgang damit können dazu dienen, dass andere Menschen das Werk Gottes in unserem Leben sehen, sagt Jesus selbst (siehe 1. Petrus 1, 5-7; Römer 8, 28.29; Jakobus 1, 2-4; Johannes 9, 1-3).

Auch wenn wir diese positiven Ziele oder „Nebeneffekte“ kennen, beantworten sie doch nicht alle Fragen, die uns angesichts persönlichen Schmerzes und Verlustes umtreiben. Gott fordert uns auf, ihm in der Dunkelheit ebenso zu vertrauen, wie wir ihm im Licht vertraut haben. Er verändert sich nicht und bleibt uns zugewandt, auch wenn sich unsere Lebensumstände in schmerzlicher Weise geändert haben.

Wie können wir mit unserem Ärger auf Gott umgehen?

Das Problem mit unserem Ärger auf Gott ist nicht der Ärger selbst, sondern wie wir mit ihm umgehen. Wir könnten die Worte des Paulus in Epheser 4, 26 umformulieren und sagen: „Wenn du dich über Gott ärgerst, sündige nicht." Ihr Ärger auf Gott ist genau betrachtet nämlich entstellter Ärger.

Gott selbst hat Ihnen nichts Böses getan, aber Sie spüren trotzdem echten Ärger. Sie haben gar keine andere Wahl. Ärger ist Ihre ganz normale Reaktion auf eine Situation, die Ihnen große Schmerzen verursacht – und die Gott Ihrer Meinung nach hätte verhindern können. Also haben Sie das Gefühl, Gott habe Sie unfair behandelt. Ärger ist, wie im 2. und 4. Kapitel ausgeführt, die normale menschliche Reaktion, wenn etwas vermeintlich Ungerechtes geschieht. Gott hat uns mit dieser Fähigkeit zum Ärger geschaffen. Doch *wie wir mit diesem Ärger umgehen,* das liegt in unserer Verantwortung. Genau das ist der Punkt, an dem die menschliche Freiheit, die Gott uns geschenkt hat, positiv oder negativ zum Tragen kommt.

Der erste Schritt, um verantwortlich mit unserem Ärger auf Gott umzugehen, ist, diesen Ärger vor Gott zu bringen. Sie brauchen sich Ihres Gefühls nicht zu schämen, denn es ist Zeichen für Ihr Streben nach Gerechtigkeit. Sie dürfen Gott gegenüber freimütig Ihre Sicht der Dinge zum Ausdruck bringen. Sie werden ihn damit nicht verletzen oder seinen Ärger erregen. Sie sind sein Kind, und er möchte an Ihrem gesamten Leben teilhaben. Ihr Ärger überrascht ihn auch nicht. Er weiß, was Sie durchmachen, und möchte, dass Sie ihm Ihre Gedanken und Gefühle mitteilen. In vielen biblischen Berichten kommt immer wieder klar zum Ausdruck, dass Gott seine Kinder nicht verurteilt, wenn sie ihm offen sagen, wie es in ihrem Innersten aussieht. Schauen wir uns einmal drei Beispiele an:

In 1. Mose 4 wird Ärger und Zorn zum ersten Mal in der Bibel erwähnt. Kain war zornig auf Gott, weil Gott das Opfer seines Bruders Abel annahm, seines aber nicht. „Da ergrimmte Kain sehr und senkte finster seinen Blick. Da sprach der Herr zu Kain: Warum ergrimmst du? Und warum senkst du deinen Blick? Ist's nicht also? Wenn du fromm bist, so kannst du frei den Blick erheben. Bist du aber nicht fromm, so lauert die Sünde vor der Tür, und nach dir hat sie Verlangen; du aber herrsche über sie" (Verse 5-7).

In diesem ersten Beispiel von Ärger in der Bibel *ergriff Gott die Initiative*: Er erkannte Kains Ärger sofort und machte ihn zum Thema. Kain hatte offenbar versucht, seinen Ärger vor Gott zu verbergen. Durch seine Initiative bringt Gott klar zum Ausdruck, dass wir unseren Ärger nicht verdrängen, sondern mit ihm offen darüber reden sollen. Ärger gegen Gott soll nicht herunter geschluckt, sondern soll Gott gegenüber ausgesprochen werden.

Interessanterweise kommt Gott sofort auf das Thema Recht und Unrecht zu sprechen, das, wie wir herausgefunden haben, immer der Kernpunkt unseres Ärgers ist.

Kain meinte, Gott habe ihn falsch behandelt. Gott machte Kain daraufhin klar, dass sein Ärger entstellt war, das heißt, dass er sich auf seine subjektive (und hier verzerrte) Sicht der Dinge gründete und nicht auf die objektive Realität. Gott hatte Kain nicht unrecht getan. Der Text erklärt uns hier nicht die Anweisungen Gottes, aber aus Gottes Antwort geht hervor, dass Kain genau wusste, welches Opfer gefordert war, aber trotzdem anders entschieden hatte – und damit Gott ungehorsam war. Daher nahm Gott sein Opfer nicht an. Gott brandmarkte diese Entscheidung als Sünde und rief Kain zur Buße. Immer wieder sagt Gott, dass Sünde, dass Schuld uns und unsere Beziehungen unweigerlich zerstört. Und er fordert uns deswegen dringend auf, das nicht zuzulassen. Die Entscheidung dazu liegt in unserer Hand.

Ein zweites Beispiel ist Jona. Er überbrachte wie aufgetragen die Botschaft vom Gericht Gottes: Vierzig Tage noch, dann würde Gott diese Stadt zerstören. Die Leute von Ninive taten Buße. Gott vergab ihnen und hob das Gericht auf. Jonas Reaktion auf Gottes Gnade war Ärger: „Das aber verdross Jona sehr, und er ward zornig“, heißt es. Er betete zu Gott: „Ach Herr, das ist's ja, was ich dachte, als ich noch in meinem Lande war, weshalb ich auch eilends nach Tarsis fliehen wollte; denn ich wusste, dass du gnädig, barmherzig, langmütig und von großer Güte bist und lässt dich des Übels gereuen. So nimm nun, Herr, meine Seele von mir; denn ich möchte lieber tot sein als leben“ (Jona 4, 1-3).

Jona spürte ganz eindeutig Ärger, und den sprach er vor Gott ganz offen an. Er sagte ihm ganz genau, was er als ungerecht empfand. Gottes Reaktion war voller Mitgefühl. Er half Jona herauszufinden, ob sein Ärger berechtigt war oder nicht. Gott half Jona zu verstehen, dass die Predigt, die er in seinem Auftrag gehalten hatte, nicht vergebens gewesen war, sondern im Gegenteil Erfolg gehabt hatte und dem Ziel diente, das Gott im Auge hatte.

Jonas Ärger war entstellter Ärger – ihm war es peinlich, eine Gerichtspredigt gehalten zu haben, auf die hin das Gericht ausblieb. Aber das Volk tat Buße, was aus Gottes Sicht viel wichtiger war. Es wird nicht erwähnt, was Jona nach diesem Gespräch mit Gott tat. Wir können nur hoffen, dass er akzeptiert hat, dass Gott den Menschen von Ninive seine souveräne Vergebung schenkte, und Gott dafür gedankt hat, dass er ein Teil des göttlichen Erlösungs-Planes sein durfte.

Auch Elias Ärger ist lehrreich für uns. In 1. Könige 18 und 19 lesen wir, dass der Prophet Elia König Ahab mit seiner Sünde konfrontiert und eine Machtprobe mit den Propheten des Götzen Baal herausgefordert hatte. Elia hatte die Demonstration übernatürlicher Kraft gesehen, als Feuer vom Himmel fiel und das Opfer nach den Gebeten Elias verzehrte. Die Menschen riefen: „Der Herr ist Gott, der Herr ist Gott!“ (1. Könige 18, 39). Die Propheten des Baal wurden getötet, und Elia hatte einen großen Sieg errungen.

Es war auch ein großer Sieg für Gott und Elia. Am nächsten Tag jedoch ließ die Königin Isebel Elia ausrichten, dass er binnen vierundzwanzig Stunden getötet werden würde. Elia hatte Angst und lief um sein Leben. Das Wort *Ärger* kommt in diesem biblischen Text nicht vor, aber es schimmert doch bei Elias Gebet durch: „Es ist genug, so nimm nun, Herr, meine Seele; ich bin nicht besser als meine Väter“ (1. Könige 19, 4).

Nach diesem verzweifelten Gebet schlief Elia ein. Nach einiger Zeit wurde er von einem Engel geweckt, der schlicht und einfach sagte: „Steh auf und iss! Und er sah sich um, und siehe, zu seinen Häupten lag ein geröstetes Brot und ein Krug mit Wasser.“ Als er gegessen hatte, legte Elia sich wieder schlafen und wurde ein zweites Mal von dem Engel geweckt, der ihm die Anweisung gab: „Steh auf und iss!“ Durch die Nahrung gestärkt lief Elia vierzig Tage lang zum Berg Gottes, dem Horeb. Und er kam dort in eine Höhle und blieb dort über Nacht“ (siehe Verse 5-9).

Nachdem er Elia mit Nahrung versorgt und ihn hatte ausruhen lassen, begann Gott mit ihm ein Gespräch über seine Gefühle. Elia reagierte mit den folgenden Worten: „Ich habe geeifert für den Herrn, den Gott Zebaoth; denn Israel hat deinen Bund verlassen und deine

Altäre zerbrochen und deine Propheten mit dem Schwert getötet, und ich bin allein übrig geblieben, und sie trachten danach, dass sie mir mein Leben nehmen." Gottes Antwort darauf war keine Diskussion, sondern eine Demonstration: Gott forderte ihn auf, sich an den Berg zu stellen und Ausschau zu halten. Elia sah einen mächtigen Sturm, der die Berge zerriss, ein Erdbeben und ein Feuer, aber in keinem von ihnen sah er Gott. „Und nach dem Feuer kam ein stilles, sanftes Sausen. Als das Elia hörte, verhüllte er sein Antlitz mit seinem Mantel und ging hinaus und trat in den Eingang der Höhle" (Verse 10-13).

Dann begann Gott wieder mit Elia zu reden. Elia wiederholte seine Worte, brachte seine Enttäuschung darüber zum Ausdruck, dass er trotz allem, was er für Gott getan hatte, nun auf der Flucht leben musste. Gottes Antwort darauf hört sich vielleicht seltsam an. Er befahl Elia, einen neuen König über Aram (Hasael), einen neuen König über Israel (Jehu) und seinen Nachfolger als Prophet (Elisa) zu salben. Und Gott versicherte Elia, dass diese Männer sich der Leute annehmen würden, die ihn verfolgten. Er versicherte ihm auch, dass er nicht der Einzige auf verlorenem Posten sei, der Gott anbetete, sondern dass es in Israel siebentausend waren, die treu zu ihm standen.

Elia nahm seine neue Aufgabe von Gott an, stand auf und machte sich auf die Reise (siehe Verse 14-18).

Elia hatte seinen Ärger verarbeitet; jetzt konnte er ein neues Kapitel in seinem Leben beginnen.

Alle drei biblischen Beispiele veranschaulichen, dass es gut und richtig ist, mit Gott über seinen Ärger zu sprechen. Gott ist unser Vater im Himmel, der mit uns fühlt, und er will unsere Klagen hören. Gleichzeitig ist er der souveräne Gott, der nichts Falsches tut. Er wird uns entweder helfen, seine Sicht unserer gegenwärtigen Situation zu verstehen, wie er es mit Kain, Jona und Elia tat. Oder er bittet uns ohne Erklärung ganz einfach, ihm zu vertrauen wie im Falle Hiobs.

Elia ist ein gutes Beispiel für *den zweiten Schritt, um unseren Ärger auf Gott zu verarbeiten: hören, was Gott uns zu sagen hat.* Wenn wir Gott aufrichtig unser Herz ausgeschüttet haben, können wir nun auf sein „stilles, sanftes Sausen", seine leise Stimme hören. Das geschieht vielleicht durch einen vertrauenswürdigen, christlichen Freund oder durch eine Predigt. Vielleicht auch durch ein gutes Buch, das von einem Menschen geschrieben wurde, der einen ähnlichen Weg mit

Gott gegangen ist wie wir. Gottes Wort kann uns durch die Worte einer alten Hymne oder eines modernen Liedes nahe kommen oder in unserer persönliche Bibellese. Wenn Gott spricht, werden Sie merken, dass es seine Stimme ist, wenn die Botschaft, die Sie empfangen, mit der Bibel übereinstimmt. Wir hören auf Gottes Stimme, suchen das Gute, das aus unserer schmerzlichen Situation wachsen könnte, und versuchen, in die Ähnlichkeit mit Christus hineinzuwachsen.

Letzten Endes gilt es, das anzunehmen, was uns in unserem Leben geschehen ist. Wir können glauben, auch wenn wir es nicht immer verstehen können, dass Gott mit uns seine guten Ziele verfolgt, trotz allem, was in dieser Welt geschieht. Dafür stehen Gottes Wort, die Bibel und sein Wesen als weiser und souveräner Gott.

Wir werden auf dieser Welt nicht immer alles verstehen, auch nicht, wenn wir offen vor Gott sind und auf seine leise Stimme hören. Aber auf ihn zu hören, gibt uns die Gewissheit, in seiner Hand geborgen zu sein, und es bewahrt uns vor Groll, der unser Leben zerstört.

Die Situation, die uns verletzt hat, anzunehmen kann schnell geschehen oder Wochen oder Monate dauern. Das ist unterschiedlich. Doch ein Mensch, der seinen Ärger ehrlichen Herzens vor Gott ausbreitet, wird schließlich den Frieden Gottes erleben, „der höher ist als alle Vernunft" und der das Herz und die Sinne bewahrt und zur Ruhe finden lässt (Philipper 4, 7).

Mit diesem inneren Frieden stellt sich die Gewissheit ein, dass mein Leben in den Händen eines liebenden Gottes liegt, den berührt, was ich durchleide, und der selbst meinen Ärger als Ausdruck meiner inneren Beziehung zu ihm versteht.

Wenn der Friede, der aus der Annahme unserer Situation rührt, sich auf uns gelegt hat, gelangen wir in *ein drittes Stadium. Wir werden wieder bereit zum Dienst* für die nächste Aufgabe von Gott. Solange wir leben, ist Gott nicht fertig mit uns. Elia wollte sterben, aber Gott gebot ihm, Könige zu salben. Vielleicht sind Sie im Augenblick krank, entmutigt, enttäuscht oder tief traurig, aber Gott hat noch etwas mit Ihnen vor, und seine Pläne mit Ihnen sind gute Pläne. „Denn ich weiß wohl, was ich für Gedanken über euch habe, spricht der Herr: Gedanken des Friedens und nicht des Leides, dass ich euch gebe Zukunft und Hoffnung" (Jeremia 29, 11).

Wenn wir den Schritt wagen und das zu tun beginnen, wozu uns Gott begabt hat, dann wird sich damit nicht im selben Moment unser

Schmerz verflüchtigen, aber es ist heilsam und wird dazu beitragen, dass nichts mehr zwischen uns und Gott steht.

Julia, der wir am Anfang dieses Kapitels begegnet sind, saß vor über fünfzehn Jahren in meinem Büro. Inzwischen leitet sie seit vielen Jahren eine Bibelgruppe für Frauen. Ihre Treffen haben großen Zulauf. „Sie weiß, wovon sie redet, sie hat es selbst durchgemacht", hörte ich von einer Teilnehmerin. Julia sagt heute, dass ihr Leben durch den Verlust ihrer einzigen Tochter neben allem Leid auch sehr bereichert wurde. Sie versucht nicht, ihren Schmerz zu übertünchen, und gesteht offen ein, dass sie sehr oft an ihre Jennifer denkt und sich fragt, was wohl aus ihrem Leben geworden wäre, wenn sie weitergelebt hätte.

Julia hat manche Fragen ohne Antwort, aber sie ist bereit, damit zu leben. Und aufgrund dessen, was sie im Rückblick erkennt, merkt sie – und will und kann sie es glauben, dass Gott am Werk ist, selbst in den schmerzlichsten Ereignissen des Lebens.

Elia ließ seinen Ärger auf Gott bewusst hinter sich und lebte sein Leben weiter. Kain dagegen blieb in seinem Groll stecken, lockte seinen Bruder Abel auf ein abgelegenes Feld und tötete ihn dort. Damit wurde Kain für alle Zeiten ein Beispiel dafür, wie wir in unserem Ärger besser nicht handeln. Gott zog Kain für sein schuldhaftes Verhalten zur Verantwortung. Er lebte noch viele Jahre lang weiter, aber immer unter dem Schatten seiner sündigen Tat, die aus einem entstellten Ärger gegen Gott geschah.

Jeder Mensch, der Ärger auf Gott mit sich herum trägt, wird entweder dem Beispiel Kains oder dem Elias folgen. Wenn wir Kain folgen, werden wir unseren sündigen Impulsen nachgeben und in unkontrolliertem Ärger Dinge tun, die uns und anderen das Leben nur noch schwerer machen. Wenn wir dagegen wie Elia gute Entscheidungen treffen, werden wir vor Gott all unseren Ärger ausbreiten und auf die leise Stimme hören, die von Gott kommt. Ob wir unsere Situation gleich verstehen oder nicht, wir werden Gott vertrauen in dem Bewusstsein, dass er Schmerz kennt und weiß, wie uns zumute ist.

Der Mensch, der lernt, mit seinem Ärger auf Gott konstruktiv umzugehen, kann hoffnungsvoll in die Zukunft blicken, trotz seinem gegenwärtigen Schmerz. Und viele werden erleben, was Hiob erfahren konnte. „Und der Herr segnete Hiob fortan mehr als einst" (Hiob 42, 12). Wie Julia und wie Hiob werden wir Gottes Segen erfahren, und er wird mit uns und durch uns erstaunliche Dinge tun.

Von einer Seite

→ zur anderen

Ärger, Wut, Zorn – auf Gott

Ärger ist die normale menschliche Reaktion, wenn wir etwas als ungerecht empfinden. Wenn Ihnen eine Situation große Schmerzen bereitet und Sie meinen, dass Gott das Böse hätte verhindern können und sollen, ist es möglich, dass Sie sich von Gott unfair behandelt fühlen. Deshalb ärgern Sie sich über ihn. Es handelt sich hier um entstellten Ärger (der sich auf eine nur *angenommene* Ungerechtigkeit gründet), aber Ärger ist es trotzdem.

Wie gehen wir mit diesem Ärger auf Gott um? Wenn wir das verantwortlich tun wollen, durchlaufen wir drei Stufen.

Erstens: Bringen Sie den Ärger vor Gott. Sie können Gott gegenüber freimütig über Ihre Sicht der Dinge reden. Sie werden ihn damit nicht verletzen oder seinen Ärger hervorrufen. Gott ist unser himmlischer Vater, der mit uns fühlt und unsere Klagen hören will. Er wird uns entweder helfen, seine Sicht unserer gegenwärtigen Situation zu verstehen, oder er bittet uns, ihm zu vertrauen, wie im Falle Hiobs.

Zweitens: Hören Sie, was Gott Ihnen zu sagen hat. Wenn wir Gott aufrichtig unser Herz ausgeschüttet haben, können wir auf sein „stilles, sanftes Sausen“, auf seine leise Stimme achten, z. B. in dem, was wir von einem vertrauenswürdigen, christlichen Freund hören, in einer Predigt oder durch das Buch eines Christen, der einen ähnlichen Weg gegangen ist wie wir. Gott kann uns seine Gedanken oder einfach seinen Frieden auch durch die Worte einer alten Hymne oder eines modernen Liedes zukommen lassen oder in unserer persönlichen Bibellese. Wenn Gott spricht, werden Sie wissen, dass es seine Stimme ist, wenn die Botschaft, die Sie empfangen, mit der Bibel übereinstimmt.

Drittens: Wir werden wieder bereit zum Dienst für die nächste Aufgabe von Gott. So lange wir leben, ist Gott nicht fertig mit uns. Wir sind nützliche Werkzeuge für die guten Pläne und Absichten des Meisters.

Nachgehakt

1. Manchmal sind Menschen angesichts eines tragischen Ereignisses zornig auf Gott. Wir hören, dass ein liebender Gott sich um das Wohlergehen seiner Kinder kümmert. Wir können das in der Situation selbst oft nicht verstehen, sehen aber manchmal im Nachhinein, dass menschlich und geistlich gesehen aus Leid sogar Gutes wachsen kann. Denken Sie darüber nach, wann Sie wegen einer leidvollen Erfahrung oder einer Enttäuschung schon einmal zornig auf Gott waren. Wurde Ihr Ärger konstruktiv aufgelöst? Wie schien Gott darauf zu reagieren?

2. Das Buch Hiob ist der klassische Bibeltext zum Thema Gehorsam gegen Gott angesichts von Verzweiflung und tragischem Schicksal. Was sagt dieser Text über Gott aus und die Art und Weise, wie er mit menschlichem Ärger umgeht? Was haben Sie aus der Erfahrung Hiobs gelernt? Gibt es eine Grenze des Leidens, das Sie ertragen müssen, wenn Sie Gott treu bleiben wollen?

3. Haben Sie sich an irgendeinem Punkt Ihres Lebens so ähnlich wie Hiob gefühlt? Warum? Wie belohnt Gott Treue in Anfechtungen?

4. *Richtiger Umgang mit Ärger*: Sie sind ein fünfundvierzigjähriger öffentlicher Redner, der auch als Evangelist für seine Gemeinde tätig ist. Sie waren zwanzig Jahre lang ein begabter Redner im Berufsleben und im Dienst Gottes. Bei einem Arztbesuch anlässlich einer vermeintlichen Infektionskrankheit diagnostizierte man Kehlkopfkrebs in fortgeschrittenem Stadium. Der Arzt teilt ihnen mit, dass nur eine Operation Ihr Leben retten wird. Dieser Eingriff würde bedeuten, dass Sie mit größter Wahrscheinlichkeit einige oder alle Stimmbänder verlieren und somit Ihre Sprechfähigkeit drastisch eingeschränkt wird. Da Sie Ihre Redegabe immer Gott zugeschrieben haben, fühlen Sie sich jetzt von ihm betrogen, weil Ihnen die Gabe genommen wird, die Sie ja auch in seinem Dienst gebraucht haben. Ist Ihr Ärger berechtigt oder entstellt? Beschreiben Sie, wie Sie Ihren Ärger auf Gott angemessen verarbeiten würden. Was muss geschehen, damit Sie inneren Frieden finden?

12. Kapitel

Ärger, Wut, Zorn – auf sich selbst

Weiße, flauschige Wolken schweben am blauen Himmel. Das Radio meldet um acht Uhr morgens gutes Wetter für den Tag, und Simon beschließt, an diesem Samstagmorgen endlich die Treppe hinter seinem Haus auszubessern. Innerhalb einer Viertelstunde ist er mit dem Hammer in der Hand draußen. Eine Minute später schlägt er sich mit dem Hammer auf den Daumen.

Der Schmerz im Daumen ist so groß wie der Ärger auf sich selbst. Seine Gedanken überstürzen sich: *Wie blöd! Warum habe ich den Nagel so dumm gehalten? Ich hätte doch besser einen Handwerker kommen lassen sollen. Ich weiß doch, dass ich handwerklich nicht besonders geschickt bin.* Er schaut auf seinen anschwellenden Daumen. Er kann ihn nicht bewegen, ohne dass ihn ein scharfer, stechender Schmerz durchzuckt. *Jetzt muss ich auch noch in die Ambulanz fahren; ich habe den ganzen Tag verloren. Ich habe mir bestimmt den Daumen gebrochen. So etwas kann aber auch nur mir passieren!*

Was erlebt Simon an diesem schönen Morgen? Ärger, der sich gegen die eigene Person richtet. Er denkt, dass er den Schmerz in seinem Daumen, der sich nun bereits den Arm heraufzieht, nur seiner Unachtsamkeit zu verdanken hat. Er ärgert sich noch mehr, als er zu dem Schluss kommt, dass er eine falsche Entscheidung getroffen hat, die Treppe selbst instand setzen zu wollen. Der Ärger wird noch größer bei dem Gedanken, wie viel Zeit ihn sein Leichtsinn womöglich noch kostet, weil er nun ins Krankenhaus fahren muss. *Ich war leichtsinnig. Ich war dumm. Ich habe einfach falsch entschieden.* Diese Gedanken und Gefühle stecken hinter Simons Ärger.

Die meisten Menschen ärgern sich von Zeit zu Zeit schon einmal über sich selbst. Normalerweise passiert das dann, wenn wir erkennen, dass wir etwas Falsches getan haben: Wir haben leichtsinnig, töricht oder verantwortungslos gehandelt. Im ersten Ärger verurteilen wir uns selbst. Und Gefühle von Schuld und manchmal auch von Scham gesellen sich dann fast wie von selbst dazu.

Wie gesagt, Ärger drückt unser emotionales und körperliches Unbehagen aus über eine Situation, die wir als falsch, unfair oder ungerecht ansehen. Wenn wir uns über uns selbst ärgern, halten wir uns selbst für denjenigen, der unrecht getan hat, unfreundlich oder ungerecht war oder wie im Fall von Simon leichtsinnig gehandelt hat. Dieser Ärger auf uns selbst kann leicht, mittel oder extrem stark sein, je nachdem, was passiert ist. Wenn ich in die Garage zu meinem Wagen gehe und merke, dass ich den Autoschlüssel im zweiten Stock vergessen habe, bin ich sicher nur leicht verärgert. Wenn ich auf dem Parkplatz des Einkaufszentrums stehe, die Tür zugeschlagen habe und die Autoschlüssel noch innen stecken sehe, ist mein Ärger vielleicht im mittleren Bereich. Wenn ich aber meine Schlüssel auf einer Fotoexpedition hundert, zweihundert Kilometer von der Zivilisation entfernt verliere, wird mein Ärger auf mich selbst wohl ziemlich groß sein.

Welche Ursachen hat Ärger auf sich selbst?

In jedem Bereich unseres Lebens gibt es Ereignisse, die Ärger auf sich selbst auslösen können. Wir ärgern uns meistens dann über uns selbst, *wenn wir nicht unseren Erwartungen an uns selbst entsprechen,* das heißt, wenn wir in unserem Beruf, in unseren Hobbys, in unseren Beziehungen oder in der Gemeindearbeit nicht das erreichen, was wir meinen erreichen zu können und zu müssen.

Jonathan war leitender Angestellter, ein hart arbeitender, aufstrebender junger Mann, der bereits eine gute Position in seiner Firma hatte. Aber eines Abends erlebte seine Frau Bea einen Mann voller Selbstvorwürfe: „Ich kann es nicht fassen, dass ich einen der wichtigsten Punkte in meinem Bericht ausgelassen habe. Als mein Kollege es erwähnte, fiel es mir wie Schuppen von den Augen. Dass ich das übersehen konnte! Ich stand da wie ein Dummkopf, und das in Gegenwart des stellvertretenden Vorstandsvorsitzenden. Der kommt sonst gar nicht zu diesen Besprechungen. Ich kann es einfach nicht fassen."

Normalerweise kommt Jenny in einer positiven, angeregten Stimmung von der Chorprobe nach Hause. Aber heute fällt ihrem Mann auf, dass sie ruhig und in sich gekehrt ist. „Wie war denn die Chorprobe?", erkundigt er sich. „Es war schrecklich", meint sie. „Ich weiß gar nicht, warum ich mich für dieses Solo gemeldet habe. Ich hätte nicht vorsingen sollen. Es klang furchtbar. Ich weiß, dass ich es besser kann. Wie konnte das nur passieren! Meine Stimme war richtig angespannt. Ich hörte mich an wie ein krächzender Rabe."

Wenn Brad vom Golf heimkommt, ist er in der Regel entspannt und guter Laune. Aber am letzten Donnerstagabend, als Jennifer ihn fragte, wie das Spiel verlaufen war, meinte er: „Frag' besser nicht. Ich glaube, das war das schlechteste Spiel, das ich je gemacht habe. Ich weiß gar nicht, was mit mir los war. Ich habe einfach nichts hingekriegt."

Jonathan, Jenny und Brad ärgern sich über sich selbst, weil sie nicht das geleistet haben, wozu sie eigentlich fähig gewesen wären. Sie ziehen den Schluss, dass es „unentschuldbar ist, nicht das Beste zu leisten". Sie sind ärgerlich auf sich selbst, weil sie unter ihren Möglichkeiten geblieben sind.

Wir alle sind hin und wieder leichtsinnig, ungeschickt, tun etwas ohne nachzudenken oder benehmen uns einfach unpassend. Wenn das dann negative Folgen hat, ärgern wir uns über uns selbst, dass wir so dumm, gedankenlos oder fahrlässig sein konnten. Bruce z. B. fuhr in einem gemieteten Wagen die ersten Kilometer auf der Autobahn. Er versuchte, die Bedienungsknöpfe für den CD-Player zu finden und fuhr dabei auf einen langsamen Lastwagen auf. Er war wütend auf sich selbst. *Ich kann es nicht fassen, dass mir das passiert ist. Und Andy habe ich immer gepredigt, nicht am Radio herumzufummeln, wenn er am Fahren ist. Schau auf die Straße. Das habe ich ihm hundert Mal gesagt, und jetzt passiert mir das. So etwas Dummes!*

Marie kam nicht ganz an die Schüssel vom obersten Regalbrett und war in Eile, als sie sich dazu auf den Hocker stellte. Der Hocker kippte und sie landete unsanft inmitten von Glasscherben auf dem Boden. Ihr erster Gedanke war: *Warum war ich wieder so hektisch? Ich wusste doch, dass der Hocker nicht stabil ist. Hätte ich mir in Ruhe die kleine Stehleiter geholt, wäre das nicht passiert.* Dann merkte sie, dass wohl ihr Arm gebrochen war, und wurde noch wütender auf sich. *Jetzt habe ich das ganze Wochenende verpatzt,* dachte sie. *Ich muss zum Arzt oder ins Krankenhaus gehen und kann Gina nicht zu ihrer Großmutter fahren. So geht das nicht weiter, ich muss einfach eine langsamere Gangart einlegen.* Dann merkte sie, was sie da gerade gedacht hatte und sagte sich grimmig: *Mit dem gebrochenen Arm muss ich sowieso kürzer treten.* Ein Moment Leichtsinn oder Gedankenlosigkeit – und es kann zu so einer Situation kommen, die massiven Ärger auf sich selbst heraufbeschwört.

Vielleicht am stärksten ist unser Ärger, unsere Wut, unser Zorn auf uns selbst, *wenn wir gegen unsere eigenen Wertvorstellungen handeln.* Ken, ein engagierter Christ, hatte sich zu einer Lüge hinreißen lassen, die aufflog. Er ärgerte sich und schämte sich über seine mangelnde innere Stärke. *Warum habe ich das getan? Ich habe es doch nicht nötig zu lügen. Ich weiß gar nicht, was in mich gefahren ist. Ich bin ein Lügner! Ich will das nicht sein. Ich ärgere mich richtig über mich selbst.* Diese Gedanken gingen ihm durch den Kopf.

Thomas, ein christlicher Ehemann, der ein Auge zu viel auf eine andere Frau geworfen hatte, machte in Gedanken seine Ehefrau für die Affäre verantwortlich. Im Nachhinein empfand er nur noch Trauer und Wut über seine ganze Unaufrichtigkeit, als er merkte, dass er mit seinem Egoismus das Vertrauen und die Gefühle seiner Frau verletzt hatte und auch noch seine Ehe und seine Selbstachtung aufs Spiel gesetzt hatte.

Wann immer wir unser eigenes moralisches Wertesystem verletzen, verletzen wir uns damit potentiell auch selbst – und der Ärger auf sich selbst ist das untrügliche Zeichen dafür. Der Ärger stellt sich dann ein, wenn ein betroffener Mensch selbst erkennt, was er getan hat, oder wenn das Unrecht von anderen aufgedeckt wird. Wenn er dann die Folgen der Tat zu tragen hat, wird das seinen Ärger meistens noch verstärken.

Solcher Ärger wird oft von Schuldgefühlen begleitet. Ärger und Schuldgefühle haben eine bestimmte Aufgabe: Sie sollen uns zur Umkehr und Vergebung – und damit zu Klärung und Neuanfang – führen, wovon später genauer die Rede sein wird. Doch manchmal wird der Neuanfang eher verhindert, weil der Betroffene in der Phase davor stecken bleibt, in seinen Schuldgefühlen schwelgt und den Ärger nach innen richtet.

Ungesunde Reaktionen

Was auch immer die Ursache des Ärgers auf uns ist – wir müssen und wir können lernen, konstruktiv damit umzugehen, anstatt zu explodieren oder zu implodieren.

Wenn wir uns über uns selbst ärgern und explodieren, beschimpfen wir uns meistens mehr oder weniger laut – entweder öffentlich vor anderen oder allein in unserem Zimmer : „Ich bin vielleicht dumm! Bei mir geht einfach alles schief! Wie konnte mir das nur passieren?! Ich schäme mich so … Ich kann mich ja nirgends mehr blicken lassen! Ich wollte, ich wäre weit, weit weg von hier. Am liebsten würde ich sterben."

Oder der Ärger auf sich selbst explodiert darin, dass wir uns körperliche Schmerzen zufügen: Manche Menschen raufen sich die Haare, andere kratzen sich, schlagen mit dem Kopf gegen die Wand oder den Boden, verletzen ihren Körper mit scharfen Gegenständen oder unternehmen einen Selbstmordversuch. So ein Explodieren ist wie ein Angriff auf sich selbst von außen, weil ein Mensch keine anderen Möglichkeiten kennt, mit seinem Ärger umzugehen.

Implodieren ist genauso ein Angriff auf sich selbst, nur nach innen gerichtet. Äußerlich erscheinen wir vielleicht ganz ruhig, aber in unserem Innern nagen und wüten wir gegen uns selbst. *Das geschieht mir recht, dass ich jetzt so leiden muss; was habe ich da nur angerichtet? Ich war so blöd! Bestimmt glaubt mir jetzt keiner mehr. Ich wusste, dass es schlecht ist, und hab es mit Absicht gemacht. Ich verdiene gar keine Vergebung.*

Manche solcher Gedanken sind erschreckend verurteilend. *Mein Leben ist sinnlos. Ich verdiene es nicht, glücklich zu sein. Ich habe gar keinen Grund, weiter zu leben.*

So eine Selbstverurteilung dreht sich unter Umständen wie eine Schallplatte immer und immer wieder im Kopf, wenn ein Mensch den Ärger auf sich selbst nach innen richtet. Und sie hat oft direkte Folgen auf den Körper, besonders auf den Verdauungsapparat und das Nervensystem.

Explodieren und Implodieren sind offensichtlich beides keine guten Lösungen, um mit dem – bewussten oder unbewussten – Ärger auf sich selbst zurecht zu kommen. Wie kann man also besser damit umgehen?

Ärger auf sich selbst – angemessene Reaktionen

Ich möchte Ihnen einen von vielen Männern und Frauen erprobten und als „gut gangbar" beurteilten Weg vorstellen, wie Sie positiv mit dem Ärger auf sich selbst umgehen können. Der Weg besteht aus fünf Schritten:

Erstens: Gestehen Sie sich Ihren Ärger ein. Sprechen Sie es vor sich selbst, einem Freund oder Familienmitglied, einem Berater, Therapeuten oder Pastor aus, dass Sie sich – bewusst oder unbewusst – über sich selbst ärgern. Wenn Sie sich nicht sicher sind, aber vermuten, dass das der Fall ist, sprechen Sie es an und denken Sie darüber nach.

Der Satz: „Ich bin so ärgerlich auf mich selbst" ist der erste befreiende Schritt. Gestehen Sie sich auch die anderen Gedanken und Gefühle ein, die damit zu tun haben, wie etwa: „Ich bin so enttäuscht von mir selbst. Ich fühle mich so dumm, weil ich das einfach passieren ließ. Ich habe Menschen enttäuscht, einschließlich mich selbst und Gott. Ich fühle mich so verantwortungslos." Bringen Sie so klar wie möglich zum Ausdruck, was Sie denken und fühlen.

Wenn Sie wollen, schreiben Sie diese Sätze auf. Lesen Sie sie einmal laut vor, und sagen Sie Gott im Gebet, wie Ihnen so oft zumute ist. Wichtig ist, dass Sie sich zu Ihrem Ärger bekennen.

Zweitens: Prüfen Sie Ihren Ärger. Ärger auf sich selbst kann berechtigt oder unberechtigt sein, wie im 4. Kapitel beschrieben. Der Ärger auf mich selbst ist dann berechtigter Ärger, wenn ich tatsächlich etwas Unrechtes getan habe. Ärger auf mich selbst ist aber unberechtigter Ärger – und damit entstellter Ärger –, wenn ich nur meine, etwas Unrechtes oder Dummes gedacht, gesagt oder getan zu haben.

Beide Arten von Ärger müssen verarbeitet werden, aber dazu muss ich wissen, mit welcher Art von Ärger ich es zu tun habe. Es ist nämlich ein großer Unterschied zwischen dem Ärger, den Simon in sich hatte, weil er sich mit dem Hammer auf den Daumen schlug, und dem Ärger, den Thomas auf sich selbst hat, weil er seiner Frau untreu war. Das Letztere ist ein schuldhaftes Versagen, und der Ärger ist in diesem Fall berechtigt. Sich mit dem Hammer auf den Daumen zu schlagen, ist dagegen keine unmoralische Handlung. Simon muss also seine Sichtweise der Situation überprüfen.

Simon meint zunächst, er habe leichtsinnig gehandelt, weil er den Nagel dumm gehalten habe. Er kommt zu dem Schluss, dass er mit seinen minimalen handwerklichen Fähigkeiten nicht hätte versuchen sollen, die Treppe auszubessern – und besser einen Handwerker hätte kommen lassen sollen. Ist diese Sichtweise objektiv richtig? Vielleicht ja, vielleicht nein. Diese Frage kann er letztendlich nur selbst beantworten. Also fragt er sich weiter: Saß der Nagel nach ein paar Schlägen schon fest im Holz? Wenn ja, hätte er ihn nicht mehr mit den Fingern festhalten müssen, denn das wäre leichtsinnig gewesen. Theoretisch hätte er den Nagel auch mit einer Zange festhalten können, aber das würde nicht einmal ein Handwerkslehrling tun. Einen Nagel mit Daumen und Zeigefinger festzuhalten ist ganz normal. Hat Simon sich ablenken lassen, als er mit dem Hammer auf den Nagel schlug? Wenn ja, war das womöglich leichtsinnig. Wenn aber Simon nicht gerade „zwei linke Hände" hat, ist er grundsätzlich vermutlich schon in der Lage, die Treppe auszubessern und muss sich keinen Vorwurf machen, nicht die Handwerker geholt zu haben. Beides ist also möglich: Dass er im Prinzip alles richtig gemacht hat oder dass er an irgendeinem Punkt doch leichtsinnig war. Wie kann er in dem letzten Fall dann ganz praktisch damit umgehen?

Er spricht seinen Fehler offen vor sich selbst und vor Gott aus, nimmt Gottes Vergebung an und vergibt sich selbst – und versucht dann, aus dieser Erfahrung zu lernen. Er könnte vielleicht so beten: „Vater, vergib mir, dass ich mit mir selbst und dem Körper, den du mir geschenkt hast, nicht gut umgegangen bin. Danke, dass dir so viel an mir liegt, dass du mich liebst und mir gerne vergibst. Hilf mir doch, aus dieser schmerzlichen Erfahrung zu lernen. Ich bitte dich, dass mein Daumen wieder gut verheilt." Nach diesem Gebet wird Simons Ärger schwinden, auch wenn der Daumen immer noch schmerzt – denn der Mann hat seinen berechtigten Ärger auf sich selbst richtig verarbeitet.

Je nach Sachlage könnte Simon auch zu dem Schluss kommen, dass er selbst gar nicht leichtsinnig war, dass das Ganze ein Unfall war, für den er nichts konnte. „Das hätte jedem passieren können, der einen Hammer in die Hand nimmt", merkt Simon beim Nachdenken. Sein schmerzhaftes Erlebnis hat sich ereignet, weil wir Menschen sind und weil Menschen Unfälle passieren. Und das wiederum geschieht deswegen, weil wir nicht mehr wie Adam und Eva im Paradies leben, sondern in einer Welt „jenseits von Eden" mit Dornen, kaputten Treppen und mit Hämmern, die oft nicht so funktionieren, wie wir es gerne hätten.

In diesem Fall wäre sein Ärger unberechtigt und entstellt und er könnte so beten: „Vater, danke dir, dass ich ein Mensch bin und nicht nur eine mehr oder weniger perfekt funktionierende Maschine. Mein Daumen tut noch immer weh, aber ich danke dir, dass er noch dran ist. Hilf mir, dass ich nicht aufgebe, die Treppe oder sonst das eine oder andere zu reparieren, nur, weil ich mich jetzt verletzt habe. Lass meinen Daumen gut verheilen und zeige mir, wie ich mit dem Rest dieses Tages trotz der Sache mit dem Daumen etwas Gutes anfangen kann."

Wenn so ein Ärger auf sich selbst so wie in diesem Fall bei Simon nicht berechtigt ist, ist er entstellter Ärger. Den verarbeitet man am besten so wie Simon, indem man ihn bewusst loslässt, sich von Gott das Bild von sich selbst gerade rücken lässt und neu begreift, dass man wertvoll ist, auch wenn man unvollkommen ist und in einer unvollkommenen Welt lebt.

Der Mann, der seiner Frau untreu geworden ist, hat mit einem schwerwiegenderen Problem zu kämpfen. Er hat eines von Gottes Gesetzen gebrochen. Er ist wütend auf sich selbst, und dieser Ärger ist berechtigt, weil er ein Unrecht begangen hat. Zu seinem Ärger kommen womöglich noch Gefühle von Schuld und Scham. Das sind normale Empfindungen, wenn man geltende Wertvorstellungen verletzt hat. Er fühlt sich schuldig, weil er schuldig ist. Er empfindet Scham, weil er etwas getan hat, dessen er sich schämen muss, und es ist ihm peinlich, weil andere davon erfahren haben. Sein Ärger ist ganz real und muss verarbeitet werden. Das ist der dritte Schritt.

Drittens: Bekennen Sie Ihre Schuld vor Gott und nehmen Sie seine Vergebung an. Es gibt nur einen angemessenen Weg, um mit Ärger auf sich selbst umzugehen, der auf tatsächlichem Unrecht beruht. Diesen Weg beschreibt der Apostel Johannes: „Wenn wir aber unsre Sünden bekennen, so ist er (Gott) treu und gerecht, dass er uns die Sünden vergibt und reinigt uns von aller Ungerechtigkeit" (1. Johannes 1, 9). Diese klare Botschaft zieht sich durch die ganze Bibel: Gott liebt uns und möchte mit uns Gemeinschaft haben. Diese Gemeinschaft mit Gott, der heilig ist, ist gestört, wenn Schuld zwischen uns und ihm steht. Dann sind wir wie geliebte, aber ungehorsame Kinder: Die Liebe gilt weiter, aber wir müssen zurecht gewiesen werden, um wieder zurecht zu kommen (siehe Hebräer 12, 5-11). Und wenn wir bereit sind, unsere Schuld zu bekennen, dann vergibt Gott sie uns gerne.

Darum geht es beim Kreuz Christi. Jesus hat die Strafe für alle (!) unsere Schuld stellvertretend auf sich genommen, damit Gott uns vergeben kann, ohne ungerecht sein.

Gott geht es um unsere Aufrichtigkeit. Um unser selbst willen, um der Beziehung zu ihm willen, um der Beziehung zu den anderen betroffenen Menschen willen müssen wir ehrlich eingestehen, was wir einzugestehen haben, müssen wir bereuen und aussprechen, dass wir Vergebung brauchen.

Wenn wir uns so an Gott wenden, wird er immer mit Liebe reagieren und alle Schuld und Last von uns nehmen – und nichts steht mehr zwischen ihm und uns.

Wenn wir nicht an uns selbst und Gott schuldig geworden sind, sondern auch an einem anderen Menschen, müssen wir diesem Menschen gegenüber aufrichtig unsere Schuld bekennen und um seine Vergebung bitten. Der Apostel Paulus hat das in seinem eigenen Leben praktiziert und gut damit gelebt: „Darin übe ich mich, allezeit ein unverletztes Gewissen zu haben vor Gott und den Menschen" (Apostelgeschichte 24, 16). Wir können ein „unverletztes", ein gesundes, ein intaktes, ein gutes Gewissen gegenüber Gott haben, wenn wir ihm Schuld bekennen. Und wir können ein gesundes, intaktes, ein gutes Gewissen Menschen gegenüber haben, wenn wir dem, dem wir unrecht getan haben, unsere Schuld eingestehen. Echte Reue wird immer von dem Wunsch begleitet, unser Unrecht einzugestehen und den Schaden wenn irgend möglich wiedergutzumachen. Ein Bekenntnis ist der erste Schritt dazu.

Zachäus, der unehrliche Zolleinnehmer, hat genauso gehandelt, als er Jesus begegnete und kennen lernte. Er sagte: „Siehe, Herr, die Hälfte von meinem Besitz gebe ich den Armen, und wenn ich jemanden betrogen habe, so gebe ich es vierfach zurück." Jesus antwortete ihm: „Heute ist diesem Hause Heil widerfahren" (Lukas 19, 8. 9). Jesus vergab Zachäus nicht, weil er Wiedergutmachung leisten wollte. Vielmehr kam in der Wiedergutmachung zum Ausdruck, dass Zachäus in Jesus Gott erkannte und mit ihm gern im Reinen sein wollte. Wenn ein Mensch mit Gott im Reinen ist, dann will er auch mit sich selbst und mit anderen Menschen ins Reine kommen. Der Mann, der eine ehebrecherische Beziehung bereut und sie vor Gott bekennt, wird Gottes Vergebung erfahren. Die Vergebung seiner Frau kann er erst dann erwarten, wenn er ihr sein Unrecht eingesteht. Wenn sie ihm vergibt, hat er Gelegenheit, das Vertrauen seiner Frau wieder zu erwerben und etwas für die gemeinsame Ehe zu tun.

Wenn wir Gottes Vergebung und gegebenenfalls die des Menschen, an dem wir schuldig geworden sind, erfahren haben, sind wir bereit für den vierten Schritt.

Viertens: Vergeben Sie sich selbst. Sich selbst zu vergeben ist genauso wichtig wie jemand anderem zu vergeben, der an Ihnen schuldig geworden ist. Einem anderen Menschen vergeben heißt, dass Sie ihm seine Schuld, das, was er getan oder unterlassen hat, nicht länger vorhalten wollen. Sie machen einen Neuanfang und gehen wieder ganz offen mit ihm um und pflegen auch von Ihrer Seite weiterhin die Beziehung. Seine Schuld steht nicht länger wie eine Wand zwischen Ihnen. Das Vergeben reißt diese Wand nieder. Sie können wieder frei miteinander kommunizieren, können sich gegenseitig neu zuhören, um den anderen in Zukunft besser zu verstehen. Vergebung schafft die Möglichkeit, neu als Team zusammen zu arbeiten.

Wie bereits beschrieben (im 8. Kapitel), löscht die Vergebung nicht unbedingt die Verletzung, den Schmerz oder die Erinnerung an das Unrecht aus. Aber die Beziehung besteht wieder und kann wieder wachsen. Und mit der Zeit können die Schmerzen heilen.

Auch andere Folgen sind nicht mit einem Mal ausgelöscht. Wenn jemand an uns schuldig wird, wird meistens auch Vertrauen zerstört. Wenn wir vergeben, wird dadurch das Vertrauen nicht automatisch wieder hergestellt. Der, der das Vertrauen verspielt hat, ist herausgefordert, sich neu als vertrauenswürdig zu erweisen. Wenn er sich in den Wochen oder Monaten, nachdem er seine Schuld bereut und bekannt hat, vertrauenswürdig verhält, werden Sie wieder Zutrauen zu ihm fassen können.

Alles das gilt ganz genau so, wenn wir uns selbst etwas zu vergeben haben. Auch sich selbst vergeben ist eine Willensentscheidung. Wir haben falsch gehandelt und sind nicht mit uns selbst im Reinen, sind vielleicht in unserer Selbstachtung verletzt. Wir wünschten, wir hätten nie gesündigt. Die Realität sieht aber anders aus. Vor Gott haben wir bekannt, was zu bekennen war, und wir haben seine Vergebung erfahren. Wenn wir an einem andern schuldig geworden sind, haben wir das diesem Menschen auch bekannt und um Vergebung gebeten, und wir tun alles dafür, die Beziehung zu diesen Menschen wieder herzustellen. Spätestens jetzt ist es an der Zeit, eine bewusste Entscheidung zu treffen und sich selbst zu vergeben – anstatt nach außen oder nach innen zu explodieren.

Sich selbst zu vergeben geschieht am besten in einem stillen oder laut gesprochenen Gebet. Dann haben wir in Gott einen Zeugen. Das folgende Gebet hilft Ihnen vielleicht, Ihre Gedanken und Gefühle Gott gegenüber zum Ausdruck zu bringen:

„Vater, du weißt, was ich getan habe. Ich habe dir diese Sünde schon bekannt, und ich weiß, dass du sie mir vergeben hast. Du sagst in deinem Wort sogar, dass du dich nicht mehr an sie erinnerst. Ich danke dir für deine Vergebung. Du weißt auch, dass ich mich sehr wohl erinnere. Dass ich mich seitdem selbst niedergemacht und mich mit destruktiven Worten gequält habe. Du weißt, was ich alles gedacht und gesagt habe. Ich weiß, dass diese selbstzerstörerischen Gedanken dir missfallen. Weil du mir mein Leben geschenkt hast und weil ich auf Jesus vertraue, bin ich dein Kind. Ich habe kein Recht, mich selbst zu verdammen, nachdem du mir vergeben hast. Ich bekenne dir diese falsche Einstellung und bitte dich um Vergebung.

Ich danke dir, dass du mich liebst und dass du mir gerne vergibst. Weil ich weiß, wer ich bin – nämlich dein geliebtes Kind –,vergebe ich mir selbst das Unrecht, das ich getan habe. Vielleicht werde ich noch lange an den Folgen zu leiden haben und traurig sein, wenn ich daran denke, was war. Aber das Ungute soll keinen Raum und keine Stimme haben in meinem Leben. Ich will und ich werde nicht länger zulassen, dass das, was ich falsch gemacht habe, mich hemmt und mich davon abhält, die guten und richtigen Dinge zu tun, zu denen du mich berufen hast. Das verspreche ich mir selbst – hier vor dir als Zeugen und als meinem Gott, mit dem ich leben und mit dem ich im Reinen sein möchte."

Ein aufrichtiges Gebet kann der entscheidende Schritt auf dem Weg der Selbstvergebung sein. Wie bei der Vergebung, die ich einem anderen Menschen gewähre, lässt diese Selbstvergebung nicht alle Schmerzen oder Erinnerungen an mein Fehlverhalten schwinden, vielleicht hat mein Verhalten immer noch negative Folgen. Wenn ich zum Beispiel gelogen oder gestohlen habe, muss ich mich den Folgen meines Handelns stellen. Wenn z. B. ein Dieb die Vergebung Gottes annimmt und sich selbst vergibt, wird er deshalb nicht gleich aus dem Gefängnis entlassen. Aber die Vergebung befreit uns von der Bindung an unser Fehlverhalten und gibt uns die Freiheit, das Beste aus unserer Zukunft zu machen. Und um die Zukunft geht es auch im fünften Schritt.

Fünftens: Konzentrieren Sie sich auf positive Veränderungen. Jetzt können Sie den Kurs Ihres Lebens ändern. Sie können aus Ihren Fehlern lernen. Manchmal machen Menschen einen großen Fehler, und zwar, wenn sie versuchen, nie wieder über ihr falsches Verhalten nachzudenken. Sie meinen: *Nun, wenn Gott mir vergeben hat, und ich mir selbst vergeben habe, denke ich wohl am besten nicht mehr darüber nach.* Das halte ich für einen Fehler. Denn aus unserem falschen Verhalten gibt es Wichtiges zu lernen. Die Bibel berichtet, dass Gott aus allem, was uns geschieht, etwas Gutes entstehen lassen will (siehe Römer 8, 28). Meine Aufgabe ist es, dabei mit Gott zusammenzuarbeiten. „Vater, hilf mir, die Lektionen zu lernen, die ich aus den Fehlern meiner Vergangenheit lernen kann und muss" ist ein gutes Gebet, um damit anzufangen – und ich bin überzeugt, Gott wird Sie auf einiges aufmerksam machen.

Fragen Sie sich: Welche Faktoren haben dazu beigetragen, dass geschehen ist, was geschehen ist?

Hier kann und muss auch die Veränderung einsetzen. Wenn Sie zum Beispiel zu viel Alkohol getrunken oder Drogen genommen haben, haben Sie sich vielleicht in eine Situation begeben, die dieses Fehlverhalten gefördert hat. Das müssen Sie in Zukunft vermeiden. Wenn Sie auf sexuellem Gebiet schuldig geworden sind, müssen Sie das meiden, was Sie zu einer Wiederholung ermutigen würde. Wenn Ihre Sünde dadurch begünstigt wurde, dass Sie sich nicht regelmäßig in die Stille mit Gott zurückgezogen haben, dann müssen Sie auch hier Konsequenzen ziehen.

„Was hat mich in der Vergangenheit ungut beeinflusst?" und „Wie kann ich mein Leben verändern, um das in Zukunft zu vermeiden?" sind Fragen, die wesentlich zu unserem inneren Wachstum beitragen.

„Aus Schaden wird man klug" sagt ein Sprichwort – das ist es nicht allein. Wir können nicht nur aus den Fehlern der Vergangenheit lernen, wir können auch einiges andere tun, um für eine bessere Zukunft aktiv zu werden. Das kann heißen, Bücher zu lesen, Seminare zu besuchen, mit Freunden mit einem weiten (Glaubens-) Horizont zu sprechen oder einen Pastor oder christlichen Therapeuten um einen Gesprächstermin zu bitten. Damit kommen Sie an neue Informationen und Einsichten, mit deren Hilfe Sie neue Schritte in die Zukunft gehen können.

Wenn Sie einem Familienmitglied oder einem Freund unrecht getan haben, ist es – unabhängig von der gewährten Vergebung – ein weiterer Schritt in die richtige Richtung, für diesen Menschen etwas Gutes zu tun. Ich meine damit nicht, dass Sie ihn beeinflussen sollen, dass er Ihnen vergibt oder besser von Ihnen denkt. Das wäre Manipulation, die einen anderen Menschen kontrollieren will, und Manipulation und Kontrolle wirken sich nie konstruktiv auf eine menschliche Beziehungen aus. Ich meine, es gibt einiges, was man unternehmen kann, einfach aus Liebe, um dem anderen etwas Gutes zu tun, ohne eine Gegenleistung zu erwarten. Es geht um die Aufmerksamkeit für den anderen und um das aufrichtige Bemühen, das Leben des anderen Menschen leichter, schöner oder besser zu machen, einfach, weil er uns am Herzen liegt. So wie es Gott jeden Tag für uns tut, wenn wir es zulassen.

Die Macht der Liebe

Was immer man Positives tun kann – einen Menschen zu lieben und etwas aus Liebe zu tun, ist das Größte. Und man kann das leben. Man kann Menschen (auch dem, den ich verletzt habe) in einer klaren, den anderen achtenden Haltung der Liebe begegnen. In der Bibel wird das Gottes Leuten versprochen: „ … denn die Liebe Gottes ist ausgegossen in unsere Herzen durch den Heiligen Geist“ (Römer 5, 5). Liebe ist die Art Gottes, mit anderen umzugehen. Und die wünscht er sich auch für uns. „Ein neues Gebot gebe ich euch, dass ihr euch untereinander liebt, wie ich euch geliebt habe, damit auch ihr einander lieb habt“, sagt Jesus. „Daran wird jedermann erkennen, dass ihr meine Jünger seid, wenn ihr Liebe untereinander habt“ (Johannes 13, 34. 35). Liebe soll das Erkennungszeichen von Christen sein.

Wenn Sie den Menschen, dem Sie unrecht getan haben, in einer Haltung der Liebe begegnen, können Sie ihn nicht zwingen, Ihre Liebe zu erwidern, aber Sie können gewiss sein, dass Liebe die einflussreichste Macht für das Gute in der Welt ist. Wenn Ihre Liebe ehrlich und ohne falsche Erwartungen ist, wenn sie sich in Taten genauso wie in Worten zeigt, können Sie so mehr als auf jede andere Weise etwas für einen anderen Menschen tun.

Wie auch immer der andere darauf reagiert, Sie werden merken, dass Sie mit sich selbst und mit Gott im Einklang sind, weil Sie dem folgen, was Jesus gelehrt hat. Sie haben die Vergebung Gottes erfahren, vielleicht die des anderen Menschen, Sie haben sich selbst vergeben, und die Zukunft steht Ihnen wieder offen.

Von einer Seite → zur anderen

Ärger, Wut und Zorn – auf sich selbst

Ob unser Ärger auf einem echten oder nur auf einem eingebildeten Unrecht beruht, wir müssen lernen, den Ärger auf uns selbst konstruktiv zu verarbeiten. Weder explosive noch implosive Reaktionen bringen uns weiter. Es gibt fünf gute Schritte, die wir gehen können, um mit dem Ärger auf uns selbst positiv umzugehen.

Erstens: Gestehen Sie sich Ihren Ärger ein. Tun Sie das vor sich selbst und vielleicht auch vor einem anderen Menschen. Wenn Sie möchten, schreiben Sie den Grund Ihres Ärgers und Ihre Gefühle und Gedanken deswegen auf. Sprechen Sie Ihre Sätze dazu laut aus, und sagen Sie sie Gott im Gebet.

Zweitens: Prüfen Sie Ihren Ärger. Stellen Sie fest, ob Ihr Ärger berechtigt ist oder nicht. Berechtigter Ärger beruht auf einem tatsächlich geschehenen Unrecht, mit dem wir uns beschäftigen müssen. Entstellter Ärger aber kann zu unberechtigten Schuld- und Schamgefühlen führen.

Drittens: Bekennen Sie Ihre Schuld vor Gott und nehmen Sie seine Vergebung an. Wenn der Ärger über sich selbst auf tatsächlich begangenem Unrecht beruht, ist die angemessene Reaktion, diese Schuld vor Gott zu bekennen und seine Vergebung anzunehmen (siehe 1. Johannes 1, 9). Wenn wir mit unserem falschen Handeln jemand anderen verletzt haben, sollten wir diesem Menschen unsere Schuld eingestehen und um seine Vergebung bitten.

Viertens: Vergeben Sie sich selbst. Unser Fehlverhalten schmerzt uns. Aber wenn wir Gott unsere Schuld bekannt und seine Vergebung erfahren haben, müssen wir uns auch selbst vergeben. Es hilft nicht weiter, sich selbst niederzumachen und nach außen oder nach innen zu explodieren. Ein solches Verhalten ist destruktiv und damit eine negative Reaktion auf unseren Ärger, die vor Gott zu bekennen ist. Wenn wir uns selbst bewusst vergeben wollen, können wir das im Gebet und vor Gott als Zeugen tun.

Fünftens: Konzentrieren Sie sich auf positive Veränderungen. Lernen Sie aus Ihren Fehlern. Tun Sie positive Schritte, um das Fehlverhalten in Zukunft zu vermeiden.

Nachgehakt

1. Wir lassen unserem Ärger nicht nur anderen gegenüber, einschließlich Gott, freien Lauf, wir richten ihn oft gegen uns selbst, z. B., wenn wir meinen, etwas „Blödes“ getan oder etwas Wichtiges vergessen zu haben. Oft ist der Ärger nur kurzlebig, aber manchmal führt er zu explosivem oder implosivem Verhalten gegen sich selbst. Denken Sie über eine Erfahrung mit Ärger auf sich selbst nach. War die unmittelbare Reaktion geringfügig oder belastend? Haben Sie nur mit einer inneren Rüge oder haben Sie heftiger reagiert? Hatte Ihr Ärger längerfristige oder ernsthafte Folgen? War jemand anderes betroffen? In welcher Weise?

2. Gehen Sie noch einmal die fünf Schritte durch, mit deren Hilfe wir Ärger auf uns selbst verarbeiten können. Beim vierten Schritt geht es darum, sich selbst zu vergeben. Wie geschieht das? Können andere dabei helfen? Was macht die Selbstvergebung zu einer realen Erfahrung?

3. Der fünfte Schritt fordert uns zu positivem Handeln auf. Was heißt das konkret, wenn Sie vergessen haben, ein Geburtstagsgeschenk für Ihre Mutter zu besorgen? Wenn Sie eine zerbrechliche Plastik fallen ließen? Wenn Sie einen finanziellen Schaden an Ihrem Arbeitsplatz durch mangelhafte Aufsicht verursacht haben? Denken Sie darüber nach.

4. *Richtiger Umgang mit Ärger*: Sie sind Professor für Geschichte. Gerade haben Sie eine Prüfung für Studenten im höheren Semester ablegen lassen. Versehentlich verlegen Sie den Ordner mit den Examensarbeiten. Sie wissen, dass einige Ihrer besten Studenten mit sehr guten Noten rechnen, die sie für ihr Weiterkommen benötigen, während andere nur hoffen, nicht durchzufallen. Es gibt keine Möglichkeit, die Prüfung zu wiederholen. Sie ärgern sich sehr über sich selbst. Wie werden Sie mit diesen Gefühlen umgehen, um für Sie und Ihre Studenten zu einer befriedigenden Lösung zu gelangen?

13. Kapitel

Wie man mit Menschen voller Ärger gut umgehen kann

Ich saß an einem Nachmittag im April in meinem Büro und redete mit einem jungen Paar. Plötzlich klopfte jemand laut an die Tür. „Verzeihung“, entschuldigte ich mich bei den beiden, stand auf und ging zur Tür. Draußen stand ein Mann, etwa Anfang Fünfzig. Er kam gleich zur Sache.

„Eines sage ich Ihnen – die Kirche muss für meinen Auspufftopf bezahlen. Diese Bodenschwellen sind zu hoch“, meinte er und zeigte auf den Gemeindeparkplatz neben meinem Büro. „Mein ganzer Auspuff ist rausgeflogen, und ich bin nicht schnell gefahren. Man kann doch nicht solche Bodenschwellen anbringen. Wenn mir das passiert ist, kann es auch einem anderen passieren. Die Kirche ist dafür verantwortlich, und sie wird dafür bezahlen.“

Das alles sagte er ohne Luft zu holen und mit lauten, abgehackten Worten. Sein Gesicht war gerötet. Seine Augen blitzten, und seine Nasenflügel waren gebläht. Es war nicht zu übersehen, hier stand ein wütender Mensch vor mir.

Ich schloss die Tür zu meinem Büro. Bis dahin hatte ich die Hand noch auf dem Türknauf, und die Tür war noch einen Spalt offen. (Vielleicht dachte ich unbewusst an einen Fluchtweg, falls er gewalttätig werden sollte.) Ich sagte ruhig zu ihm: „Berichten Sie mir bitte noch einmal genau, was mit Ihrem Wagen passiert ist.“ Wieder begann eine wahre Flut von lauten Worten.

„Ich fuhr über den Parkplatz, und als ich über die Bodenschwelle kam, wurde mir der Auspufftopf direkt herausgezogen. Ich weiß gar nicht, seit wann diese Bodenschwellen da sind. Sie sind jedenfalls zu hoch, und irgendjemand wird meinen Auspufftopf bezahlen."

„Sagen Sie mir bitte genau, in welche Richtung Sie gefahren sind, und welche Bodenschwelle Sie überquert haben", fragte ich nach.

Beruhigung

Seine Stimme wurde ein wenig leiser, und er sprach auch nicht mehr so schnell. „Ich kam vom Sportzentrum und fuhr Richtung Friedensstraße. Es war die Bodenschwelle am Ende dieses Gebäudes. Warum haben Sie da überhaupt eine hingemacht? Die ist zu nah an der Straße."

„Und es ist tatsächlich Ihr ganzer Auspufftopf rausgezogen worden?", erkundigte ich mich.

„Nein, er hängt noch am Wagen, aber er schleift auf der Straße. Ich muss ihn irgendwie fest machen, damit ich nach Hause fahren kann. Das geht so nicht. Die Kirche muss jedenfalls für meinen Auspufftopf aufkommen."

Da ich das Gefühl hatte, nun seine Geschichte zu kennen und seine Situation zu verstehen, sagte ich zu ihm: „Ich begreife, warum Sie so verärgert sind. Das wäre ich auch an Ihrer Stelle. Ich habe noch gar nicht gemerkt, dass die Bodenschwellen so hoch sind, aber wenn Ihr Auspufftopf herausgezogen wurde, kann das sicher auch jemand anderem passieren. Wir müssen der Sache nachgehen. Ich kann Ihnen versichern, dass die Kirche für Ihre Reparaturkosten aufkommen wird. Das ist das Mindeste, was wir tun können. Wenn Sie mir die Rechnung schicken, werde ich veranlassen, dass man Ihnen das Geld zurückerstattet. Wenn ich nicht gerade ein Beratungsgespräch mit jemandem hätte, würde ich Ihnen helfen, den Auspufftopf fest zu machen. Aber sprechen Sie doch einen der Männer im ersten Stock an. Der kann Ihnen vielleicht einen Draht geben. Ich danke Ihnen, dass Sie mich informiert haben. Denn wenn Sie sich nicht die Zeit genommen hätten, zu mir herauf zu kommen, würde ich gar nicht wissen, dass es da Probleme mit dieser Bodenschwelle gibt. Da muss offensichtlich etwas geschehen. Ich danke Ihnen, dass Sie sich die Mühe gemacht haben, hierher zu kommen und mir Bescheid zu geben."

Jetzt sagte er mit ruhiger Stimme. „Nun, ich dachte, Sie sollten das wissen. Sagten Sie, dass Sie gerade ein Beratungsgespräch haben?“

„Ja“, bestätigte ich.

„Tut mir sehr Leid, dass ich Sie unterbrochen habe“, meinte er. „Und dass ich so laut an Ihre Tür geklopft habe. Ich hätte mich nicht so aufregen sollen.“

„Ist schon gut. Sie waren wirklich unüberhörbar“, entgegnete ich lächelnd.

Er lächelte auch und meinte: „Ich weiß. Ich schäme mich dafür. Ich hätte nicht derart die Beherrschung verlieren sollen.“

Da ich seine Schuldgefühle nicht noch vergrößern wollte, sagte ich: „Wir alle verlieren manchmal die Beherrschung. Es ist gut, wenn wir es merken und zugeben können. Mir ist das auch schon passiert. Aber ich bin wirklich froh, dass Sie mir das mit der Bodenschwelle berichtet haben. Hier wird etwas geschehen.“

Während er sich Richtung Ausgangstür bewegte, sagte er: „Danke und noch einmal, Entschuldigung wegen der Störung.“

Als er die Tür öffnete und hinaus in den Korridor ging, entgegnete ich: „Ist schon in Ordnung. Danke.“

Ich habe diesen Mann weder vorher noch nachher wieder gesehen. Aber ich habe dieses Erlebnis oft als Beispiel genommen, wie man mit einem wütenden Menschen umgeht. Vielleicht, weil ich hier das Gefühl hatte, einmal richtig gehandelt zu haben. (Übrigens habe ich nie eine Reparaturrechnung von diesem Mann erhalten. Ich kann nur annehmen, dass er sich zu sehr für sein Verhalten geschämt hat, um seinen Namen und seine Adresse preiszugeben.) Die Bodenschwellen waren zwei Wochen zuvor installiert worden. Soweit mir bekannt ist, war sein Auspufftopf der einzige, der Schaden genommen hat, auch wenn noch mehr Klagen über die hohen Schwellen kamen. In der Woche darauf wurden sie dann etwas abgesenkt.

Wie man mit ärgerlichen Menschen umgeht

Die meisten von uns begegnen hin und wieder ärgerlichen, zornigen oder wütenden Menschen. Manche davon verlieren die Beherrschung. Andere müssen sich sehr zurückhalten, um nicht verbal oder körperlich ausfällig zu werden, und in ihrem Innern kochen sie vor Wut über etwas, das sie als ungerecht empfinden. Das kann ein Nachbar sein, der glaubt, Sie hätten ihn unfair behandelt. Oder ein Mitarbeiter, der sieht, dass Sie etwas falsch gemacht haben. Ein Mitstudent, der Sie des Betrugs anklagt oder wütend ist, weil Sie bei der Prüfung nicht mit tricksen wollen. Eine Schwiegermutter oder ein Schwager, ein Vater oder ein Sohn, ein Onkel oder ein Neffe oder jemand, den Sie noch nie zuvor gesehen haben, wie der Mann mit dem beschädigten Auspufftopf. Wie sollen wir mit diesen Menschen, in denen es brodelt und die gerade vor uns stehen, umgehen?

Ich möchte Ihnen sieben Schritte vorschlagen. Die ersten drei davon sind besonders wichtig. *Erstens: Hören Sie zu. Zweitens: Hören Sie zu. Drittens: Hören Sie zu.*

Das Beste, was Sie für einen ärgerlichen Menschen tun können, ist, seine Geschichte anzuhören. Dann bitten Sie ihn, sie zu wiederholen. Nach dem zweiten Mal stellen Sie Fragen, die zur Klärung der Situation beitragen können. Hören Sie sich die Geschichte mindestens drei Mal an, bevor Sie darauf reagieren! Deshalb empfehle ich Zuhören als die ersten drei Schritte im Umgang mit ärgerlichen Menschen.

Beim ersten Zuhören wird Ihnen bewusst, dass Sie einen ärgerlichen Menschen vor sich haben, und Sie verstehen etwas von seiner Geschichte und warum er ärgerlich, wütend oder zornig ist.

Beim zweiten Zuhören beginnt der Betreffende zu begreifen, dass Sie ihn ernst nehmen, dass Sie wirklich verstehen wollen, was sich zugetragen hat und seinen Ärger nicht verurteilen.

In der dritten Runde wird die Person Ihnen Einzelheiten berichten, um sicher zu gehen, dass Sie die ganze Geschichte verstehen. An diesem Punkt beginnt der Betreffende in der Regel ruhiger zu werden, weil er merkt, dass Sie versuchen, Verständnis für ihn aufzubringen. Es braucht meiner Erfahrung nach mindestens ein dreimaliges Zuhören, vielleicht sogar ein viertes Mal, damit der ärgerliche Mensch alle seine Anliegen los werden kann.

Wenn Sie auf einen ärgerlichen Menschen reagieren, *bevor* Sie seine Geschichte gründlich angehört haben, werden Sie seinen Ärger nicht entschärfen, sondern ihn im Gegenteil noch verstärken. Der ärgerliche Mensch hat tief in seinem Innern das Gefühl, dass ihm Unrecht geschehen ist. Er konfrontiert Sie mit seinem Ärger entweder, weil Sie selbst betroffen sind, oder er glaubt, dass Sie ihm helfen können. Wenn Sie ihm zuhören, respektieren Sie sein Recht, ärgerlich zu sein. Sie behandeln ihn, wie Sie selbst gerne behandelt werden würden, wenn Sie sich ärgern. Sie hören mitfühlend zu und versuchen, seine Gedanken und Gefühle zu verstehen. Das wünschen wir uns alle, wenn wir ärgerlich sind. Warum dann nicht genauso mit dem ärgerlichen Menschen umgehen, der vor uns steht oder sitzt? Zuhören ebnet den Weg zum Verständnis, und damit sind wir schon beim vierten Schritt.

Viertens: Versuchen Sie, die Not des ärgerlichen Menschen zu verstehen. Versetzen Sie sich in seine Lage und versuchen Sie, die Welt mit seinen Augen zu sehen. Versuchen Sie zu verstehen, was seinen Ärger hervorgerufen hat. Fragen Sie sich: „Wäre ich in derselben Situation auch ärgerlich oder wütend?" Versuchen Sie, sich mit dem Betreffenden zu identifizieren, indem Sie sich vorstellen, dass Sie das erlebt hätten, was er erlebt hat.

Es war nicht schwer für mich, mich mit dem ärgerlichen Mann zu identifizieren, dessen Auspufftopf auf dem Parkplatz der Kirche unter dem Auto lag. Wäre es mein Wagen gewesen, wäre ich sicherlich auch aufgebracht gewesen. Ich hätte vielleicht anders reagiert, aber es fiel mir nicht schwer, seinen Ärger zu verstehen.

Sicher treffen wir manchmal auf Ärger, der unberechtigt ist. Der Betreffende kennt nicht alle Fakten. Er übersieht vielleicht, wo er selbst für die Situation verantwortlich ist. Vielleicht ist mein ärgerlicher Besucher mit Volldampf über den Parkplatz gerast. Um das zu verhindern hat man schließlich die Bodenschwellen installiert. Sie waren bereits zwei Wochen da, und dies war der allererste Auspufftopf, der beschädigt wurde. Aber vielleicht lag er tiefer als die anderer Wagen. Von diesen Details wusste ich nichts, und für ihn waren sie unwichtig. Es wäre sinnlos gewesen, hätte ich diese Themen angesprochen. Es wären nur Versuche gewesen, die Kirche zu verteidigen und ihm Schuld zuzuweisen. Beides hätte seinen Ärger vermutlich eher verstärkt statt ihn abzubauen.

Wenn Sie lange genug zuhören können, um alle Gedanken zu begreifen, die dem ärgerlichen Menschen durch den Kopf gehen, werden Sie sicher verstehen, warum er ärgerlich ist. Ob seine Deutung der Situation korrekt ist, ist hier nicht die Frage. Sie versuchen nur zu verstehen, wie der Betreffende die Situation sieht. Können Sie verstehen, warum er ärgerlich ist, wenn Sie seine Deutung hören? Dies ist nicht der Moment, um mit ihm über seine Interpretation der Situation zu streiten. Sie versuchen nur, seinen Ärger zu verstehen, damit Sie ihm helfen können, ihn zu verarbeiten.

Martha und Susanna arbeiteten in einer Firma am Flughafen. Martha wurde das Gerücht zugetragen, Susanna habe bei der Vorarbeiterin gesagt, dass Martha bereit wäre, an einem bestimmten Samstagnachmittag, der auf einen Feiertag fiel, zu arbeiten, weil sie Fußball verabscheute und dann einen guten Grund hätte, aus dem Haus zu gehen. Darüber hatte Martha sich in den letzten Stunden geärgert. Während sie ihre Arbeit tat, dachte sie: *Es würde mir tatsächlich nichts ausmachen, an diesem Tag zu arbeiten, aber Susanna hatte kein Recht, der Vorarbeiterin das zu sagen. Ihr geht es doch nur um ihre eigenen Interessen, und sie nutzt mich immer wieder aus.* Langsam steigerte sich ihr Ärger. Als der Arbeitsplan zwei Stunden später ausgehängt wurde und sie am bewussten Feiertag ihren Namen sah, explodierte sie.

Sie ging sofort zu Susanna und sagte: „Du hattest kein Recht, der Vorarbeiterin zu sagen, dass ich bereit wäre, an einem Feiertag zu arbeiten. Du hast mich gar nicht gefragt. Wehe, du nimmst dir noch einmal das Recht heraus, für mich zu sprechen. Dir geht es immer nur um deine eigenen Interessen, und du nutzt mich aus. Glaube nicht, du kannst mein Leben kontrollieren. Ich finde es unmöglich, was du da getan hast."

Susanna war von Marthas Wortschwall völlig vor den Kopf gestoßen. Sie hatte keine Ahnung, wovon Martha sprach. Also sagte sie mit ruhiger Stimme: „Martha, komm, wir setzen uns hin. Und jetzt sag mir mal genau, wovon du überhaupt redest."

„Das weißt du ganz genau", fuhr Martha fort. „Du hast der Vorarbeiterin erzählt, dass ich bereit wäre, an diesem Samstag zu arbeiten, weil ich Fußball nicht leiden kann und dann einen guten Grund hätte, aus dem Haus zu gehen. Das ist zwar zum Teil richtig, aber du hattest kein Recht, ihr zu sagen, dass ich an einem Feiertag arbeiten würde. Das war falsch, und das weißt du genau. Und deshalb rege ich mich so auf."

Susanna startete die dritte Runde. „Willst du damit sagen, ich hätte der Vorarbeiterin gesagt, dass du am Feiertag arbeiten wolltest, und dass sie dann lieber dich als mich an diesem Feiertag einteilen solle?", erkundigte sie sich.

„Ganz genau", entgegnete Martha, „und du weißt, dass das falsch war."

„Jetzt begreife ich, warum du so wütend bist", sagte Susanna. „Wenn ich glauben würde, dass du so mit mir umgegangen wärst, würde ich mich auch ärgern. Ich mache dir keinen Vorwurf. Ich wäre vielleicht sogar noch wütender, wenn ich glauben würde, dass du so etwas mit mir gemacht hättest. Aber jetzt sage ich dir, was wirklich passiert ist. Die Vorarbeiterin kam zu mir und fragte, ob ich an diesem Feiertag arbeiten möchte. Ich antwortete ihr, dass ich das nicht so gern tun würde, aber dazu bereit wäre, wenn sie niemand anders findet. Und dann sagte ich: ‚Vielleicht reden Sie mal mit Martha. Ich weiß, dass sie nicht besonders erpicht darauf ist, dann zu Hause zu sein. Vielleicht ist sie bereit, herzukommen.'

Ich habe natürlich angenommen, dass die Vorarbeiterin dich direkt fragen würde, ob du an diesem Tag arbeiten möchtest. Ich habe ihr aber sicher nicht gesagt, sie solle dich auf den Plan setzen, ohne dich zu fragen. Ich wusste, was du von den Fußballspielen an Feiertagen hältst, und habe nur vorgeschlagen, dass sie mit dir redet. Wenn sie das nicht getan hat, begreife ich, dass du jetzt so wütend bist. Das wäre ich auch an deiner Stelle."

Martha hatte sich nun beruhigt, und sie und Susanna sprachen weiter über das, was geschehen war. Und die ganze Sache wurde geklärt. Martha meinte, dass sie tatsächlich gern an dem bewussten Feiertag arbeiten würde, sie wollte nur nicht manipuliert werden. Jetzt, da sie begriff, dass das gar nicht der Fall gewesen war, war die Sache in Ordnung.

Susanna war den nächsten Schritt im Umgang mit einem ärgerlichen Menschen gegangen. Nachdem sie Marthas Geschichte dreimal zugehört hatte, verstand sie, warum Martha wütend war. Dann *brachte sie ihr Verständnis zum Ausdruck*, indem sie sagte: „Wenn ich glauben würde, dass du so etwas mit mir gemacht hättest, wäre ich auch wütend." Sie legte nicht sofort alle Fakten auf den Tisch, um die Situation zu klären, das kam erst später. Sie zeigte Martha erst einmal, dass sie Verständnis für ihren Ärger hatte, indem sie sich in Marthas Lage versetzte. Susanna wusste, dass sie Martha nicht unrecht getan hatte, aber sie verstand auch, dass sie aus Marthas Sicht schuldig war.

Wenn wir versuchen, uns in die Lage des anderen zu versetzen und die Umstände so zu sehen, wie er sie sieht, fällt es uns meistens nicht schwer zu verstehen, warum der andere ärgerlich ist. Wenn wir die Situation verstanden haben, bringen wir unser Verständnis am besten klar zum Ausdruck. Susanna hat das gut deutlich gemacht, als sie sagte: „Wenn ich an deiner Stelle wäre, und die Situation so sehen würde, wie du sie siehst, wäre ich auch wütend." Dass Sie sich in seine Lage versetzen, hilft dem ärgerlichen Menschen, sich zu beruhigen. Es vermittelt ihm, dass er sich mit Recht ärgerlich fühlt, weil Sie sich an seiner Stelle ebenso fühlen würden. Sie haben das Streitgespräch damit in eine andere Phase gebracht. Sie sind nicht mehr der Gegner, Sie stehen Seite an Seite mit dem anderen und seinem Ärger. Sie vermitteln ihm nicht nur, dass Sie seinen Ärger verstehen, sondern dass Sie in einer ähnlichen Situation ebenfalls wütend wären.

Wenn Sie dem anderen gezeigt haben, dass Sie seinen Ärger verstehen, sind Sie bereit für den sechsten Schritt: *Geben Sie zusätzliche Informationen, die Licht in die Sache bringen.* In unserem Fall hieß das, dass Susanna Martha genau berichten musste, wie das Gespräch mit der Vorarbeiterin verlaufen war. Erst nach dieser Information konnte sich Marthas Ärger auflösen, und sie konnte erkennen, dass Susanna ihr kein Unrecht zugefügt hatte. Wenn ihr jemand unrecht getan hatte, war es die Vorarbeiterin, indem sie nicht mit ihr gesprochen hatte, bevor sie den Arbeitsplan erstellte. Aber da Martha tatsächlich an diesem Feiertag hatte arbeiten wollen, hielt ihr Ärger auf die Vorarbeiterin nicht lange vor.

Oft ist der Ärger eines Menschen unberechtigt, er kennt nicht alle Fakten, oder er versteht die Fakten falsch. Wir tun deswegen dem anderen einen großen Gefallen, wenn wir ihm schildern, wie die Situation aus unserer Sicht aussieht. Wenn wir das allerdings *zu früh* tun, werden wir nicht gehört, und wir werden uns in ein hitziges Streitgespräch mit dem ärgerlichen Menschen verstricken. Was wäre zum Beispiel geschehen, hätte Susanna nach Marthas anfänglicher Explosion folgendermaßen geantwortet: „Ich will dir mal was sagen, Martha. Mach mich bloß nicht so an. Das habe ich gar nicht zu der Vorarbeiterin gesagt. Ich weiß nicht, wer dir das erzählt hat, aber es stimmt nicht. Jetzt geh bitte weg und komm mir ja nicht wieder mit solchem Quatsch." Eine derartige Reaktion hätte womöglich jahrelange Feindschaft zwischen Martha und Susanna gestiftet. Und leider kommen genau solche „Gespräche" allzu oft vor.

„Die Sache richtig stellen" unmittelbar, nachdem der andere seinem Ärger zum ersten Mal Luft gemacht hat, ist ein grundlegender Fehler. Das wird fast immer zu Streit und selten zu einer positiven Lösung führen. Durch solche ärgerlichen Gegenangriffe werden viel zu viele an sich guten Beziehungen am Arbeitsplatz, in der Nachbarschaft, in der Familie und unter Freunden zerstört.

Es ist zwar wichtig, dass Sie die Situation aus Ihrer Sicht schildern, aber erst dann, nachdem Sie dem anderen zugehört, ihn verstanden und Ihr Verständnis gegenüber dem Ärger des anderen zum Ausdruck gebracht haben. Erst dann wird Ihre Information von dem anderen mit großer Wahrscheinlichkeit richtig aufgenommen und verarbeitet werden können. Das führt dann zu einer Klärung des Problems und zur Wiederherstellung der Beziehung.

Der letzte Schritt im Umgang mit einem ärgerlichen Menschen ist Bekenntnis und Wiedergutmachung. Wenn Sie erkennen, dass der Ärger des anderen berechtigt ist, wenn Sie ihm tatsächlich unrecht getan haben, wenn das, was Sie absichtlich oder unabsichtlich gesagt oder getan haben, unfair war und ihn tief verletzt hat – dann ist es wichtig, dass Sie das eingestehen und sich bemühen, dieses Unrecht wieder gutzumachen. Wenn Susanna so gehandelt hätte, wie es ihr von Martha unterstellt wurde, wenn sie nämlich die Vorarbeiterin dahingehend beeinflusst hätte, damit sie selbst nicht an einem Feiertag würde arbeiten müssen, dann wäre jetzt ein ehrliches Bekenntnis angebracht.

Wie könnte das aussehen? Sie würde Verantwortung für ihr Handeln übernehmen und Martha um Vergebung bitten müssen. Sie könnte vielleicht sagen: „Martha, du hast recht. Ich habe schon gemerkt, dass das falsch war von mir, nachdem ich mit der Vorarbeiterin sprach. Ich hätte das nicht tun sollen, auch wenn ich wusste, dass du Fußball am Feiertag hasst. Ich hätte diese Information nicht benutzen dürfen, um deinen Namen statt meinen auf den Arbeitsplan setzen zu lassen. Ich habe daran gedacht, wie gern ich an diesem Tag mit meinen Enkeln zusammen wäre, und deshalb wollte ich in dem Moment alles tun, um das möglich zu machen. Ich sehe, dass ich falsch gehandelt habe, und es tut mir Leid. Ich werde zur Vorarbeiterin gehen und sie bitten, den Plan zu ändern und mich an diesem Tag einzutragen, wenn dir das lieber ist. Wenn du an diesem Tag nicht arbeiten willst, ist es nur fair, dass ich arbeite. Was ich getan habe, war falsch, und es tut mir aufrichtig Leid. Ich hoffe, dass du mir vergeben kannst." Ein so aufrichtiges Bekenntnis und Angebot zur Wiedergutmachung wird aller Voraussicht nach die Luft reinigen und das Problem zwischen den beiden klären.

Seine Handlungsweise allerdings zu verteidigen, wenn sie tatsächlich falsch war, ist ein nutzloses Unterfangen und wird zu einem erneuten Streitgespräch und selten zu einer Lösung führen. Vielen von uns fällt es sehr schwer zuzugeben, dass wir etwas Falsches getan oder gesagt haben. Fehler zuzugeben lässt unsere Selbstachtung scheinbar sinken, und so verteidigen wir uns erbittert, obwohl wir wissen, dass wir im Unrecht sind. Aber genau das Gegenteil passiert: Ein solches Verhalten schadet unserer Selbstachtung letzten Endes. Wenn wir wissen, dass das, was wir getan haben, falsch war, und wir verteidigen uns, statt unser falsches Verhalten einzugestehen, können wir vielleicht andere mit unserer Verteidigungsstrategie überzeugen, nicht aber uns selbst. Unser Gewissen wird von Schuldgefühlen belastet, und wir fühlen uns mit Recht schlecht.

Unsere Schuld zu verteidigen trägt nie dazu bei, unsere seelische Gesundheit oder gesunde Beziehungen zu fördern. Auf der anderen Seite führen Bekenntnis und Wiedergutmachung fast immer nicht nur zu emotionaler Gesundheit, sondern auch zu starken, gesunden Beziehungen.

Ich habe die Erfahrung gemacht, dass diese sieben Schritte, die am Ende dieses Kapitels nochmals zusammengefasst werden, die beste und die konstruktivste Möglichkeit sind, auf einen ärgerlichen Menschen zu reagieren. Und äußerst wichtig ist dabei, die drei ersten Schritte nicht zu rasch hinter sich zu bringen. Zuhören, Zuhören und nochmals Zuhören ist die Grundvoraussetzung, um den anderen zu verstehen, und ihm dann dieses Verständnis wirklich vermitteln zu können. Die Schritte eins bis fünf sind alle ganz entscheidend, um eine Atmosphäre zu schaffen, in der Sie dann im sechsten Schritt die Fakten mitteilen können, wie sie sich aus Ihrer Sicht darstellen, und so dann auch das Problem lösen können.

Im Fall eines tatsächlichen Unrechts führt die Schilderung der Fakten im letzten Schritt zu Bekenntnis und Wiedergutmachung, und damit auch direkt zur Lösung: Der Ärger des anderen schwindet, weil Sie ihm geholfen haben, ihn gründlich zu verarbeiten. Und dadurch haben Sie eine positive Beziehung zum anderen aufrechterhalten.

Reaktions-Falle Nummer eins: Den Ärger abwürgen

Hier noch ein Wort der Warnung vor zwei weit verbreiteten negativen Reaktionen auf einen ärgerlichen Menschen. Die erste besteht darin, den Ärger abzuwürgen. Das geschieht oft zwischen Eltern und ihren Kindern: „Wenn du nicht mit mir reden kannst, ohne zu schreien, dann halt den Mund, und geh in dein Zimmer." Eine solche Aussage stoppt den Fluss der Emotionen beim Kind und verschließt sie in seinem Innern. Nehmen Sie zwei Schlucke aus einer Colaflasche, schrauben Sie wieder den Deckel drauf und schütteln Sie die Flasche kräftig durch, dann haben Sie ein anschauliches Bild dafür, was sich gerade im Innern des Kindes abspielt, dessen Vater oder Mutter einen solchen Satz gesagt hat. Das Kind ist in seinem Zimmer, die Tür ist geschlossen, sein Ärger ist unter Verschluss, aber in seinem Innern brodeln die Gefühle. Wenn der Verschluss geöffnet wird, haben Sie ein Kind vor sich, das vor Ärger kocht. Wenn der Verschluss nie geöffnet wird, bekommen Sie ein depressives Kind oder eines mit passivaggressivem Verhalten. Das heißt, sein Ärger wird nie direkt, sondern indirekt zum Ausdruck gebracht. Es wird sich in irgendeiner Weise an seinen Eltern „rächen".

Den Ärger eines anderen abzuwürgen, ist die schlechteste Möglichkeit, wie wir auf einen ärgerlichen Menschen reagieren können. – Die besseren Möglichkeiten sind wir bereits durchgegangen (z. B. auch die Partner-Strategie im Abschnitt *Ärger, Wut und Zorn – und die Ehe*). – Die einzige positive Folge des oben beschriebenen Verhaltens ist, dass die Eltern im Moment ihre Ruhe haben, aber das ist ein hoher Preis für einen provisorischen und oberflächlichen Frieden. Keinem gefällt es, wenn ein Mensch ihn wütend anspricht, aber die Tatsache, dass er seinen Ärger mitteilt, ist positiv. Denn Ärger kann nicht richtig verarbeitet werden, wenn er im Inneren kocht oder gärt. Er muss zum Ausdruck gebracht werden, auch wenn das im ersten Moment mit lauter Stimme geschieht.

Um dem anderen zu helfen, müssen Sie zunächst einmal seine Lautstärke, seine ärgerlich funkelnden Augen und seine heftige Körpersprache ignorieren. Sie müssen darüber hinweg sehen und sich auf den Kern der Sache konzentrieren: Was regt den anderen so auf? Welches Unrecht ist ihm seiner Meinung nach geschehen? Damit müssen

Sie sich beschäftigen. Ob dieses Unrecht ihm tatsächlich angetan wurde oder nicht, für den ärgerlichen Menschen ist es ganz real. Wenn Sie ihm in dieser Situation nicht zuhören, wird sein Ärger nicht positiv verarbeitet, und das wird später an anderer Stelle zum Ausdruck kommen: in unangemessenem Verhalten, Depression oder im schlimmsten Fall in einem Selbstmord. Den Ärger eines anderen „unter Verschluss zu setzen" ist deswegen keine gute Wahl.

Reaktions-Falle Nummer zwei: Mit derselben Münze zurückzahlen

Eine zweite negative Reaktion auf den Ärger eines anderen ist, mit derselben Münze zurückzuzahlen und sich genauso unbeherrscht zu verhalten wie er:

Sie schreit Sie an, also brüllen Sie zurück. Er bewirft Sie mit einer Flasche, also nehmen Sie einen schweren Stein in die Hand. Solche „Antworten" vergrößern das Problem noch. *Ein* ärgerlicher Mensch, der die Beherrschung verliert, ist genug. Ein zweiter macht die Lage nicht besser.

Wenn Sie also einem wütenden Menschen begegnen, ist es gut, sich zu besinnen. Dazu kann es Ihnen helfen, wenn Sie kurz beten: „Vater, bitte hilf mir, mich in dieser Situation klug zu verhalten. Gib mir ein hörendes Ohr. Lass mich über den lauten Ausbruch hinwegsehen, damit ich verstehen kann, warum dieser Mensch sich ärgert, und ihm helfen kann, seinen Ärger konstruktiv aufzulösen." Ein solches Gebet entspricht der Ermahnung des Jakobus: „Ein jeder Mensch sei schnell zum Hören, langsam zum Reden, langsam zum Zorn. Denn des Menschen Zorn tut nicht, was vor Gott recht ist" (Jakobus 1, 19. 20).

Ein ärgerlicher Mensch, der die Beherrschung verliert, braucht jemanden, der ihm hilft, seinen Ärger zu verarbeiten. Er braucht keinen, der ihn weiter in ein Streitgespräch verwickelt, sondern einen, der durch das Gestrüpp hindurch die Wurzel des Ärgers zu packen bekommt. Ein Feuer brennt schneller herunter, wenn man nicht noch Öl hinein gießt. Wenn der ärgerliche Mensch Gift und Galle spuckt, und Sie legen sich mit ihm an, dann gießen Sie damit Öl ins Feuer, und das Feuer kann dann lange und immer länger brennen. Wenn es aber in ihm lodert und Sie ihm erst einmal (statt einer genauso feurigen Gegenrede) ruhig zuhören, noch einmal zuhören und wieder zuhören, wird ihm schließlich der Brennstoff ausgehen. Wenn er spürt, dass man ihm ernsthaft zuhört und verstehen will, wird er nach und nach offen für Ihre Hilfe.

Dieses Prinzip hilft auch zu einem guten Umgang mit unseren Kindern. Paulus ermahnt die Väter: „Reizt eure Kinder nicht zum Zorn" (Epheser 6, 4). Wenn Sie ärgerlich und barsch auf ein Kind reagieren, das versucht, seinen Ärger auszudrücken, werden Sie seinen Ärger nur noch verstärken, ganz so wie es im biblischen Buch der Sprüche ausgedrückt ist: „Eine linde Antwort stillt den Zorn; aber ein hartes Wort erregt Grimm" (Sprüche 15, 1). Ob der Betreffende sieben oder siebenunddreißig ist, harsche Worte dem ärgerlichen Menschen ins Gesicht gesagt, werden seinen Ärger nur noch mehr anfachen. Dagegen werden ein offenes Herz, ein offenes Ohr und eine besonnene Antwort den Ärger zum Schwinden bringen.

Eine ärgerliche Frau, ein ärgerlicher Mann oder ein ärgerliches Kind brauchen dasselbe: einen Menschen, dem sie wichtig genug sind, dass er ihnen lange genug zuhört, um ihren Schmerz zu verstehen. Sie brauchen jemanden, der genau genug zuhört, um sich mit ihrem Ärger zu identifizieren, der klug genug ist, die Situation zu verstehen und sein Verständnis zum Ausdruck zu bringen, und der mutig genug ist, um mit einer freundlichen, wahrhaftigen Antwort zu reagieren – und zwar mit einer Antwort, die eine Lösung für das Problem sucht, das den Ärger hervorgerufen hat. Denn darum geht es: Den ärgerlichen Menschen dabei zu unterstützen, zu einer gesunden Reaktion und einer konstruktiven Lösung seines Problems zu kommen.

Von einer Seite zur anderen

Wie man mit Menschen voller Ärger gut umgehen kann

Die folgenden sieben Schritte im Umgang mit einem ärgerlichen Menschen werden dazu beitragen, ihn zu beruhigen, selbst die Ruhe zu bewahren und das nötige Verständnis aufzubringen, um diesem Menschen dabei zu unterstützen, auf gesunde Weise mit seinem Ärger umzugehen.

Erstens: Hören Sie ihm zu. Das Beste, was Sie für einen ärgerlichen Menschen tun können, ist, sich seine Geschichte anzuhören. Während Sie ihm zuhören, werden Sie sich des Ausmaßes seines Ärgers bewusst, und Sie begreifen das Wesentliche seiner Geschichte.

Zweitens: Hören Sie ihm zu. Wenn Sie seine Geschichte gehört haben, bitten Sie den ärgerlichen Menschen, sie zu wiederholen. Dadurch lassen Sie ihn wissen, dass Sie ihn ernst nehmen, dass Sie wirklich die Situation verstehen wollen. Der andere spürt auch, dass Sie seinen Ärger nicht verurteilen.

Drittens: Hören Sie ihm zu. Nachdem Sie ihm ein zweites Mal zugehört haben, stellen Sie ihm Fragen, um die Situation zu klären. Es braucht mindestens dreimaliges Zuhören, vielleicht sogar ein viertes Mal, damit der ärgerliche Mensch alle seine Anliegen los werden kann.

Viertens: Versuchen Sie, die Spannung des anderen zu verstehen. Während Sie versuchen zu verstehen, was den Ärger des anderen hervorgerufen hat, fragen Sie sich: „Würde ich mich in derselben Situation auch ärgern?“ Versuchen Sie, sich mit dem anderen zu identifizieren, indem Sie sich vorstellen, dass Sie das erlebt hätten, was dieser Mensch erlebt hat.

Fünftens: Bringen Sie dem anderen gegenüber Ihr Verständnis für seine Situation zum Ausdruck. Das sollte mitfühlend und sensibel geschehen. Auch wenn der andere nicht alle Fakten kennt, versuchen Sie zu diesem Zeitpunkt nicht, alles richtig zu stellen oder seine Version in Frage zu stellen. Das kann später noch geschehen. Bestätigen Sie, dass Sie seinen Ärger verstehen können.

Sechstens: Geben Sie zusätzliche Informationen, die Licht in die Sache bringen. Wenn Sie das an diesem Punkt tun, werden Sie den anderen nicht kränken; Sie helfen ihm jetzt damit, seinen Ärger abklingen zu lassen und gegebenenfalls zu erkennen, dass Sie ihm gar kein Unrecht zugefügt haben.

Siebtens: Gestehen Sie ein, wenn Sie dem anderen unrecht getan haben und versuchen Sie, es wiedergutzumachen. Wenn Sie erkennen, dass der Ärger des anderen berechtigt ist, das heißt, wenn Sie ihm tatsächlich Unrecht zugefügt haben, dann ist jetzt der richtige Zeitpunkt, das offen einzugestehen und sich zu bemühen, dieses Unrecht wiedergutzumachen.

Nachgehakt

1. Wenn wir lernen, mit dem Ärger anderer gut umzugehen, können wir dazu beitragen, dass in unserer Umgebung weniger destruktiver Ärger mit all seinen negativen Folgen aufkommt. Der Ärger von aufgebrachten Menschen, denen wir begegnen, kann ganz unterschiedlich aussehen: Er kann gegen uns persönlich gerichtet sein, gegen Institutionen, die wir vertreten, er kann uns aber auch ganz willkürlich treffen. Erinnern Sie sich an eine Begebenheit, wo sich der Ärger eines anderen gegen Sie gerichtet hat – wie sind Sie damit umgegangen? Was war die Ursache des Ärgers? Wurde die Situation für beide Seiten in Freundschaft geregelt?

2. Die ersten drei wichtigen Schritte im Umgang mit einem ärgerlichen Menschen sind erstens Zuhören, zweitens Zuhören und drittens Zuhören. Das mag simpel erscheinen. Aber der beste Weg, um an den Kernpunkt den Ärgers zu gelangen, ist es, dem anderen zunächst einmal zuzuhören. So können Sie am besten begreifen, was ihn bewegt, und ihn dabei unterstützen, seinen Ärger zu verstehen und ihn allmählich aufzulösen.
   Wenn Sie jetzt mit anderen über diesen Punkt nachdenken, versuchen Sie es einmal mit dieser Übung: Erinnern Sie sich an ein Ereignis, als Sie sich wegen einer Ungerechtigkeit oder eines Versehens über eine Institution geärgert haben (das könnte eine überhöhte Rechnung sein oder eine beschädigte Ware, die Sie gekauft und wieder versucht haben zurückzugeben). Dann sollen die anderen in Ihrer Gesprächsrunde versuchen, Ihnen zu helfen, sich an die wichtigsten Dinge zu erinnern und die Quelle Ihres Ärgers auszumachen. Prüfen Sie, wie gut die Runde als Ganzes Ihnen zugehört hat.

3. Neben dem Bemühen, Verständnis für die Spannung des ärgerlichen Menschen aufzubringen, müssen Sie versuchen, zusätzlich Licht in die Sache zu bringen, wo immer das möglich ist. Das wird dem anderen helfen, seinen Ärger in der richtigen Perspektive zu sehen und das Problem positiv zu lösen.
   Gesetzt den Fall, Sie sind in der Situation, dass ein Nachbar sich über Sie ärgert, weil er nicht zu einem Nachbarschaftsfest eingeladen wurde, das in einer Stunde beginnt. Jetzt können Sie ihm erklären, dass Sie die Einladung schon vor einer Woche seinem Sohn gegeben haben, und die Einladung mündlich wiederholen. Das hilft dem anderen vielleicht nicht ganz, das Gefühl auszuräumen, ihm sei Unrecht geschehen, vermittelt ihm aber, dass Sie an ihn gedacht hatten und es eine Erklärung dafür gibt, warum er die Einladung nicht erhalten hat. Um das Problem zu klären, muss er jetzt mit seinem Sohn reden. Überlegen Sie, wie Sie Ihrem Nachbarn dabei helfen können, zu einer vollständigen Klärung zu gelangen. (Wie sollten Sie sich zum Beispiel verhalten? Sollten Sie bei dem Gespräch mit dem Sohn anwesend sein, um eine weitere Steigerung der Spannungen zu vermeiden?)

4. *Richtiger Umgang mit Ärger*: Sie sind Postbeamter. Eine ärgerliche ältere Kundin beklagt sich am Schalter bei Ihnen, dass ihre Post in der letzten Woche dauernd bei andern Leuten selben Namens am anderen Ende ihrer Straße gelandet ist, und sie den relativ langen Weg mühsam zu Fuß gehen musste, um ihre Briefe bei anderen Leuten abzuholen. Die Kundin sagt, dass sie einen angekündigten Scheck nicht erhalten hat, der offenbar schon vor einer Woche abgeschickt worden war. Die Frau ist sehr aufgebracht und droht mit juristischen Schritten. Sie will Sie und Ihr Postamt dafür verantwortlich machen, wenn Sie nicht sofort ihren Scheck erhält. Wie bringen Sie Licht in diese Sache?

Epilog

Gottes Wesen in uns

Gott ist ein heiliger und ein liebender Gott. Heiligkeit und Liebe, das sind zwei grundlegende Wesenseigenschaften Gottes. Und wir sind nach dem Bilde Gottes geschaffen. Darum ging es gleich am Anfang dieses Buches über Ärger, Wut und Zorn, und darum geht es jetzt am Ende. Petrus schreibt: „Als gehorsame Kinder gebt euch nicht den Begierden hin, denen ihr früher in der Zeit eurer Unwissenheit dientet; sondern wie der, der euch berufen hat, heilig ist, sollt auch ihr heilig sein in eurem ganzen Wandel. Denn es steht geschrieben: ‚Ihr sollt heilig sein, denn ich bin heilig'" (1. Petrus 1, 14-16). Jesus hat uns gesagt: „Ein neues Gebot gebe ich euch, dass ihr euch untereinander liebt, wie ich euch geliebt habe, damit auch ihr einander lieb habt" (Johannes 13, 34). In beiden Versen steckt dieselbe Aussage: Es ist offensichtlich Gottes Wunsch, dass sein Wesen sich in uns spiegelt.

Wenn wir also Ärger, Wut und Zorn so verstehen und verarbeiten lernen, wie es in Gottes Absicht ist, dann hilft uns das zu einem innerlich und äußerlich besseren Leben – es ist aber auch ein wichtiger Schritt im Leben mit Gott, in der Nachfolge Christi. Und ich meine, dass der biblisch beschriebene Umgang mit Ärger sogar ein *wesentlicher* Schritt im Leben mit Gott ist.

Das scheint auf den ersten Blick vielleicht eine extreme Aussage zu sein, aber ich sehe immer wieder, dass Christen, die nicht verantwortungsvoll mit ihrem Ärger umgehen, die Heiligkeit oder die Liebe Gottes nicht widerspiegeln können. Das heißt, wenn wir nicht richtig mit unserem Ärger umgehen, sind wir ziemlich weit entfernt davon, heilige oder liebende Menschen zu sein.

Ärger ist Gottes Gabe an den Menschen, und wenn wir auf die biblisch beschriebene Weise mit ihm umgehen, zeigen wir damit Ehrfurcht vor Gottes Heiligkeit und gleichzeitig eine innere Haltung der Liebe und Achtung Menschen gegenüber.

Wenn Ärger angemessen verarbeitet wird, werden Beziehungen wiederhergestellt, Unrecht wiedergutgemacht, und die Welt wird ein besserer Platz zum Leben. Wir können nachts mit gutem Gewissen schlafen, und die Menschen um uns herum können ohne Furcht leben. Ein Mann oder eine Frau, die lernen, verantwortungsvoll mit ihrem Ärger umzugehen, haben einen großen Schritt auf dem Weg zu einem reifen Christsein getan.

Mir ist voll und ganz bewusst, dass angemessener Umgang mit Ärger keine Lektion ist, die man ein für alle Mal lernt. Es ist eine Lektion, die wir üben müssen, jedes Mal, wenn wir Ärger in uns spüren. Wenn wir scheitern und in unserem Ärger Schuld auf uns laden, müssen wir lernen, diese Sünde direkt vor Gott zu bekennen und vor dem Menschen, gegen den wir gesündigt haben. Die biblische Anweisung ist hier klar und deutlich (siehe Epheser 4, 26). Wir sollen und wir können lernen, auf Ärger so zu reagieren, wie Gott es vorgesehen hat.

Ein biblisch begründetes Verständnis von Ursprung und Zweck von Ärger – wie im 1. und 2. Kapitel beschrieben – ist der Ausgangspunkt, wenn wir lernen wollen, mit Ärger angemessen umzugehen. Denken Sie daran: Ihre Fähigkeit, Ärger zu empfinden, hängt mit der Tatsache zusammen, dass Sie nach dem Bilde Gottes geschaffen sind. Sie sind so angelegt, dass Sie etwas von Gottes Liebe und Heiligkeit widerspiegeln. Darum liegt Ihnen immer wieder an Fairness und Gerechtigkeit.

Wenn wir das wissen, dann ist Ärger kein „negatives Gefühl" mehr. Dann können wir unserem Ärger ganz anders begegnen.

Manchmal allerdings, und auch das sollen wir wissen, ist unser Ärger entstellt, weil wir (theologisch gesehen) „gefallene" Geschöpfe sind. Das heißt, unser Ärger entspringt manchmal unserem selbstsüchtigen Wesen, statt dem aufrichtigen Wunsch nach Gerechtigkeit (siehe 4. Kapitel über entstellten Ärger). Wenn wir das wissen und verstehen, können wir unsere ärgerlichen Gefühle darauf überprüfen, um festzustellen, ob sie berechtigt sind und wozu sie dienen.

Ärger kann also eine positive Kraft sein. Und der Sinn von berechtigtem Ärger besteht darin, uns zu konstruktivem Handeln zu bewegen, etwas Gutes anzustoßen, zu versuchen, das Unrecht wiedergutzumachen. Darum geht es, und das sollte Sie dazu veranlassen, Ihr

Verhalten regelmäßig zu überprüfen, um zu sehen, ob sich Ihr Ärger wirklich so auswirkt, wie er sich auswirken soll: nämlich positiv.

Wenn wir lernen, konstruktiv mit unserem Ärger umzugehen, dann wachsen wir im Glauben und werden Christus ähnlicher. Kein Christ ist geistlich reif, der nicht gelernt hat, Ärger richtig einzuschätzen und konstruktiv mit ihm umzugehen.

Viel Scheitern in christlichen Familien hat seine Ursache in missverstandenem Ärger und in Ärger, mit dem wir nicht richtig umgehen können. Im Bereich des Ehe- und Familienlebens gibt es nur wenige Aufgaben, die wichtiger sind, als hier dazu zu lernen. Es ist meine aufrichtige Hoffnung, dass dieses Buch in vielen christlichen Gemeinschaften und Betrieben als Katalysator dient, um zu Diskussion und Gebet anzuregen und schließlich eine neue Sicht zu gewinnen, wie man am besten mit Ärger umgehen kann.

Es ist mein Wunsch, dass Sie dieses Buch nicht nur lesen, sondern dass Sie es mit diesem Buch, durch Gespräche und eigenes Nachdenken wagen, die hier vorgestellten Prinzipien in Ihrem eigenen Leben umzusetzen und so neue Schritte zu gehen. Wenn Sie verheiratet sind, hoffe ich, dass Sie Ihrem Partner und gegebenenfalls Ihren Kindern vorleben können, wie man positiv mit Ärger umgeht. Halten Sie ihnen bitte keine Vorträge, bis Sie selbst bewusst daran gehen, Ihren Ärger selbst konstruktiv zu nutzen.

Ich sehe drei Möglichkeiten für einen guten Anfang:

1. Sie sprechen mit Ihren Freunden über dieses Buch und die darin beschriebenen Prinzipien.

2. Sie schlagen das Buch und die Fragen zum Nachdenken als Studienmaterial in Ihrem Gesprächs- oder Bibelkreis vor. Nur wenige Themen sind so wichtig für den Alltag in der Ehe, in der Familie, unter Freunden, am Arbeitsplatz und in der Gemeinde wie das Thema Ärger.

3. Sie überlegen, wie Sie Ihren nichtchristlichen Freunden helfen können. Gesprächsgruppen oder Kurse, die sich mit dem angemessenen Umgang mit Ärger beschäftigen, können einen neuen Ansatz zum Gespräch bieten – und etwas verändern helfen in einer Welt, die ihre Orientierung verloren zu haben scheint und zunehmend von unkontrolliertem Ärger beeinflusst wird.

Eines ist in unserer Welt und in unserer Gesellschaft genauso wie in unserem Inneren: Unser Ärger sagt viel über den Kern unseres Wesens. Sagen Sie mir, worüber Sie ärgerlich sind, und ich sage Ihnen, was Ihnen wichtig ist. Bei einem reifen Christen wird sich Ärger gegen echte Ungerechtigkeit und Gottlosigkeit richten, nicht gegen unbedeutende persönliche Irritationen. Ihn wird dieser Ärger dazu bringen, sich für Gerechtigkeit, Fairness und Respekt vor Gott einzusetzen – aus Liebe. Sein Ärger wird von Barmherzigkeit und Demut begleitet und gemäßigt, weil er weiß, dass auch er scheitern kann. Um mit den Worten des alten hebräischen Propheten zu sprechen: „Es ist dir gesagt, Mensch, was gut ist und was der Herr von dir fordert, nämlich Gottes Wort halten und Liebe üben und demütig sein vor deinem Gott" (Micha 6, 8).

Ein solcher Lebensstil – Gerechtigkeit, Gnade und Demut in unserem täglichen Leben zu praktizieren – setzt voraus, dass wir mit Gott versöhnt sind, durch Christus. Das gibt uns die Kraft und ist die tiefste Motivation, nach einem solchen Lebensstil zu streben. Und wir brauchen dazu den guten Geist Gottes, den Heiligen Geist, der uns wie ein „Coach" in dem, was wir sind und tun, leiten und Gelingen schenken will.

Ich bin davon überzeugt: Von allen Menschen auf dieser Welt haben Christen das größte Potential, Ärger zu verstehen und konstruktiv damit umzugehen. Das zu entdecken und zu nutzen – zur Ehre Gottes –, das ist die Botschaft und das Ziel dieses Buches.